MATKA
DZIECI HOLOCAUSTU
Historia Ireny Sendlerowej

MATKA
DZIECI HOLOCAUSTU
Historia Ireny Sendlerowej
opracowała Anna Mieszkowska

Warszawskie Wydawnictwo Literackie
MUZA SA

Projekt okładki i opracowanie graficzne: Rosław Szaybo
Opracowanie ilustracji: Rosław Szaybo;
          współpraca: Karolina Michałowska
Redakcja: Małgorzata Burakiewicz, Aleksandra Janecka,
          Maja Lipowska
Redakcja techniczna: Iwona Adamus
Korekta: Anna Załuska

ISBN 83-7319-254-9

Warszawskie Wydawnictwo Literackie
MUZA SA
Warszawa 2004

Książkę tę poświęcam pamięci
wszystkich moich współpracowników,
którzy pomagali mi w ratowaniu
dzieci z getta.

    Irena Sendlerowa ps. „Jolanta"

        Kwiecień 2004r.

Słowo wstępne

Tom, który przedstawiamy czytelnikom, jest pierwszą książką o Irenie Sendlerowej. Jest on zresztą czymś więcej niż książką o Niej; choć nie stanowi tak zwanego wywiadu-rzeki, jest w dużej mierze także Jej książką. Anna Mieszkowska dopuszcza bowiem swoją bohaterkę do głosu, zapisuje Jej wypowiedzi, utrwala opinie, przywołuje wypowiadane przez Nią formuły. Biografia Ireny Sendlerowej jest piękna i heroiczna, budująca i przejmująca, taka, która od dziesięcioleci czekała na swojego Plutarcha.

Przez lata dzieło Jej znane było stosunkowo nielicznym, tym, którym ocaliła życie, grupie przyjaciół i znajomych, a także kilku historykom, zajmującym się drugą wojną światową, szczególnie zaś – dziejami Zagłady. Rzeczy toczyły się tak, jakby nie tylko nie zdawano sobie sprawy, ale sprawy zdawać sobie nie chciano, że żyje wśród nas osoba o biografii niezwykłej i wielkiej, osoba pomnikowa, można by powiedzieć, odwołując się do sławnego wiersza Juliusza Słowackiego, na miarę Fidiasza, choć w życiu codziennym skromna, serdeczna, ludziom życzliwa i zawsze wyciągająca pomocną rękę do tych, którzy są w potrzebie, osoba, z którą kontakt jest po prostu przyjemnością.

O przesunięciu na margines tak wielkiej postaci zdecydowały względy różnorakie, przede wszystkim ogólne, w tym także wielostronne zakłamywanie w komunistycznej Polsce najnowszej historii. Na liście bohaterów po prostu nie mieściła się działaczka społeczna, wywodząca się wprawdzie z lewicy, ale dalekiej od ideologicznej utopii komunizmu, z lewicy, która legitymuje się w Polsce pięknymi tradycjami. W grę wchodził także ten zespół spraw: od pierwszych lat powojennych to, co łączyło się w taki lub inny sposób z Żydami, traktowane było w Polsce Ludowej jako temat grząski, niepewny i niebezpieczny, taki, o którym lepiej milczeć niż mówić. Zjawisko to jeszcze się pogłębiło wraz z wybuchem w drugiej połowie lat sześćdziesiątych oficjalnego antysemityzmu, w którym łączyły się wątki zaczerpnięte z dwu najgroźniejszych totalitaryzmów XX wieku: faszyzmu i stalinizmu. W świecie, w którym do panowania nad umysłami dążyła tego rodzaju ideologia, miejsca dla Ireny Sendlerowej nie było. Nie jest przeto przypadkiem, że osobą publiczną, docenianą i podziwianą, stała się po przełomie ustrojowym roku 1989, hołdy Jej składa bowiem Polska demokratyczna, o czym świadczą takie wyróżnienia jak przyznanie Orderu Orła Białego czy Nagroda imienia Jana Karskiego, a więc innej wspaniałej postaci, wpisanej w historię Polski XX wieku. Wielkość Ireny Sendlerowej dostrzeżono również za granicą, przede wszystkim w Stanach Zjednoczonych, ale też w Szwecji, w Niemczech, w innych krajach. Formuła „lista Sendlerowej" wchodzi do języka i ma szansę przebić spopularyzowaną za sprawą filmu Stevena Spielberga formułę „lista Schindlera". Trzeba podkreślić, że spis nazwisk ocalonych przez polską działaczkę Żydów jest znacznie obszerniejszy od spisu tych, których uratował niemiecki przedsiębiorca.

Książka Anny Mieszkowskiej przedstawia dzieje Ireny Sendlerowej dokładnie i szczegółowo, pokazuje Jej dzieła i czyny, Jej prace i dnie, ujawnia Jej niezwykły format moralny. Tylko ktoś najwyższej ludzkiej klasy mógł dokonać czegoś tak ogromnego jak uratowanie w czasie Zagłady 2500 żydowskich dzieci, a ponadto przyczynił się do ocalenia sporej liczby dorosłych. Żeby zrealizować zadanie tak niezwykłe, wymagające bohaterstwa, w sytuacji, gdy za udzielenie pomocy jednemu konkretnemu Żydowi groziła kara śmierci, trzeba się zaiste odznaczać cnotami heroicznymi. Nie wystarczała jednak potrzeba niesienia dobra, przekonanie, że należy przybywać z pomocą tam, gdzie jest ona tak dramatycznie potrzebna, człowiek, który brał na siebie takie zadania, musiał odznaczać się wielką, wręcz nieprawdopodobną odwagą, stawiał bowiem swoje życie na jedną kartę – i to nie jednorazowo, gdy podejmował działanie heroiczne, ale nieustannie. Nie można tu nie mówić o poświęceniu.

Irena Sendlerowa poświęciła życie swoje w czasie okupacji hitlerowskiej ratowaniu Żydów. By osiągnąć w tej dziedzinie tak wielkie wyniki, nie wystarczała wszakże odwaga i oddanie. Te wspaniałe cechy powiązane były z niezwykłą energią, jaką należało w sobie wyzwolić, by wyprowadzać dzieci z getta i potem zapewniać im ukrycie w miejscach, dających szansę przetrwania. Irena Sendlerowa, świadoma, że gra toczy się o życie istot, których jedyną winą było to, że miały „niearyjską krew”, wyzwoliła w sobie tę niezwykłą energię i pomysłowość. A przy tym ujawniła zdumiewające talenty organizacyjne. By dokonać dzieła tak wielkiego, nie mogła działać w pojedynkę. Książka Anny Mieszkowskiej stanowi pośrednio hołd złożony współpracownikom Ireny Sendlerowej, w większości wspaniałym, niezwykle dzielnym i ofiarnym kobietom.

Powtarzam: Irena Sendlerowa stała się w ostatnich latach osobą publiczną, o której mówi się w ogłaszanych w czasopismach artykułach i w audycjach radiowych, osobą publiczną, o której opowiada się w dokumentarnych filmach. Irena Sendlerowa już teraz jest symbolem heroizmu i poświęcenia – i wszelkie po temu ma dane, by stać się symbolem dobrych, przyjacielskich stosunków łączących społeczność polską ze społecznością żydowską.

Michał Głowiński

Introductory Words

This volume which we present to readers is the first book about Irena Sendlerowa. Actually, it is something more than a book about her; although it does not constitute an interview, it is to a large extent her book. Anna Mieszkowska allows her heroine to speak, records her statements, records her opinions, and refers to formulas expressed by her. Irena Sendlerowa's biography is beautiful and heroic, inspirational and heart-breaking, one which for decades has waited for its Plutarch.

For years her work was known to relatively few, to those whose lives she had saved, to a group of friends and acquaintances, and also to a few historians specialising in the Second World War, particularly in the events of the Holocaust. Events took their course as if not only did nobody realise, but nobody wanted to realise that amongst us lives a person with an extraordinary and great biography, a monumental person, one could say, using the words from the famous poem by Juliusz Słowacki, worthy of Fidiasz, although in everyday life modest, warm-hearted, kind and always ready to hold out a helping hand to those who are in need, a person who it is simply a pleasure to have contact with.

There were various reasons that were decisive in pushing into the margins such a great figure, above all the general and many-sided distortion in communist Poland of the most recent history. On the list of heroes there was simply no place for a social activist, although she was from the left, but far from the ideological utopia of communism, from the left which, in Poland can boast beautiful traditions. A series of issues came to the fore here: since the first years in the post-war period, whatever was connected in one way or another with Jews was treated as a tricky, uncertain and dangerous subject, one about which it was better to remain silent than speak. This phenomenon was reinforced with the explosion of official anti-Semitism in the second half of the sixties, which combined themes drawn from the two most dangerous totalitarian regimes of the twentieth century: fascism and Stalinism. In a world in which this kind of ideology attempted to control people's minds, there was no place for Irena Sendlerowa. It is therefore no accident that she became a public figure, both appreciated and admired, only after the system transformation of 1989. Polish democracy pays tribute to her as testified by such honours as the award of the Order of the White Eagle, or the Jan Karski Award, an award of another great figure that has left his mark on twentieth century Polish history. The greatness of Irena Sendlerowa has also been noticed abroad, above all in the United States, but also in Sweden, Germany, and other countries. The formula "Sendlerowa's list" has entered the language and has a chance of rivalling the formula "Schindler's list", which was popularised by Steven Spielberg's film. One should stress that the list of surnames of Jews saved by the Polish activist is significantly larger than the list of those who the German entrepreneur saved.

Anna Mieszkowska's book presents the work of Irena Sendlerowa precisely and with detail, it shows her work and deeds, her efforts and daily life, it reveals an extraordinary moral format. Only someone belonging to the highest class of human could carry out something so great as saving 2500 Jewish children during the Holocaust. Moreover, she had a hand in saving a large number of adults. In order to carry out such an extraordinary task, one which required heroism, in a situation where the punishment for providing help to one Jew was the death sentence, one should indeed be distinguished with heroic virtues. However, the need to do good was not enough, neither was the conviction that it is necessary to provide help where it is so dramatically needed. Whoever took on such a task had to be distinguished by incredible courage, for he placed his whole life on one card – and not once, when he undertook such heroic activity, but constantly. One cannot fail to mention sacrifice here.

Irena Sendlerowa sacrificed her life to saving Jews the whole time during the Nazi occupation. In order to achieve such great results in this field, courage and commitment was not enough, however. These wonderful features were combined with an extraordinary energy which it was necessary to unleash in order to lead the children out of the ghetto and then provide them with a hiding place which could guarantee their survival. Irena Sendlerowa, aware that it was a game about human lives whose only crime was that they had "non-Arian blood", unleashed that extraordinary energy and inventiveness from inside her. At the same time she revealed her incredible organisational talent. In order to carry out such a task she could not work alone. Anna Mieszkowska's book constitutes an indirect tribute to Irena Sendlerowa's co-workers, most of whom were wonderful, extraordinarily courageous and sacrificing women.

I repeat: in recent years Irena Sendlerowa has become a public figure, one who is talked about in publicised magazine articles and radio programmes, a public figure who is talked about in documentary films. Irena Sendlerowa is already a symbol of heroism and sacrifice – and everything indicates that she will become a symbol of good, friendly relations between Polish society on the one hand and Jewish society on the other.

Michał Głowiński
(przełożył Paul Newbery)

W sezonie wielkiego umierania
IRENA SENDLEROWA
całe swoje życie
poświęciła ratowaniu Żydów
(Michał Głowiński, *Czarne sezony*)

Od autorki

Irena Sendlerowa wiosną 2003 roku

Historię Ireny Sendlerowej znałam z relacji prasowych i telewizyjnych. Gdy w 2001 roku cztery uczennice z amerykańskiej szkoły w Uniontown (stan Kansas) przyjechały do Warszawy na spotkanie z bohaterką napisanej przez siebie sztuki *Holocaust. Życie w słoiku*, media przypomniały, 91-letnią wówczas, Irenę Sendlerową i jej niezwykłe dokonania z czasów wojny. Jest matką 2500 dzieci uratowanych z warszawskiego getta. Nic używam słowa „przybrana" matka, ale właśnie matka, ponieważ dała im życie po raz drugi.

W kwietniu 2003 r. na uroczystości związane z 60. rocznicą powstania w getcie warszawskim przyjechała z Londynu Lili Pohlmann[1]. Odwiedziła panią Irenę w Domu Opieki w klasztorze Bonifratrów na Nowym Mieście. Była tą wizytą bardzo poruszona. Nic mogła zrozumieć, dlaczego nikt nie pamiętał o szczególnym uhonorowaniu tej właśnie skromnej osoby, która nie pozwala mówić o sobie „bohaterka", a uratowane przez siebie dzieci nazywa bohaterami matczynych serc. Powiedziała do mnie: – Musisz Ją poznać i napisać o Niej. – Poszłam. Zobaczyłam starszą panią o pogodnym uśmiechu. Ubrana na czarno, siedziała w wygodnym fotelu i mówiła pięknym literackim językiem. W jej niedużym pokoju wiszą na ścianie starannie oprawione dyplomy i wyróżnienia. A na stole, w zasięgu ręki, ustawione są fotografie matki, obojga rodziców z okresu narzeczeńskiego, dzieci i wnuczki. Stoi też, oprawiona w piękną ramkę, fotografia czterech amerykańskich uczennic. To

---

[1] Lili Pohlmann, zasłużona dla Polonii brytyjskiej animatorka kultury.

dzięki nim przypomniana została historia odważnej Polki, a pięć lat grozy wojny zostało opowiedziane w dziesięć minut!

– Dziewczynki z dalekich Stanów odkryły ciebie dla świata i dla... Polski – powiedziała jej przyjaciółka Jolanta Migdalska-Barańska.

– Tak, masz rację. Stało się to po latach szykan, poniżenia, prześladowań – dopowiedziała ze smutkiem pani Irena.

Z wykształcenia jest polonistką, z zamiłowania działaczką społeczną w najszerszym i najpiękniejszym znaczeniu tego słowa. Pierwsza moja wizyta trwała godzinę i kwadrans. Usłyszałam między innymi:

– Mój ojciec zmarł, gdy miałam siedem lat. Ale na zawsze zapamiętałam jego słowa, że ludzi dzieli się na dobrych i złych. Narodowość, rasa, religia nie mają znaczenia. Tylko to, jakim kto jest człowiekiem. Druga zasada, której uczono mnie od dziecka, to obowiązek podania ręki tonącemu, każdemu, kto jest w potrzebie. Mam 93 lata – mówiła pani Irena – trzydzieści chorób i sześćdziesiąt lat darowanego życia. Od ponad piętnastu lat poruszam się na wózku. Nie lubię dziennikarzy, gdyż bardzo często przekręcają to, co im się mówi. W wielu wywiadach lub artykułach o mnie powtarza się błędna informacja o tym, że wyprowadzałam z getta dzieci chore na tyfus. To świadczy o kompletnej nieznajomości realiów życia w getcie. Ludzie chorzy na tyfus, wszystko jedno dorośli czy dzieci, nie mieli praktycznie żadnych szans na uratowanie. Tego rodzaju przekłamania często są powielane. Dlatego je teraz prostuję. Zwykle trzymam się zasad, że nie mówię o getcie z nikim, kto nie był w getcie, nie opowiadam o pobycie na Pawiaku temu, kto tam nie trafił, i nie rozmawiam o Powstaniu Warszawskim z kimś, kto tego nie doświadczył.

Opowiadanie o przeżyciach bardzo mnie męczy. Wracają wspomnienia, senne koszmary. Śni mi się, że proszę o pozwolenie na zabranie dziecka, a rodzice pytają o gwarancje bezpieczeństwa, bo chcą mieć pewność, że wszystko dobrze się skończy. Wtedy nie mogłam dać takich gwarancji. Te myśli szkodzą mojemu sercu. Wzruszenia dużo mnie kosztują. Moje życie nie było łatwe. Przeżyłam wiele. Także tragedii osobistych... Mam córkę, synową i wnuczkę. I tylu, tylu przyjaciół... Przychodzą do mnie ci, których uratowałam, i ich dzieci, a nawet wnuki.

Do dzisiaj pani Irena wszystkim się interesuje, wszystko wie. Kocha ludzi i kocha kwiaty. Nikomu nigdy nie odmówiła pomocy, rady, dobrego słowa, wsparcia w trudnych życiowych chwilach. W jej maleńkim pokoiku często panuje tłok. Bywa, że odwiedza ją kilka osób w ciągu jednego dnia. To ją męczy, ale nie potrafi odmówić, gdy ktoś prosi o konkretną pomoc. Jest świetnie zorientowana w tym, co się dzieje na świecie i w kraju. Martwi się wojną w Iraku, licznymi niebezpieczeństwami wciąż zagrażającego terroryzmu. – Jestem pacyfistką – dopowiada. – Przeżyłam dwie wojny światowe, dwa powstania w Warszawie. Nigdy nie pogodzę się ze śmiercią niewinnych ludzi, a najbardziej żal mi dzieci. Bo dzieci są zawsze najtragiczniejszymi ofiarami wojen.

Na propozycję wspólnej pracy nad książką o jej niezwykłym życiu odpowiedziała pozytywnie. Udostępniła wszystkie materiały: to, co o niej napisano i co sama w różnych okresach życia notowała, nie zawsze z myślą o publikacji, raczej o zachowaniu swojego świadectwa dla przyszłych pokoleń. – Dzisiaj młode pokolenie często nie orientuje się, że w czasie okupacji najbliżsi nie wiedzieli, co robią członkowie rodziny – opowiada prawie wszystkim swoim gościom.

„Jest bardzo wiele opracowań na temat wojny, okupacji, Zagłady – pisała z okazji zjazdu Dzieci Holocaustu – nigdy jednak nie znalazłam opisu ogromu cierpień matek, rozstających się ze swoimi dziećmi, i dzieci oddawanych w obce ręce. Matki, przeświadczone o rychłej śmierci swojej i całej rodziny, chciały uratować chociaż dziecko. A przecież nie ma dla matki większej tragedii niż rozstanie z dzieckiem! Te biedne kobiety musiały przełamać opór własny i opór pozostałych członków rodziny, np. dziadków. Babcie dzieci, pamiętające Niemców z pierwszej wojny światowej, nie widziały w nich morderców, sprzeciwiały się przekazywaniu dzieci, matki jednak wiedziały swoje…"[2].

„Jednym z powodów, które skłoniły mnie do podzielenia się wspomnieniami – pisała już w 1981 – jest chęć przekazania młodemu pokoleniu Żydów rozsianych po całym świecie, że nie mają racji, uważając, że Żydzi polscy, męczeni w nieludzki sposób, byli bierni, że szli na śmierć nie w boju, lecz bezwolnie. To nie jest prawda! Nie macie racji, młodzi przyjaciele! Gdybyście widzieli młodzież żyjącą i pracującą w tamtym czasie, widzieli jej codzienne zmaganie się ze śmiercią, czyhającą za każdym dosłownie rogiem domu i ulicy, jej postawy pełne godności, samozaparcia, i czyny każdego dnia, walkę o każdy kęs chleba, lek dla bliskich umierających, o strawę duchową w postaci dobrego uczynku lub zagłębianie się w książce, to zmienilibyście zdanie!

Zobaczylibyście wspaniałe dziewczęta i wspaniałych chłopców, z godnością znoszących wszystkic tortury i dramaty dnia codziennego w warszawskim getcie. To nie jest prawda, że męczennicy getta ginęli bez walki! Ich walką był każdy dzień, każda godzina, każda minuta trwania w tym piekle przez kilka lat.

A kiedy się ostatecznie przekonali, że nie ma już dla nich żadnego ratunku, bohatersko chwycili za broń. Cały ten okres walki, najpierw niemilitarnej, a potem i militarnej, był szeregiem aktów zbiorowej samoobrony biologicznej, a w następstwie były to akty rozpaczy i akty honoru. Trzeba pamiętać i wciąż to powtarzać, że ze wszystkich form działalności konspiracyjnej w Polsce w latach okupacji hitlerowskiej akcja pomocy Żydom należała do najtrudniejszych i najbardziej niebezpiecznych. Każdy odruch czynnego współczucia dla prześladowanych, od jesieni 1939 roku, był zagrożony karą śmierci. Śmierć groziła nie tylko za ukrywanie osób pochodzenia żydowskiego, nie tylko za dostarczanie im „aryjskich"

---

[2] Niepublikowana wypowiedź Ireny Sendlerowej z 2003 r.

dokumentów, lecz nawet za sprzedanie czegokolwiek, ofiarowanie jałmużny czy wskazanie drogi ucieczki"[3].

– Za podanie szklanki wody lub kromki chleba Żydowi można było stracić życie – opowiadała pani Irena podczas naszej pierwszej rozmowy.

Zrozumiałam też wtedy, co miała na myśli Ruta Sakowska, pisząc, że „wszyscy, którzy znają Irenę Sendlerową, pozostają pod urokiem jej osobowości – połączenia intelektu z hartem ducha, siłą charakteru, wrażliwością na cudze cierpienie, bezprzykładną gotowością do ofiar. Cechy te zachowała do dziś".

Córka, Janina Zgrzembska, gdy rodzinie było ciężko żyć w latach 60., zapytała kiedyś: – Mamo, co ty takiego zrobiłaś, że my cierpimy?

Wnuczka Agnieszka, dwadzieścia lat później, zdziwiona wizytą zagranicznej telewizji, zadała inne pytanie: – Babciu, co ty takiego zrobiłaś, że będziesz sławna?

Córka wspomina, że w 1988 roku pojechała do Izraela i dotknęła drzewka mamy w Alei Sprawiedliwych[4]. – Mama przez lata nie mówiła mi o swojej działalności, ale tam na nazwisko Sendler otwierały się przede mną wszystkie drzwi. Dopiero wtedy zrozumiałam, co ona zrobiła.

Norman Conard, nauczyciel historii w Uniontown, nie wierzył w informacje, które o nieznanej Polce przeczytały w amerykańskim piśmie jego uczennice: – To chyba błąd, musicie to

---

[3] Irena Sendlerowa, *O działalności kół młodzieży przy komitetach domowych w getcie warszawskim*, „Biuletyn Żydowskiego Instytutu Historycznego" 1981, nr 2 (118), s. 98.

[4] Irena Sendlerowa w 1965 r. otrzymała medal Yad Vashem, ale drzewko zasadziła dopiero w 1983 r.

Nazwa Yad Vashem (po hebrajsku oznacza miejsce i imię) ma charakter symboliczny. Zaczerpnięta została z Księgi Izajasza (56,5). Jest to obietnica Pana skierowana do ludzi innego pochodzenia, ale zachowujących przymierze: *Dam im w domu moim i w murach moich miejsce i imię lepsze nad synów i córki, imię wieczne dam im, które nie zaginie.* Inf. za M. Grynberg, *Księga Sprawiedliwych*, Warszawa 1993, s. 11.

dokładnie sprawdzić. Oskar Schindler, upamiętniony w filmie Spielberga, ocalił ponad 1100 osób.

W jaki sposób ta kobieta mogła przyczynić się do uratowania dwa razy większej liczby ludzi, i to dzieci?

Ta książka jest próbą odpowiedzi na to pytanie. Także na inne, które wypada zadać: Kim była Irena Sendlerowa wcześniej, zanim w tragicznych dniach, miesiącach, latach drugiej wojny światowej została siostrą Jolantą?

Co ją ukształtowało w dzieciństwie i wczesnej młodości, że w wieku zaledwie 30 lat była tak zahartowana życiowo? Czy się nie bała? Gdyby nie to, że wszystko, o czym pisze i mówi, zdarzyło się naprawdę, można by jej życie uznać za znakomicie napisany scenariusz filmu. A jej przeżycia za emocjonującą przygodę, w której ścigała się z okrucieństwem okupanta i bezdusznością niektórych rodaków. Bo trzeba to wyraźnie podkreślić: postawa Ireny Sendlerowej w okresie okupacji jest nie tylko symbolem walki, odwagi, męstwa i współczucia, ale jest także świadectwem tego, jak bardzo była w swoim wyborze osamotniona.

A jak potoczyły się jej powojenne losy? Co robiła przez ponad 50 lat aktywnego życia zawodowego? Dlaczego przeszłość wciąż do niej wraca, nie pozwala zapomnieć?

Irena Sendlerowa jest żywym pomnikiem historii, jest żywym pomnikiem pamięci. Trudnej pamięci. Trudnej dla jej pokolenia, ale i młodszych, którzy uczą się z książek o prawdziwych zdarzeniach z jej życia.

Po 60 latach historia zatoczyła koło. W imieninową noc z 20 na 21 października 1943 roku ważył się los trzydziestotrzyletniej, niezwykle odważnej kobiety, która w myśl ojcowskiego przesłania – o podawaniu ręki potrzebującym – narażała własne życie i rodziny, nie myśląc o tym wcale! W lipcu 2003 r., w Waszyngtonie, została laureatką Nagrody im. Jana Karskiego[5].

---

[5] Nagroda im. Jana Karskiego jest przyznawana od 2001 r. przez Amerykańskie Centrum Kultury Polskiej w Waszyngtonie oraz kapitułę Fundacji Jego Imienia.

Uroczystość wręczenia tej nagrody zaplanowano na 23 października 2003 roku na Georgetown University w Waszyngtonie. Między innymi była na niej obecna Elżbieta Ficowska – najmłodsza z uratowanych dzieci, przewodnicząca Stowarzyszenia Dzieci Holocaustu w Polsce[6]. Nagrodę dla Ireny Sendlerowej odebrała w towarzystwie pani prezydentowej Jolanty Kwaśniewskiej.

***

Książka ta nigdy by nie powstała bez udziału pani Ireny Sendlerowej, ponieważ istnieją fakty i zdarzenia, których historycy i archiwiści nie wytropią nawet po latach poszukiwań. Są bowiem wyłącznie w pamięci ich bohaterów.

Korzystałam z bogatego archiwum pani Ireny, jej wiedzy i doświadczenia. Rozdział *Głosy uratowanych dzieci* powstał z jej inspiracji. Na prośbę pani Ireny opowieść o jej bogatym, ale i niełatwym życiu zaczyna się od przygody z amerykańskimi uczennicami. To one przywróciły jej wiarę w sens długiego i trudnego życia i dodały sił do dalszych zmagań z przeciwnościami losu. Rozsławiły jej imię i czyny z lat wojny na cały świat.

Uważałam za swój obowiązek oddać w tej książce głos samej bohaterce, osobie niezwykle skromnej, która z wielką pokorą wobec przeszłości pamięta o wszystkich, którzy współpracowali

---

[6] Stowarzyszenie Dzieci Holocaustu (SDH) w Polsce powstało w 1991 r. Skupia ocalone od zagłady dzieci żydowskie. Na początku liczyło 45, obecnie liczy ok. 800 osób. Ma oddziały regionalne w Krakowie, Wrocławiu i Gdańsku. Jest członkiem Federacji Stowarzyszeń Żydowskich w Polsce, a także Światowej Federacji Żydowskich Dzieci Ocalonych z Holocaustu. Misją organizacji jest budowanie wspólnoty osób ocalonych z Holocaustu w celu: wzajemnego wsparcia, zachowania pamięci o doświadczeniu Holocaustu, zachowania pamięci o życiu społeczności żydowskiej w przedwojennej Polsce, przeciwdziałania poczuciu osamotnienia i wyobcowania. Pierwszym przewodniczącym był (dwie kadencje) profesor Jakub Gutenbaum, następnie Zofia Zaks. Elżbieta Ficowska kieruje Stowarzyszeniem drugą kadencję.

z nią w czasie okupacji na rzecz ratowania ludności żydowskiej. Stąd liczne obszerne cytaty jej artykułów i wywiadów, których udzieliła dziennikarzom prasy krajowej i zagranicznej. Niektóre były teraz, po wielu latach od ich powstania, aktualizowane i poprawiane.

Jest coś jeszcze. Po dziesięciu miesiącach pracy nad materiałem do tej książki pani Irena wręczyła mi dwa wiersze. Powstały dużo wcześniej. Inspiracją dla młodej poetki, Agaty Barańskiej, była bliższa znajomość, a potem przyjaźń z panią Ireną jej samej i jej matki, Jolanty Migdalskiej-Barańskiej. Dziadkowie pani Jolanty współpracowali społecznie w Otwocku z dr. Stanisławem Krzyżanowskim w czasach, gdy mieszkała tam mała Irenka. Historia raz jeszcze zatoczyła koło. Wróciły wspomnienia. Dobre wspomnienia z czasów beztroskiego i szczęśliwego dzieciństwa. – To było tak dawno – mówi wzruszona pani Irena, gdy pytam, jaki okres swojego życia uważa za najszczęśliwszy. – Miałam siedem lat, gdy wraz z odejściem mojego Ojca straciłam poczucie bezpieczeństwa, przedwcześnie dojrzałam, zrozumiałam, że w życiu oprócz radości spotykają człowieka smutki, a nawet tragedie. To też miało pewnie wpływ na moje późniejsze życie. Ale zawsze, w chwilach dobrych i złych, byli przy mnie ludzie. Bliscy i obcy. Zawsze był ktoś, kto w sposób nieoczekiwany podawał mi rękę. Nigdy nie przywiązywałam wagi do spraw materialnych. W ludziach zawsze starałam się dostrzec wartości moralne. Oceniałam, jakim kto jest człowiekiem, a nie co posiada. Wiedziałam najlepiej z własnego doświadczenia, że w życiu można stracić wszystko. To, co najcenniejsze, każdy ma w sobie. W sercu. Zawsze wolałam dawać, niż dostawać. Czy jest coś piękniejszego niż radość w oczach obdarowanego?

Czy jest coś cenniejszego niż dar życia? – pytam. Irena Sendlerowa, ratując w czasie drugiej wojny światowej żydowskie dzieci, wygrała swoją prywatną, osobistą walkę ze złem, z okrucieństwem otaczającego świata. Stała się symbolem dobroci, miłości i tolerancji.

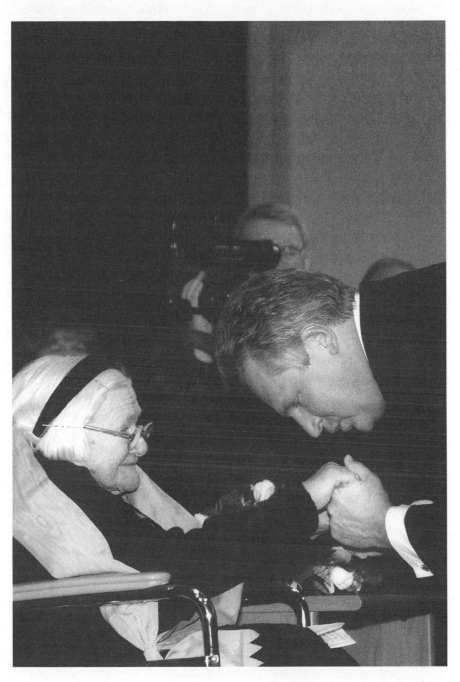

Z kroniki 2003 roku

Irena Sendlerowa i prezydent Aleksander Kwaśniewski.
Uroczystość wręczenia Orderu Orła Białego, 10 listopada 2003 roku

16 lutego

Tygodnik „Wprost" podał, że Stowarzyszenie Dzieci Holocaustu postanowiło zgłosić Irenę Sendler do Pokojowej Nagrody Nobla. Kandydaturę poparło dwoje polskich noblistów: Czesław Miłosz i Wisława Szymborska. Stowarzyszenie zabiega jeszcze o głos laureatów Pokojowej Nagrody Nobla: Lecha Wałęsy i Jimmy'ego Cartera.

– Po Jedwabnem potrzebny jest bohater – skomentowała z goryczą ten fakt Irena Sendlerowa. – Pamiętajcie, że nic bym sama nie zrobiła – dodała skromnie.

***

19 kwietnia

Z okazji 60. rocznicy powstania w warszawskim getcie Fundacja Judaica z Krakowa w uznaniu dla ratowania życia dzieci z getta w Warszawie odznaczyła swoim medalem Irenę Sendlerową.

***

26 lipca

W godzinach rannych prywatna stacja telewizyjna TVN 24 podała informację o przyznaniu Irenie Sendlerowej Nagrody im. Jana Karskiego – „Za Męstwo i Odwagę".

***

29 lipca

„Dziennik Polski i Dziennik Żołnierza" w Londynie na pierwszej stronie informował o Nagrodzie im. Jana Karskiego dla Ireny Sendlerowej. Napisano m.in.: „Nagroda przyznawana jest corocznie przez Fundację Jana Karskiego, która działa przy Amerykańskim Centrum Kultury Polskiej w Waszyngtonie i korzysta z donacji prywatnych sponsorów. Irenę Sendlerową zgłosiło Stowarzyszenie Dzieci Holocaustu w Polsce i Światowa Federacja Żydowskich Dzieci Ocalonych z Holocaustu, zrzeszająca m.in. osoby uratowane przez nią ponad 60 lat temu z warszawskiego getta. Jej kandydaturę popierał Norman Conard, nauczyciel historii w Kansas, i jego cztery uczennice, które napisały sztukę o bohaterskiej Polce.

Fundacja Jana Karskiego została powołana dla uczczenia pamięci legendarnego kuriera Armii Krajowej, który bezskutecznie alarmował Zachód o zagładzie Żydów w okupowanej przez Niemcy hitlerowskie Polsce. Oprócz ratowania żydowskich dzieci, Irena Sendlerowa była tą osobą, która pilotowała Jana Karskiego podczas jego kilkugodzinnego pobytu w getcie.

W komitecie Nagrody im. Jana Karskiego zasiadają były doradca prezydenta Cartera ds. bezpieczeństwa narodowego, profesor Zbigniew Brzeziński, i była ambasador USA przy ONZ, Jane Kirkpatrick".

* *

7 sierpnia

W siedzibie warszawskiego Stowarzyszenia Dzieci Holocaustu, z udziałem córki Janiny Zgrzembskiej oraz kilkorga uratowanych „dzieci", odbyła się konferencja prasowa poświęcona laureatce Nagrody im. Jana Karskiego. Spotkanie prowadziła przewodnicząca Stowarzyszenia, Elżbieta Ficowska, która powiedziała: – Pani Irena ocaliła nie tylko nas, ale ocaliła także nasze dzieci, wnuki i następne pokolenie. Ocaliła świat

przed nienawiścią i kse-
nofobią. Całe życie głosiła słowa prawdy, miłości
i tolerancji dla drugiego
człowieka.

*
**

13 sierpnia
Paweł Jaros, Rzecznik
Praw Dziecka, w liście
gratulacyjnym do Ire-
ny Sendlerowej napi-
sał: „Nazwa tej nagro-
dy w pełni oddaje Pani
zaangażowanie w pracę
na rzecz dzieci. Wielkiej
odwagi i wielkiego ser-
ca trzeba było, żeby

Irena Sendlerowa i ambasador Izraela
profesor Szewach Weiss

w czasie okupacji hitlerowskiej wyrwać śmierci 2500 dzieci
żydowskich z warszawskiego getta, ukryć je w polskich rodzinach, sierocińcach i klasztorach, ocalić ich dokumenty, aby po
wojnie mogły wrócić do swej tożsamości. Również Pani powojenna działalność na rzecz dzieci zagubionych, opuszczonych
i zaniedbanych zasługuje na najwyższy szacunek. Ludzie tacy
jak Pani zawsze będą wzorem dla wszystkich, którzy kochają
dzieci i pracują dla ich dobra”.

*
**

18 sierpnia
Irenę Sendlerową odwiedził ambasador Izraela w Polsce, profesor Szewach Weiss.

*
**

10 października

Pani prezydentowa Jolanta Kwaśniewska po raz pierwszy odwiedziła Irenę Sendlerową.

*
**

23 października

W Waszyngtonie w imieniu nieobecnej Ireny Sendlerowej Nagrodę im. Jana Karskiego odebrała Elżbieta Ficowska. Gościem honorowym uroczystości była pani prezydentowa Jolanta Kwaśniewska. Obecne były także amerykańskie uczennice ze swoim profesorem Normanem Conardem.

Irena Sendlerowa napisała w podziękowaniu za przyznaną jej nagrodę:

Panie, Panowie, Drodzy Przyjaciele!

Kiedy w czasie wojny, ja – młoda kobieta – jako żywy drogowskaz uczestniczyłam w ryzykownej wyprawie Jana Karskiego do getta w Warszawie, nie mogłam przypuszczać, że minie wiele lat i jako osoba 93-letnia dostąpię zaszczytu odznaczenia nagrodą Jego imienia. To wielki dla mnie honor!

Chylę głowę przed bohaterem, profesorem Janem Karskim, i pragnę jak zawsze zapewnić, że czyniłam swoją ludzką powinność. Pozwolicie Państwo, że przyjmę tę nagrodę także w imieniu nieżyjących już moich zaufanych współpracowników, bez których niewiele bym zdziałała. Chciałabym też, aby zachowała się pamięć o wielu szlachetnych ludziach, którzy narażając własne życie, ratowali żydowskich braci, a których imion nikt nie pamięta.

Ale pamięć nasza i następnych pokoleń musi też zachować obraz ludzkiej podłości i nienawiści, która kazała wydawać wrogom swoich sąsiadów, która kazała mordować.

Widzieliśmy też obojętność wobec tragedii ginących. Moim marzeniem jest, aby pamięć stała się ostrzeżeniem dla świata. Oby nigdy nie powtórzył się podobny dramat ludzkości.

Dziękuję wszystkim, którzy mnie dostrzegli.

Dziękuję losowi, że pozwolił mi dożyć dzisiejszego dnia.

Wypowiedź Elżbiety Ficowskiej podczas uroczystości:

Moje życie zawdzięczam Bogu, moim żydowskim Rodzicom, mojej polskiej Mamie i Irenie Sendlerowej.

Na ogół ludzie nie dziwią się, że żyją, ja też się nie dziwię.

Mój mąż w zadedykowanym mi wierszu *Twoje matki obie* napisał:

> To twoje matki obie
> nauczyły Cię
> tak nie dziwić się wcale
> kiedy mówisz
> J E S T E M

Teraz nie ma już moich obu Matek. Jest Irena Sendlerowa. Dla mnie i dla wielu uratowanych żydowskich dzieci Irena jest trzecią matką. Dobra, mądra, serdeczna, zawsze gotowa przygarnąć, ucieszyć się naszym sukcesem, zmartwić niepowodzeniem. Do Ireny wpadamy po radę w trudnych życiowych sytuacjach.

Irena zna nasze dzieci i wnuki, zna ich imiona i pamięta o ich świętach. Oni nie zawsze mają świadomość, że swoje istnienie też zawdzięczają pani Irenie. Irena Sendlerowa potrafi rozmawiać z młodymi ludźmi. Potrafi zarażać ich swoim entuzjazmem, chęcią czynienia dobra i naprawiania świata.

Jej przyjaźń z amerykańskimi dziećmi i ich nauczycielem, Normanem Conardem, sprawiła, że dzięki nim na drugiej półkuli ludzie lepiej zdają sobie sprawę z koszmaru drugiej wojny światowej i tragedii skazanego na Zagładę całego narodu żydowskiego. W obojętności świata wobec tej tragedii znajdują przyczynę zła, które i dziś nas otacza.

Na szczęście byli też wtedy Sprawiedliwi, dzięki którym świat nie zginął.

Czuję się wyróżniona, dumna i wdzięczna, że to ja, jedna z dwu i pół tysiąca uratowanych dzieci, odbieram przyznaną Irenie Sendlerowej nagrodę, której patronuje niezwykły Sprawiedliwy, wielki bohater drugiej wojny światowej i autorytet moralny – Jan Karski.

***

25 października
List gratulacyjny do Ireny Sendlerowej napisał Ojciec Święty Jan Paweł II, czytamy w nim:

Proszę przyjąć moje serdeczne gratulacje i wyrazy uznania za niezwykle odważną działalność w czasie okupacji, kiedy nie bacząc na własne bezpieczeństwo, ratowała Pani wiele dzieci od zagłady i spieszyła z pomocą humanitarną bliźnim, potrzebującym wsparcia duchowego i materialnego. Sama, doświadczona torturami fizycznymi i cierpieniami duchowymi, nie załamała się, lecz nadal służyła ofiarnie bliźnim, współtworząc domy dla dzieci i starców. Niech Pan Bóg w swej łaskawości wynagrodzi Pani te czyny dobroci dla drugich szczególnymi łaskami i błogosławieństwem.

***

4 listopada
Druga wizyta pani prezydentowej Jolanty Kwaśniewskiej w towarzystwie Elżbiety Ficowskiej. Wręczenie nagrody i statuetki Jana Karskiego.

***

5 listopada
Dziennik „Rzeczpospolita" opublikował artykuł Szewacha Weissa *Pożegnanie z Polską*, w którym ustępujący ambasa-

Irena Sendlerowa i pani prezydentowa Jolanta Kwaśniewska

dor Izraela w Polsce wspomina swoje liczne przyjaźnie z wielkimi Polakami. Pisał m.in.: „Przyjechałem do Polski również po to, żeby spotkać wspaniałą Wisławę Szymborską, drogiego Czesława Miłosza, by być blisko Władysława Bartoszewskiego i Ireny Sendlcrowej, która z takim oddaniem ratowała żydowskie dzicci".

*
**

10 listopada
Prezydent RP Aleksander Kwaśniewski osobiście udekorował Irenę Sendlerową najwyższym polskim odznaczeniem, Orderem Orła Białego[7].

W czasie uroczystości prezydent powiedział m.in.: – Tak naprawdę, jak sądzę, największą radością pani oraz wymiarem pani bohaterstwa i pani działania jest właśnie życie. Uratowane życie aż tylu osób, ich wdzięczność, ich uśmiech; to że mogły one założyć rodziny.

---

[7] Kandydaturę Ireny Sendlerowej do odznaczenia Orderem Orła Białego zgłosiło w 2002 roku Stowarzyszenie Dzieci Holocaustu w Polsce.

Dziękując prezydentowi, Irena Sendlerowa powiedziała:

Długie życie przeszło mi bez oglądania się za nagrodami, za uznaniem. Starałam się żyć po ludzku, co nie zawsze bywa łatwe, zwłaszcza gdy człowiek skazany jest na unicestwienie. Każde uratowane przy moim udziale dziecko żydowskie jest usprawiedliwieniem mojego istnienia na tej ziemi, nie tytułem do chwały. Fakt, że dostaję najwyższe odznaczenie mojej ojczyzny – Order Orła Białego – z rąk pana prezydenta Aleksandra Kwaśniewskiego, każe mi dodać, że stanowi to dla mnie zaszczyt dodatkowy.

I dziś, w kraju i na świecie, jest wiele bolesnych problemów, wiele tragedii, którym trzeba się przeciwstawiać. I dostrzec także tych, którzy spieszą skrzywdzonym na ratunek. Wierzę, panie prezydencie, że się nie zawiodą.

Dziękuję z całego serca za to wysokie odznaczenie, które pozwolę sobie zadedykować wszystkim moim ofiarnym współpracownikom z tragicznych lat, ludziom, których w większości nie ma już wśród żywych.

Dziękuję Kapitule Orderu i panu prezydentowi, niezawodnemu patronowi ludzi dobrej woli, do których i mnie zechciał zaliczyć.

W imieniu członków Stowarzyszenia Dzieci Holocaustu w Polsce zabrała głos Elżbieta Ficowska:

Kochana Nasza Pani Ireno!
My, członkowie Stowarzyszenia Dzieci Holocaustu, zawdzięczający życie pani nieustraszonemu sercu, które ponad 60 lat temu podjęło walkę z najstraszliwszym zbrodniarzem świata, pragniemy złożyć pani raz jeszcze najgorętsze podziękowania za nasze istnienie. Z okazji wręczenia pani Orderu Orła Białego czynimy to dziś w imieniu własnym oraz tych wszystkich rozsianych po świecie naszych sióstr i braci, którzy – wyrwani śmierci – dostąpili łaski życia,

udzielonej przez kochaną panią i współdziałających z nią najlepszych z najlepszych, założycieli i członków sławnej Żegoty.

Dowiadywaliśmy się czasem, skąd się wzięliśmy, jakie były początki naszych życiorysów i komu zawdzięczamy, że miały one i mają dalszy ciąg. Odtąd wiemy już i nie zapomnimy nigdy, że jest pani naszą Matką, bez której wielu z nas nie pozostałoby wśród żywych.

Chylimy czoła, mówiąc tylko stare i nadużyte nieco słowo: dziękuję, bo nic więcej nie da się powiedzieć w ludzkiej mowie.

*
**

12 listopada
„Gazeta Wyborcza" opublikowała wypowiedź profesora Michała Głowińskiego:

Dzień, w którym Prezydent odznaczył Panią Irenę Sendlerową, był świętem nas wszystkich, którzy zawdzięczamy Jej życie. Maksyma będąca hasłem izraelskiej instytucji Yad Vashem głosi, że kto ratuje jedno życie, ratuje świat. Pani Irena ocaliła od zatraty 2500 dzieci, a także niemałą liczbę osób dorosłych, uratowała zatem aż tyle światów. Jest bohaterką i laicką świętą. Kto wie, czym była i jak przebiegała Zagłada, zdaje sobie sprawę, jak wielkiego wymagało to wysiłku, poświęcenia i odwagi, jakiej pomysłowości i talentów organizacyjnych. Czcimy teraz panią Irenę, a składając Jej hołd, składamy go także tym wszystkim, którzy działali pod Jej kierunkiem i z Nią współpracowali. A ten, kto, jak piszący te słowa, zna Panią Irenę od ponad sześćdziesięciu lat, podziwia nie tylko Jej pomnikowy heroizm, podziwia także Jej sympatyczność, serdeczność i mądrość.

*
**

15 listopada

Wśród wielu listów gratulacyjnych, które nadeszły dosłownie z całego świata, znalazły się niezwykle serdeczne słowa od Jerzego Śliwczyńskiego, przewodniczącego Zarządu Głównego Polskiego Towarzystwa Sprawiedliwych wśród Narodów Świata: „Gdy ludzie zamknięci w murach getta myśleli, że już Bóg o nich zapomniał, Pani czyny oświetliły horyzont nadziei".

**

16 grudnia

Panią Irenę odwiedziła Kaya Mirecka-Ploss, dyrektor Amerykańskiego Centrum Kultury Polskiej w Waszyngtonie, z której inicjatywy od kilku lat przyznawana jest Nagroda im. Jana Karskiego. Towarzyszyła jej Mary Skinner, dziennikarka, która podjęła się realizacji dokumentalnego filmu o Irenie Sendlerowej dla amerykańskiej telewizji publicznej PBS, we współpracy z Telewizją Polską. „Film byłby pierwszą na taką skalę prezentacją postaci bohaterskiej Polki amerykańskiej publiczności. Telewizje w USA przedstawiały dotąd materiały akcentujące raczej przykłady obojętności Polaków na los Żydów", pisała „Gazeta Wyborcza" tego dnia.

Także w grudniu, w bardzo popularnym amerykańskim magazynie kobiecym „Ladies' Home Journal" (nakład 13,5 miliona egzemplarzy), ukazał się artykuł Marti Attoun o wymownym tytule *The Woman Who Loved Children*, przedstawiający historię Ireny Sendlerowej, jej dokonania z czasów wojny i przyjaźń z amerykańskimi uczennicami i ich nauczycielem.

**

Skąd nagle w 2003 roku, po tylu latach milczenia, takie zainteresowanie bohaterską Polką, która po 1945 roku stale mieszkała w Warszawie?

Odpowiedzi na to pytanie należy szukać za oceanem...

Co się zdarzyło w Uniontown

Irena Sendlerowa i amerykańskie uczennice, maj 2001 roku.
Ilustr. R. Szaybo

We wrześniu 1999 roku cztery uczennice (Megan Stewart, lat 14, Elizabeth Cambers, lat 14, Sabrina Coons, lat 16, Gabrielle Bradbury[8], lat 13) ze szkoły w liczącym 300 mieszkańców Uniontown, 150 km od Kansas City, „kwartet Sendlerowej" – jak je później nazwano – wymyśliły projekt na olimpiadę historyczną. Zainspirował je artykuł (w „U.S. News & World Report") z 1994, który ukazał się po premierze słynnego filmu Stevena Spielberga i opowiadał o ludziach, którzy w czasie drugiej wojny światowej ratowali Żydów, ale nie przeszli do historii jak Oskar Schindler[9]. Wśród wielu wymienionych osób było nazwisko Polki – Ireny Sendler, i informacja, że uratowała 2500 dzieci. Nauczyciel dziewcząt Norman Conard miał wątpliwości. – Czy przypadkiem nie dodano o jedno zero za dużo? – pytał. Prosił, aby uczennice znalazły potwierdzenie prasowej sensacji. Temat wciągnął je i pochłonął całkowicie. Poświęcały mu cały wolny czas przez ponad pół roku. Czytały książki poświęcone drugiej wojnie światowej, Holocaustowi. Jedno z pierwszych pytań, które zadały opiekunowi projektu, brzmiało: „Co to było getto?". – Szukajcie dalej – powiedział. Dzwoniły do amerykańskich weteranów tamtej wojny. Ściągały mikrofilmy. Oglądały sprowadzone specjalnie filmy dokumentalne. Pomagało im wiele obcych osób, które zaraziły swoją pasją.

---

[8] Gabrielle wkrótce zrezygnowała ze współpracy z koleżankami. W przedstawieniu zastąpiła ją Janice Underwood.

[9] Richard Z. Chesnoff, *The Other Schindlers*, „U.S. News & World Report", 21 marca 1994.

Sabrina Coons, Janice Underwood, Megan Stewart, Elizabeth Cambers

W lutym roku 2000 wystąpiły po raz pierwszy na lekcji historii z przedstawieniem *Holocaust. Życie w słoiku*. „Koledzy mieli mnóstwo uwag. Powiedzieli, że muszę pokazać więcej emocji. Nie czuli, że naprawdę chcę ratować te dzieci" – opowiadała polskiemu dziennikarzowi[10] Elizabeth, odtwórczyni roli siostry Jolanty. Ale wtedy jeszcze nie wiedziały, że Irena Sendlerowa żyje i mieszka w Warszawie. Jej adres otrzymały z Fundacji Sprawiedliwych w Nowym Jorku. 10 lutego 2000 roku napisały pierwszy nieśmiały list, w którym czytamy m.in.: „Pani przeżycia są wielką inspiracją dla naszego zespołu. I natchnieniem do pracy. Podziwiamy Pani odwagę. Jest Pani jedną z wielce zasłużonych kobiet ubiegłego stulecia. Czy ma Pani kontakt z uratowanymi przez siebie dziećmi? Chciałybyśmy skontaktować się z nimi". Odpowiedź otrzymały po kilku tygodniach.

---

[10] Marcin Fabjański, *„Życie w słoiku" trwa dziesięć minut*, „Gazeta Wyborcza" – Świąteczna, nr 116, 19–20 maja 2001.

Już 24 marca dziewięćdziesięcioletnia Irena Sendlerowa pisała:

Moje Drogie i Kochane Dziewczęta, bardzo bliskie mojemu sercu! Z wielkim wzruszeniem przeczytałam Wasz list. Zainteresowało mnie przede wszystkim, co wpłynęło na to, że podjęłyście tę tematykę. Ciekawi mnie, czy stanowicie wyjątek, czy dużo młodzieży w Waszym kraju interesuje się Holocaustem. Uważam, że Wasza praca jest unikalna i godna rozpowszechnienia. Chociaż w historii świata zdarzały się wypadki prześladowań Żydów, nie było jednak państwa, które postawiło sobie za cel likwidację całego narodu. Rozmawiałam z kilkoma osobami, które przeżyły Holocaust dzięki temu, że zostały uratowane przez Żegotę. W Polsce mieszka niewiele osób. Większość rozrzucona jest po całym świecie. Na ogół nie chcą one opowiadać o tamtych strasznych czasach, nie chcą o tym myśleć, chcą zapomnieć. [...] Od ponad 10 lat jestem schorowaną osobą. Prawie nie chodzę. Wiele moich chorób to rezultat przeżyć okupacyjnych i gestapowskich więzień. Jestem inwalidką wojenną.

Potem ważnych listów było jeszcze wiele, korespondencja trwa do dziś.

Szóstego kwietnia dziewczęta wysłały kolejny list z pytaniami o szczegóły dotyczące działalności Ireny Sendlerowej na rzecz ratowania żydowskich dzieci. Przysłały także sztukę. Po zapoznaniu się z jej polskim tłumaczeniem Irena Sendlerowa napisała długi list z wyjaśnieniami i sprostowaniami wielu szczegółów, których amerykańskie uczennice znać nie mogły. Zdumiona była jednak ich intuicją. Pisała między innymi: „Wasze wrażliwe serca podświadomie przeczuwały, że to, co naokoło mówi się o Holocauście, jest niedostatecznie zrozumiałe. Postanowiłyście szukać czegoś więcej, dociec prawdy o tych okrutnych czasach. [...] Tytuł *Życie w słoiku* jest bardzo bliski prawdy. Spis dzieci ratowanych przez Żegotę musiał być prowadzony, aby po skończonej wojnie dzieci mogły wrócić do swoich rodaków. Służył także jako lista osób potrzebujących stałej pomocy finansowej. […] Wasza mądrość i intuicja podpowiedziały Wam trafnie, jak mogły wyglądać sceny oddawania dzieci pod moją opiekę przez zrozpaczonych rodziców i dziadków. Choć minęło już tak wiele lat od tamtych tragicznych wydarzeń, są noce, kiedy w koszmarnych snach słyszę szlochy, krzyki rozpaczy i przeraźliwe płacze. Fakt, że piszecie o moim nielegalnym opuszczeniu więzienia dzięki łapówce, jaką otrzymał gestapowiec, dowodzi, że przygotowując się do pisania o mojej działalności, sięgnęłyście po wiadomości całkowicie prawdziwe".

Mimo zajęć szkolnych dziewczęta występują coraz dalej od swojego miejsca zamieszkania ze sztuką, która porusza kolejnych widzów. Młodych, ale jeszcze bardziej starszych. Grają w parafiach różnych wyznań, szkołach, domach starców, centrach kultury i ośrodkach organizacji społecznych, wszędzie tam, skąd przychodzą zaproszenia. Jest ich coraz więcej. Trafiają do różnych środowisk. Wszyscy są poruszeni przedstawieniem, które trwający pięć lat wojenny koszmar opowiada w dziesięć minut! Dekoracja jest skromna, metalowa brama z napisem „Warsaw Ghetto", a odtwarzające tragizm tamtych dni aktorki są właściwie dziećmi. Może to tak wzrusza słuchaczy? Bo to, że wzrusza, wiedzą wszyscy, którzy widzieli spektakl. Najbardziej Żydów[11], ale nie tylko. John Shuchart, nauczyciel historii, po przedstawieniu zaprosił wykonawczynie do restauracji. Opowiedziały mu, jak praca nad tym projektem zmieniła ich życie. Stały się inne, lepsze. Czują to same. I wie o tym ich najbliższe otoczenie: rodzina, koledzy. – Czy macie jakieś marzenie?

---

[11] Rabin Joshua Tanb mówił polskiemu dziennikarzowi: „Te dziewczyny miały odwagę przyjść do żydowskiego domu modlitwy i opowiedzieć Żydom fragment ich własnej historii. Gdybym ja ją opowiedział, nikogo by to nie poruszyło. Powiedzieliby: rabin znowu opowiada o Holocauście, bo musi. A one pokazały, że część naszej historii jest ważna nie tylko dla Żydów". Marcin Fabjański, „Życie w słoiku" trwa dziesięć minut, „Gazeta Wyborcza" 19–20 maja 2001.

– zapytał. – Chciałyby-
śmy się spotkać z Ireną
Sendlerową – powiedzia-
ła Megan. – Spotkacie ją
– obiecał. Właśnie dzięki
niemu marzenie zostało
spełnione. Jego żydow-
scy znajomi wsparli fi-
nansowo pomysł pomo-
cy uczennicom, mógł
więc przysłać czek na
dużą sumę, która pozwo-
liła przygotować i zrealizować plan przyjazdu
do Polski.

Megan Stewart

To był wielki sukces,
ale poprzedzony poraż-
ką. Wygrały stanową
olimpiadę historyczną w Kansas i zakwalifikowały się do fina-
łu w Waszyngtonie. Do ostatniego etapu, gdzie startują trzy
zespoły z kilkuset zakwalifikowanych, nie dotarły. Megan
z żalem opowiadała, że to wszystko przez wścibskiego dziennikarza, który „podsuwał mikrofon pod nos członkom komisji
i pytał, co o nas sądzą. – To ich zdenerwowało – uważa".

W innym liście pani Irena pisała: „Cieszę się, że postanowiłyście szukać prawdy. Dzięki temu jakiś nikły, maleńki ślad
zaprowadził Was do mnie".

W lipcu 2003 Irena Sendlerowa opowiadała mi z radością
historię swojej amerykańskiej przygody: – W zasadzie nie lubię wywiadów, spotkań z dziennikarzami, bo bardzo często
zdarzało się tak, że chociaż ja przygotowywałam dla nich do-
kładne materiały i informacje, oni je potem zmieniali i pisali
po swojemu, przekręcając fakty. Zimą 2000 roku, chyba w lutym, zadzwonił do mnie dziennikarz z Ameryki i poprosił o wywiad. Mając w pamięci przykre doświadczenia, odmówiłam.

Dziewczęta przy tablicy Żegoty. Fot. Michał Dudziewicz

Kilka godzin później sekretarka jednego z profesorów Akademii Medycznej powiedziała mi przez telefon, że pan profesor był parę tygodni temu w Ameryce. Jego kolega, który pracuje w jednym ze szpitali, opowiedział mu ciekawą historię. W jednej z wiejskich szkół cztery dziewczęta w wieku 13–14 lat napisały o mnie sztukę, o mojej działalności w czasie okupacji na rzecz ratowania żydowskich dzieci z warszawskiego getta. Chcą bardzo do mnie napisać, ale nie wiedzą dokąd. Zaciekawiło mnie to i zgodziłam się na podanie mojego adresu. Niedługo potem nadszedł pierwszy wzruszający list i sztuka, której byłam bohaterką. Z kolejnego listu dowiedziałam się, że ktoś bardzo wzruszony ich przedstawieniem ofiarował pomoc (6,5 tys. dolarów) w realizacji planu przyjazdu do Polski. Gdy one zapytały Johna Shucharta, jakie ma życzenie w związku z ich pobytem w Polsce, usłyszały: Uściskać Irenę Sendlerową i być w Oświęcimiu. (Tam zginęła cała jego rodzina).

Irena Sendlerowa nawet dzisiaj przyznaje, że bardzo się bała tego spotkania. Wzruszeń i odpowiedzialności. – Mam

Dziewczęta w Oświęcimiu. Fot. Michał Dudziewicz

nieciekawe, smutne życie, od piętnastu lat poruszam się na wózku inwalidzkim, a tu nagle taka poważna wizyta, którą trzeba jakoś przygotować. Zaplanować program pobytu dziewcząt. Chciałam, aby zobaczyły w Warszawie miejsca, o których pisałam w listach. Ułożyłam plan tak, żeby mogły zobaczyć i ogródek przy ulicy Lekarskiej 9, w którym zakopałam w słoiku listy dzieci uratowanych z getta, Pawiak, dom i tablicę, gdzie mieściła się centrala Żegoty (Żurawia 24), gmach gestapo w alei Szucha i tzw. tramwaje, gdzie zaraz po aresztowaniu umieszczano Polaków, pomnik Małego Powstańca na Starym Mieście, Umschlagplatz i Pomnik Bohaterów Getta, tablicę ku pamięci Żegoty. Chciałam też, aby pojechały i uczestniczyły w koncercie Chopinowskim w Żelazowej Woli. Cały program uzgodniłam z moją koleżanką, Zofią Wierzbicką[12], i prosiłam ją o kierowanie nim, wyznaczając na każde odwiedzane miejsce i dzień jedną osobę ze swego grona.

---

[12] Zofia Wierzbicka (1916–2001), pedagog.

Dziewczyny to wszystko zobaczyły. Zwiedziły też Oświęcim, który wywarł na nich wstrząsające wrażenie. Nie pojechały jedynie do Żelazowej Woli, bo już zabrakło czasu. Zorganizowałam też spotkanie z dwojgiem uratowanych przeze mnie dzieci: Elżbietą Ficowską i profesorem Michałem Głowińskim.

Dziewczyny przyleciały 23 maja 2001 roku wraz ze swoim nauczycielem i wychowawcą Normanem Conardem i jego żoną Karen, dziadkami Elizabeth, matką Megan i jedną z nauczycielek ze szkoły, do której uczęszczają, panią Bonnie. Pobyt swój rozpoczęły od spotkania z „dziećmi" Holocaustu, podczas którego odegrały swoją sztukę. Cała sala płakała...

Spotkanie nasze odbyło się następnego dnia w domu Zofii Wierzbickiej. Trudno opisać słowami to wydarzenie. Byłam onieśmielona i bardzo wzruszona, że ktoś napisał sztukę o mnie i o mojej działalności, którą uważam za całkiem normalną w tamtych czasach. I to tak daleko od Polski! Byłam zaciekawiona i zafascynowana, że w Ameryce, w stanie Kansas, w maleńkim Uniontown znalazły się dziewczęta 13-, 14-letnie, które podjęły się tak trudnego i tak mało popularnego w ich kraju tematu. Przez dłuższą chwilę nie mogłyśmy wymówić słowa. Bo przecież legenda stała się prawdą. Powitałam ich następującymi słowami:

„Witam was najczulej i najserdeczniej. Przyjeżdżacie do Polski, kraju, który jako jedyny nie tylko nie ugiął się przed nawałą hitlerowską, ale stawił jej zbrojny opór. Przyjeżdżacie do Polski, która była jedynym krajem w okupowanej Europie, gdzie za jakąkolwiek, najmniejszą nawet, pomoc okazaną Żydowi groziła śmierć. Przyjeżdżacie do Warszawy, która tonąc przez 63 dni w morzu krwi i ognia – niestety – poddała się!".

– Pomimo rocznej korespondencji między mną a dziewczętami dopiero osobisty kontakt miał wpływ na głęboką przemianę duchową i psychiczną nas wszystkich – opowiadała pani Irena. – Zarówno one, jak i dziadkowie Elizabeth, matka Megan oraz ich nauczyciel Norman Conard wielokrotnie podkreślali, że zmieniłam życie każdego z nich i wszystkich razem. „Historia

Ireny dała im siłę" – powiedziała w wywiadzie matka Megan. „Szybciej dojrzały w ciągu ostatniego roku" – dodał Norman Conard. – Zrobiłam wszystko, żeby czuły się w Polsce jak najlepiej. Wszyscy moi znajomi, którzy towarzyszyli im podczas pobytu, bardzo je polubili – dopowiada pani Irena. W listach, które pisały po powrocie z Polski, nie kryły wzruszeń swoim pobytem, który, co też podkreślały, był wspaniale zorganizowany[13].

– Rozstając się w roku 2001, nie miałyśmy pewności, czy się jeszcze kiedyś zobaczymy – wspomina pani Irena. – Ale ich pasja, granicząca z ogromną determinacją zrobiła swoje i po roku, w lipcu 2002, spotkałyśmy się znowu. Byłam już w Domu Opieki przy klasztorze Bonifratrów, gdzie przeor nie tylko użyczył nam najpiękniejszej sali na spotkanie i przyjęcie, ale cały czas był z nami, a na zakończenie obdarzył wszystkich podarunkami. Tym razem oprócz czterech dziewcząt i ich nauczyciela przyjechały dwie nowe dziewczyny, które doszły do zespołu, oraz ich sponsor John Shuchart, który oba pobyty sfinansował. Najbardziej zależało im na spotkaniu z osobami, z którymi pracowałam lub w inny sposób byłam związana w czasie wojny. Ale było lato i okres urlopowy, mogły więc poznać tylko jedną moją koleżankę, Annę Marzec, z którą pracowałam w czasie wojny w IV Ośrodku Opieki. Odbyło się też spotkanie z profesorem Tomaszem Szarotą, wybitnym specjalistą w zakresie najnowszej historii Polski. Oniemiały, kiedy – przytaczając archiwalne dokumenty – powiedział, że Irena Sendlerowa i inni znaleźli się na „proskrypcyjnej liście ośmiu osób, którą sporządzono 28 kwietnia 1944 najprawdopodobniej w referacie IV (żydowsko-komunistycznym) wywiadu Narodowych Sił Zbrojnych"[14] za ich konspiracyjną działalność służącą ratowaniu Żydów.

---

[13] Z amerykańskimi uczennicami spotkał się wówczas także Christopher Hill, ambasador USA w Polsce.

[14] Tomasz Szarota, *Cisi bohaterowie*, „Tygodnik Powszechny" nr 51–52, 22–29 grudnia 2002. Więcej na ten temat w artykule tego autora – *Listy nienawiści*, „Polityka" nr 44, 1 listopada 2003, i w sprostowaniu Elżbiety Ficowskiej *Nagroda dla Ireny Sendlerowej*, „Polityka" nr 47, 22 listopada 2003.

Odwiedziły również rodzinę Elżbiety Ficowskiej, którą poznały podczas pierwszego pobytu i którą w marcu 2002 gościły wraz z córką w Stanach Zjednoczonych na uroczystości ustanowienia dnia 10 marca Świętem Ireny Sendler dla stanów: Kansas i Missouri.

To drugie rozstanie było bardzo dla mnie wzruszające. Mamy stały kontakt korespondencyjny[15]. Dziewczyny piszą mi o swoim życiu, planach na przyszłość. Dzisiaj mają już 17 i 18 lat, zmieniły szkoły i weszły w nowe środowiska. Ich nauczyciel, Norman Conard, informuje mnie o kolejnych przedstawieniach nowego już zespołu.

Moje dziewczęta zainspirowały młodsze koleżanki – kończy swoją opowieść pani Irena. – Kathleen Meara ma 17 lat i przejęła rolę po Liz, która odtwarzała moją postać – podkreśla z dumą, pokazując pierwszy od niej list. Dziewczynka wspomina też o nowym, obszerniejszym scenariuszu.

Bardzo serdeczny list, swoją fotografię i własny wiersz przysłał również Nicholas Thomas, dwunastoletni chłopiec, który występuje z drugim zespołem:

Remember the Children

Remember the children
thrown out of school.
Remember the children
killed, not cool.
Remember the children
trapped in barbed wire.
Remember the children
lost from desire.
Remember the children
lost and all gone.

---

[15] W lutym 2004 nadeszła z Kansas miła dla pani Ireny wiadomość, że dziewczęta i ich nauczyciel przyjadą do Polski po raz trzeci.

Remember the children
in that Holocaust[16].

**

Z listu Ireny Sendlerowej do dziewcząt, 14 września 2000 roku:

Wyprowadzałyśmy dzieci, ja i moje łączniczki, czterema drogami.

Sposób pierwszy: Samochód ciężarowy jeździł do getta z rozmaitymi środkami czystości. Szoferem był pan Antoni Dąbrowski, też razem ze mną pracujący w konspiracji. W uprzednio umówionym miejscu w getcie zabierał dziecko oraz mnie lub jedną z moich łączniczek. Dziecko trzeba było bardzo dobrze ukryć w samochodzie, w jakimś dużym pudle po środkach czystości lub – niestety – w worku. To nieszczęsne dziecko, odebrane często siłą od rodziców, dziadków, było tak przerażone, że rozpaczliwie krzyczało. Nikt nigdy nie opisał, co się wtedy działo w jego serduszku: przecież trzeba było przejechać przez bramę, chronioną zawsze przez straż niemiecką, która w każdej chwili mogła je usłyszeć. I kiedyś pan Dąbrowski odezwał się do mnie: – Jolanta, nie będę dalej prowadzić z wami tej niebezpiecznej akcji, bo kiedyś straż usłyszy krzyki i Niemcy nas wszystkich rozstrzelają. – Prosiłam go usilnie, aby coś wymyślił i nie odmawiał dalszej współpracy. Po kilku dniach z miną ogromnie zadowoloną oświadczył: – Wymyśliłem coś dobrego. Będę zabierał do samochodu bardzo złego psa. Przy wjeździe do bramy mocno nadepnę mu na łapy, a wtedy wycie psa zagłuszy krzyk dziecka.

---

[16] „Pamiętaj o dzieciach wyrzuconych ze szkół./Pamiętaj o dzieciach zamordowanych, to nie była zabawa./Pamiętaj o dzieciach osadzonych za kolczastym drutem./Pamiętaj o dzieciach bez marzeń./Pamiętaj o dzieciach straconych na zawsze./Pamiętaj o dzieciach Holocaustu.

Drugim sposobem wyprowadzania dzieci była zajezdnia tramwajowa na terenie getta. Mąż jednej z moich łączniczek był tramwajarzem[17]. Tego dnia, kiedy miał dyżur, przyprowadzałyśmy do niego dziecko. On w pustym tramwaju umieszczał tę dziecinę i dowoził w umówione miejsce po tzw. aryjskiej stronie. Tam już czekałam ja lub moja łączniczka. Zawsze trzeba było zawieźć dziecko do jednego z czterech (później było ich dziesięć) punktów opiekuńczych, które były zorganizowane u najbardziej zacnych, odważnych naszych współpracowników. W takim punkcie dziecko otaczano najczulszą opieką, aby choć w minimalnym stopniu złagodzić jego tragedię po rozstaniu z najbliższymi.

Sposób trzeci: Niektóre domy w getcie graniczyły piwnicami z domami zamieszkanymi przez Polaków. Dalszy ciąg postępowania był taki sam.

Czwarta droga: Gmach sądu przy ulicy Leszno znajdował się na terenie getta. Niektóre wejścia były otwarte. Wchodziło się do tego gmachu od tyłu, czyli od tzw. strony aryjskiej (z wielkim bólem używam tych słów). Drogą konspiracyjną umożliwiano nam kontakt z dwoma woźnymi w sądzie. Ci zacni i nad wyraz odważni ludzie na umówiony znak otwierali nam drzwi po stronie getta. Tędy z dzieckiem się wchodziło, a wychodziło pod opieką tego zaufanego woźnego na stronę polską.

Wszystkie te „drogi wychodzenia" dotyczyły małych dzieci (było też i kilka niemowląt). Dla starszych, 12, 13-letnich i młodzieży w wieku 14, 18 lat, istniały zupełnie inne sposoby.

W porozumieniu z policją żydowską (która w przerażającej większości niegodziwie postępowała w stosunku do swoich rodaków)[18] z dobrych fachowców oraz młodzieży Niemcy

---

[17] Leon Szeszko, motorniczy tramwaju, został rozstrzelany 13 listopada 1943 r.

[18] Pisze o tym wielu autorów wspomnień z okresu wojny. Antoni Marianowicz w książce *Życie surowo wzbronione* (Warszawa 1995, s. 67) pisał m.in.: „Do żydowskiej policji poszła cała elita młodych prawników. Wychowanków Berensona, Brokmana, Neufelda, Schönbacha – ludzi o wysokim poziomie

organizowali specjalne ekipy, które pod ścisłą kontrolą wychodziły codziennie rano z getta do różnych warsztatów, a musiały wracać po 10–12 godzinach ogromnie wyczerpującej pracy. Każdego dnia gmina żydowska wyznaczała kierownika tej grupy, który był odpowiedzialny zarówno za jej pracę, jak i powrót. Grupę liczono i taka sama liczba osób musiała wrócić. Udało nam się znaleźć takiego pracownika gminy żydowskiej, który chciał opuścić getto. Wtedy do jego grupy dołączaliśmy kilkoro naszych podopiecznych chłopców i dziewcząt. Cała grupa miała po stronie aryjskiej punkt zbiorczy przy ulicy Grójeckiej. Któraś z nas zgłaszała się na ów punkt i zabierała naszych podopiecznych do jednego z mieszkań towarzyszy z Żegoty. Po dwu-, trzydniowym tam pobycie członkowie Armii Ludowej zabierali tę młodzież do leśnej partyzantki.

Proszę gorąco, abyście nigdy nie robiły ze mnie żadnej bohaterki, bo to by mnie ogromnie zdenerwowało.

*
**

Z listu Normana Conarda do Ireny Sendlerowej:

26 lipca 2002
Pani Ireno,
jest Pani cudowną kobietą. Ślemy Pani z Ameryki wyrazy miłości. Jest w Pani tyle ciepła, a Pani inspirujące słowa wciąż dźwięczą w naszych uszach. Dziewczęta i John [Shuchart – A.M.] bezustannie mówili o naszej wspaniałej podróży do Polski i o przyjaciołach, których mamy tam teraz tylu. Ale

---

moralnym. Z początku było to usprawiedliwione, chodziło przecież o siły porządkowe, o utrzymanie ładu w getcie. Wielotysięczne skupisko nie może się obyć bez sił porządkowych i wewnętrznej organizacji. Ludzie, którzy tworzyli policję, nie mogli przewidzieć, że wkrótce jej rola się odwróci. Że będzie służyła do wywózek jako główna siła pomocnicza Niemców przy likwidacji getta. Że jej rola będzie haniebna".

najważniejszy jest dla nas czas spędzony z Panią. Jest Pani światłem w ciemności, ciepłym głosem potrzebnym światu. Będziemy nadal pokazywać *Życie w słoiku* i nadal mówić, jaki mógłby być świat, gdyby wszyscy troszczyli się o innych.

Przesyłamy Pani wyrazy miłości i podziękowania za dobroć, pozostaje Pani w naszych modlitwach i naszych sercach. Przyłącza się do nas Karen, moja żona.

Norman Conard napisał na odwrocie: „Ireno, zmieniłaś moje życie i ciągle uczysz świat miłości"

**

Z listu Ireny Sendlerowej do Normana Conarda:

Drogi Panie Profesorze Norman!

Każdy Pana list ogromnie mnie cieszy. Gorąco proszę o przysłanie mi imion i nazwisk oraz charakterystyki osobowości nowego zespołu, który będzie teraz grał sztukę napisaną przez moje ukochane dziewczęta.

Ciągle mnie wzrusza Pana Profesora niepowtarzalne zaangażowanie i przeogromna praca w realizowaniu każdego dnia tych idei, z których zrodziła się sztuka *Życie w słoiku*. Stała i przeogromna praca Pana Profesora w celu pogłębiania i rozszerzania tych wartości dla setek i tysięcy osób jest Pana ogromną zasługą i chwałą. Te Pana wysiłki, aby świat stał się lepszy, wygasły ogniska wojen i zła, a dobro wreszcie zwyciężyło, jest wielką chlubą dla Pana, kochany Panie Profesorze.

***

W końcu marca 2003 roku odbyło się ostatnie (setne) przedstawienie pierwszego zespołu.

***

7 marca 2003 roku Irena Sendlerowa pisała do dziewcząt:

Nie kończy się okres Waszej niepowtarzalnej działalności w szerzeniu miłości, dobra, wszystkiego, co w życiu jest najbardziej wartościowe, szeroko pojętej tolerancji. Nie kończy się też nasz kontakt, wzajemne i najgorętsze uczucia miłości. Mimo bardzo młodego Waszego wieku, ale wyjątkowo wartościowego Waszego wnętrza i wrodzonego talentu aktorskiego, zrobiłyście wielką robotę dla całego świata, swojej ojczyzny, Polski i dla mnie.
Gorąco wierzę, że zawsze będziecie szły po tej samej drodze, aby wreszcie wygasły ogniska wojny i zła, a dobro zwyciężyło!
Pamiętajcie, że moje myśli zawsze będą przy Was.

***

W czerwcu 2003 po raz sto pierwszy (a pierwszy raz w nowej grupie) sztukę *Życie w słoiku* zagrano w Nowym Jorku. Zdarza się, że ktoś, kto ją widział, przyjeżdża do Polski. Wtedy szuka kontaktu z Ireną Sendlerową. Opowiada, że dzięki przedstawieniu osoba pani Ireny stała się w USA (i nie tylko) tematem licznych artykułów prasowych, audycji telewizyjnych i radiowych. Szczegóły dotyczące jej historii można znaleźć w artykułach opublikowanych na stronach internetowych. Z inicjatywy Normana Conarda powstał też „Irena Sendler Project" (**www.irenasendler.com**), który ma obecnie ogromny wpływ na wielu ludzi, a zwłaszcza na młodzież w Stanach Zjednoczonych. Świadkowie mówią, że gra dziewcząt jest sugestywna i poruszająca.

A sama sztuka? Zdumiewa prostotą, skrótowością. I głęboką prawdą moralną.

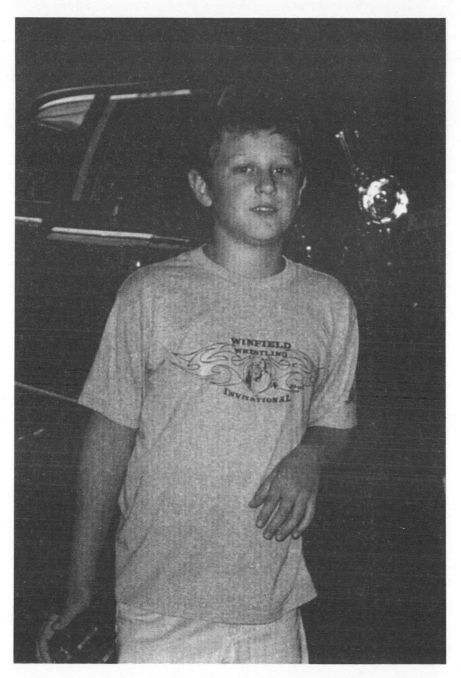

*Pięć lat wojny opowiedziane
w dziesięć minut,
czyli „Życie w słoiku"*

Nicholas Thomas

Życie w słoiku
– Historia Ireny Sendlerowej

(*Life in a Jar – The Irena Sendler Story*)
© by Life in a Jar Foundation
pierwsza wersja miała tytuł *Holocaust. Życie w słoiku*
przełożyła Zofia Wierzbicka

Pani Rosner

Pospiesz się, Icek, pospiesz się, Hannah, nie patrzcie na nich, nie patrzcie na niemieckich oficerów. Salmon, pilnuj, żeby dzieci szły!

Narrator

Jeden z najważniejszych punktów zwrotnych zdarzył się ponad 50 lat temu w Europie. Naziści zabili wiele milionów niewinnych ludzi, 6 milionów z nich to byli Żydzi. Naziści doszli do władzy w 1933 roku. Wierzyli w wyższość rasy aryjskiej i potrzebowali kozła ofiarnego.

Pani Rosner

Wówczas, w 1939 roku, Niemcy napadli na Polskę.

Narrator

Rozpoczynamy właśnie wędrówkę, która nie będzie łatwa. Iść musimy ostrożnie, bo dotykamy tu kruchych i cennych wspomnień.

Irena

Mario, chcę pójść do warszawskiego getta i zobaczyć, co się tam dzieje.

Maria

To bardzo niebezpieczne. Co by się stało, gdyby Niemcy wzięli cię za Żydówkę? I dlaczego mieliby tam wpuścić ciebie?

Irena

Mam dobre papiery, pracuję na rzecz dzieci, jestem Polką i chrześcijanką. To można udowodnić i... i będę udawała, że jestem pielęgniarką, która dogląda warunków życia. Poza tym Niemcy dali mi pozwolenie na wejście do getta, żeby sprawdzić, czy nie panuje tam jakaś zaraźliwa choroba.

Maria

Wyobrażam sobie ciebie jako pracowniczkę socjalną, a może członkinię Żegoty!

Irena

Nawet przez moment nie mów, że jestem członkiem Żegoty! Mimo że wiesz, że tak jest, NIGDY tego nie mów!

Maria

Przepraszam, masz rację… lecz ty jesteś Jolanta. Znam twój pseudonim i inni mogą go także znać. Bądź ostrożna w warszawskim getcie.

Narrator

W Polsce żyło kilka milionów Żydów. Kazano im wziąć tyle, ile mogli udźwignąć, i przesiedlono w najpodlejsze dzielnice miast. Niemcy utworzyli ponad 400 gett. Naziści prześladowali nie tylko Żydów, lecz także wrogów politycznych, komunistów, Słowian i innych.

Irena

Pani Rosner, czy mogę porozmawiać z panią na osobności? Pani dzieci powinny być stąd zabrane. Tutaj umrą albo, co gorsze, zostaną skierowane na… S p e c j a l n e leczenie.

Pani Rosner

Moje dzieci mają nas opuścić? O nic! Nigdy na to nie pozwolimy. Mamy być „przeniesieni", sytuacja jest tak zła, że może być już tylko lepiej!

Irena

Przyjdę tu jeszcze raz. Proszę pomówić z mężem. Mogłabym powiedzieć niemieckim oficerom, że wasze dzieci mają tyfus, a potem znaleźć na wsi polską rodzinę, która by je zaadoptowała i przysięgła, że to własne, rodzone dzieci.

Narrator

Warszawskie getto było w opłakanym stanie. Żydzi dostawali po 100 gramów chleba co drugi dzień. Czasami jedzenie lub butelka mleka trafiały tam z zewnętrz przez rury kanalizacyjne. Życie zależało od okruszka chleba.

Irena

Och, Mario! Nie byłam przygotowana na to, co zastałam. Nie byłam przygotowana na to, co tam zobaczyłam. Ludzie w getcie mają za mało żywności. Wszystkie domy są przepełnione i brudne, wszędzie panują choroby. To było takie straszne... i słyszałam, jak ludzie opowiadają, że ci, którzy nie umrą w gettach, zostaną wywiezieni do obozów...

Maria

Ireno, wojna nasila się. Słyszałam, że wielu ginie na froncie rosyjskim. Do czego to doprowadzi? Kiedyż to p i e k ł o się wreszcie skończy? Nic dobrego w Europie się już nie zdarzy!

Irena

Pewnego dnia to wszystko się skończy. Pewnego dnia świat zobaczy w tym wszystkim ważny punkt zwrotny. Pewnego dnia ludzkość uzna to za przykład sytuacji, która nigdy już n i e m o ż e się powtórzyć.

Maria

Och, mam nadzieję, że się nie mylisz. Nie zamierzasz wracać do getta, prawda?

Irena

Ależ tak, wracam tam dzisiaj. Muszę zobaczyć się z państwem Rosner. Mają dwójkę najcudowniejszych dzieci, które umierają z głodu.

Pani Rosner

Siostro! Siostro, proszę tu podejść!

Irena

Tak, proszę pani?

Pani Rosner

Rozmawiałam z mężem. Musi pani wziąć nasze dzieci, to dla nas okropne, ale musi je pani zabrać. Wszyscy umrzemy... nie ma żadnych reguł, według których można by żyć... takich, że można by sobie powiedzieć: jeśli dostosujesz się do tych reguł, nic ci nie grozi... Wczoraj widziałam, jak niemiecki żołnierz zastrzelił kobietę niosącą jakiś tobołek. Widziałam, jak wyszedł na próg, wyciągnął pistolet i zastrzelił przechodzącą obok kobietę... Strzelił jej prosto w szyję. A ona przecież nie szła ani wolniej, ani szybciej, nie była ani chudsza, ani grubsza niż ktokolwiek inny. Nie byłam w stanie pojąć, czym zawiniła.

Irena

Pewnego dnia wszystko się zmieni. Na lepsze.

Pani Rosner

Czy już czas?

Irena

Tak, wezmę państwa dzieci i powiem strażnikom, że mają tyfus i muszę umieścić je w szpitalu.

Pani Rosner

Proszę zabrać je teraz, bo nie jesteśmy w stanie dłużej o tym
myśleć. I nie chcę, by widziały, jak płaczę. Przygotowaliśmy
je do drogi. Icek, Hannah? Ta miła pani zabierze was do takiego miejsca, gdzie będzie wam o wiele lepiej. Zobaczymy się
niedługo.

Irena

Dzieci, weźcie mnie za ręce. Pożegnajcie się z mamą i tatą.

Narrator

Z tą dwójką dzieci rozpocznie ona swą wędrówkę trwającą
od 1942 do 1943 roku, kiedy wraz z osobami pracującymi
w polskim podziemiu wyciągnie z getta ponad 2500 dzieci
pod pozorem zachorowania na tyfus. Umieszczała je
w rodzinach z różnych stron Polski, nadając każdemu nowe
imię i nazwisko. Zainspirowała do działania wiele innych
osób.

Maria

Ireno, co robisz?

Irena

Wpisuję nazwiska ostatnich dzieci na moje listy i wkładam
wszystkie listy do słoika.

Maria

Oszalałaś? Nie wolno ci pozostawić jakichkolwiek śladów, które mogliby znaleźć naziści. Nakryją cię, z ł a p i ą   c i ę! Wiesz, że za ukrywanie Żydów grozi kara śmierci. Jak znajdujesz rodziny chętne do adoptowania tych dzieci?

Irena

Podziemie nam pomaga, rodziny pragną się poświęcić, przytułki, zakony. Każdy może się zmienić, każdy okazać może odwagę.

Maria

Ireno Sendler, dzięki tobie rozmaici ludzie podejmują to trudne wyzwanie, zmieniasz nas. A ta straszna wojna... może na zawsze zmienić świat... Lecz musisz być ostrożna, bardzo ostrożna. Ireno, czemu płaczesz?

Irena

Ktoś spośród moich bliskich przyjaciół z getta został wywieziony do obozu w Treblince.

Narrator

O tak, Treblinka, nazistowski obóz śmierci. Irena przemyciła tysiące – była uparta, ratowała tak wielu, że naziści dowiedzieli się o niej. Uwięziono ją pod koniec 1943 roku.

Niemiecki strażnik

Umrzesz jutro. Jutro przeprowadzimy twoją egzekucję. Zniosłaś takie tortury, że dziwi mnie, że jeszcze żyjesz. A jeszcze dziwniejsze, że nic nie powiedziałaś! Jak cię złapali?

Irena

Poszłam do getta o jeden raz za dużo... ale ja tylko... dzieci...

Niemiecki strażnik

Słuchaj mnie teraz, słuchaj uważnie. Dostałem od Żegoty pewną sumę pieniędzy. Jutro wpiszę „rozstrzelana" przy twoim nazwisku na liście więźniów. Tylu ma umrzeć, że jedna osoba więcej czy mniej nie robi różnicy. Dziś późnym wieczorem pokażę ci, którędy stąd uciec. Nie wolno ci wracać do getta. Zresztą i tak większość ludzi stamtąd trafiła już na „specjalne" leczenie.

Irena

Jest pan dobrym człowiekiem. Proszę pamiętać, że to wszystko pewnego dnia się skończy. A świat ujrzy wielkie zmiany. Trzeba wiedzieć, gdzie jest dobro i sprawiedliwość. Żydzi cytują Talmud: Ten, kto ratuje jednego człowieka, ratuje cały świat.

Narrator

Po ucieczce z więzienia była wciąż ścigana przez gestapo. Nie mogła nawet pożegnać się ze swą umierającą matką.

Maria

Te listy są dowodem absolutnego dobra, tkwi w nich życie. To jest życie zamknięte w słoiku. Irena stała się inspiracją dla całego świata.

NAGŁY OGIEŃ

Holocaust stał się punktem zwrotnym w historii, zmuszającym świat do badania wszelkiego ludobójstwa. Powstaną podwaliny pod naród izraelski. „Nigdy więcej" stanie się mottem dla Żydów. Wiele książek i filmów, od *Pamiętnika Anny Frank* po *Listę Schindlera*, uczyć będzie akceptacji innych. Organizacje i szkoły na całym świecie uczyć będą tolerancji.

Holocaust był prawdopodobnie najtragiczniejszym wydarzeniem XX wieku.

Megan

W trakcie długiej nocy Holocaustu niczym kilka maleńkich światełek pojawiali się mężczyźni i kobiety, którzy narażali swe życie, by ocalić innych.

Narrator

Zachowanie tych ludzi stanowiło punkt zwrotny w jednym z najbardziej doniosłych zdarzeń w historii.

Liz

W 1965 roku Irena Sendler została uznana za jedną ze Sprawiedliwych wśród Narodów Świata. Na jej cześć w Jerozolimie zasadzono drzewo.

*
**

Kiedy w maju 2003 roku przystąpiłyśmy z panią Ireną do pracy nad książką, wręczając scenariusz *Życia w słoiku*, powiedziała:

– Proszę się nie zrażać, tylko uważnie przeczytać. To pisały dzieci. Jest tam kilka błędów, ale one pisały to bez porozumienia ze mną. Wyłącznie na podstawie zebranych informacji. Nikt oprócz mnie nie może tego sprostować.

– Jakie to błędy? – zapytałam.

– Po pierwsze nie mogłam wyprowadzać dzieci z getta oficjalnie. A tym bardziej jako chore na tyfus! Niemcy by je natychmiast zastrzelili. A ten motyw, że ratowałam dzieci pod pretekstem groźnej choroby pojawia się kilka razy. Po drugie niemiecki strażnik nie mógł mi zabraniać iść do getta po ucieczce tuż przed rozstrzelaniem, bo getta już wtedy nie było! Po trzecie moją matką, mimo życia w ukryciu, opiekowałam się do końca. Zmarła na moich rękach. I jeszcze jedno, żadna z moich łączniczek nie wiedziała, że pracuję dla Żegoty. Ale moje drogie dziewczęta nie mogły o tym wszystkim wiedzieć, gdy pisały scenariusz swojego przedstawienia. To wszystko wyjaśniłam im w listach i podczas naszego spotkania. I z tego, co wiem, teraz grana jest wersja nowa, poprawiona.

Ta króciutka sztuka, którą napisały, jest wielką chwałą dla nich! – z dumą dodaje pani Irena. – Mimo bardzo młodego wieku potrafiły pokazać w swojej ojczyźnie dwie sprawy: tragizm narodu żydowskiego w czasie drugiej wojny światowej i to – dla mnie szczególnie ważne – że są możliwości, aby zapobiec takim okrucieństwom, przez szerzenie miłości i tolerancji dla każdego człowieka, bez względu na rasę, narodowość, pochodzenie, religię. Pokazanie przez amerykańskie dziewczęta tragicznej prawdy o Holocauście nie oznacza zemsty dla narodu niemieckiego. Jest tylko potrzebą przestrogi, aby n i g d y więcej takie zbrodnicze czyny nie zaistniały na świecie. Ich wielka praca nad realizacją tych zadań daje piękne rezultaty. Po każdym przedstawieniu powiększa się grono osób, które są przejęte głoszonymi przez nie ideami. One inspirują swoje bliższe, ale i dalsze otoczenie. Zmieniając siebie, zmieniają świat. Niosą dobro! Pokazują, że aby świat był lepszy, konieczna jest miłość do każdego człowieka i tolerancja. Nasza znajomość i przyjaźń zmieniły nas wszystkich. One, jak twierdzą same i ich bliscy, zmieniły się na lepsze, a ja poczułam, że po ciężkich osobistych przejściach i mimo wielu chorób wróciło do mnie życie.

Korzenie – dzieciństwo
– dom rodzinny

Rodzice Ireny Sendlerowej w okresie narzeczeńskim
– Janina Grzybowska i Stanisław Krzyżanowski

Irena Sendlerowa uważa, że wiele zawdzięcza tradycjom rodzinnego domu. Urodziła się 15 lutego 1910 roku w Warszawie. Pradziadek (ze strony matki Janiny), Karol Grzybowski, zesłany za udział w powstaniu styczniowym (1863), zmarł na Syberii (przebywał tam rok, przykuty do taczek z jakimś gruzińskim księciem). To w jego niedużym majątku pod Kaliszem znajdowała się główna kwatera powstańców na tamtym terenie.

Jego żona, czyli moja prababka – notowała pani Irena – i syn Ksawery (wtedy trzyletni chłopczyk) byli ukrywani przez okolicznych chłopów, bo władze carskie ciągle ich poszukiwały. Po kilku miesiącach ukrywania się przyjechali do Warszawy. Żyli w biedzie. Prababka na utrzymanie siebie i syna pracowała, haftując i robiąc swetry na drutach[19].

Dziadek, Ksawery Grzybowski, ukończył szkołę ogrodniczo-rolniczą i był przez całe dorosłe życie administratorem dużych majątków ziemskich. Nigdy nie odzyskał skonfiskowanego majątku rodziców. Ożenił się wcześnie, jako 19-letni chłopak, z wdową, która miała już trzech synów. Sam miał z nią też trzech synów i jedyną córkę – moją matkę. Pod koniec XIX wieku administrował majątkiem Drozdy koło Tarczyna, gdzie po przejściu na emeryturę wybudował sobie

[19] Wykorzystuję obszerne fragmenty rękopiśmiennych wspomnień Ireny Sendlerowej, które spisywała od 1987 r. W ostatnim okresie dyktowała pani Jolancie Migdalskiej-Barańskiej. Te zapisane wspomnienia pani Irena, na moją prośbę, uzupełniała ustnie podczas naszych bardzo wielu spotkań od maja 2003 do marca 2004 r.

mały domek. Pierwsza wojna światowa rzuciła go na Ukrainę w okolice Humania, gdzie jego syn był dyrektorem cukrowni.

Ojciec Ireny, Stanisław Krzyżanowski[20], był lekarzem. Lekarzem społecznikiem, bardzo zaangażowanym w działalność niepodległościową, prześladowanym za udział w rewolucji 1905 roku (w czasie strajków szkolnych walczył w obronie praw studentów Polaków) i za przynależność do Polskiej Partii Socjalistycznej. Z powodu zaangażowania politycznego i patriotycznej postawy miał kłopoty z ukończeniem studiów medycznych na Cesarskim Uniwersytecie Warszawskim. Przeniósł się do Krakowa, skąd też go usunięto. Skończył studia w 1908 r. w Charkowie, w małym mieście na Ukrainie.

Podczas pobytu u swoich rodziców w Tarczynie poznał córkę Ksawerego Grzybowskiego. Ślub młodego lekarza z Janiną Grzybowską odbył się w 1908 roku w miejscowości Pochrebyszcze pod Kijowem na Ukrainie.

Tam bowiem jeden z braci mojej Matki – opowiada pani Irena – Mieczysław (inżynier chemik) był dyrektorem cukrowni. Drugi brat, Edmund, też inżynier chemik, pracował również jako dyrektor cukrowni w pobliskiej Ryżawce. Najmłodszy brat Mamy, Ksawery, uczęszczał jeszcze do szkoły. Chodziło więc o to, aby cała rodzina mogła być obecna na tej uroczystości.

Rok później (1909) młodzi wrócili do Polski. Stanisław Krzyżanowski pracował jako lekarz w szpitalu św. Ducha w Warszawie, był asystentem profesora Alfreda Sokołowskiego[21]. Pewnego razu dwuletnia Irenka zachorowała na koklusz. Dusiła się tak, że istniała obawa o jej życie. A była jedynym, ukochanym dzieckiem.

---

[20] O zasługach doktora Stanisława Krzyżanowskiego (1877–1917) dla propagowania leczenia klimatycznego gruźlicy płuc pisze obszernie w swojej pracy doktorskiej Witold Stefan Trybowski w opublikowanej monografii *Dzieje Otwocka uzdrowiska*, Otwock 1996, ss. 18 i 54.

[21] Alfred Marcin Sokołowski (1850–1924), lekarz ftyzjatra, propagator leczenia sanatoryjnego gruźlicy i organizator sanatoriów.

Rodzina Ireny Sendlerowej. Od lewej: Kazimiera Krzyżanowska (ciotka),
Konstancja Grzybowska (babcia), Janina Grzybowska (matka), Stanisław
Krzyżanowski (ojciec), Wiktoria Krzyżanowska (kuzynka)

Zaprzyjaźniony z rodziną laryngolog – dr Erbrich – orzekł, że ratunkiem dla dziecka jest zmiana klimatu. Konieczny był wyjazd z Warszawy.

W ciągu dwóch dni byli już na nowym miejscu, w małej podwarszawskiej miejscowości uzdrowiskowej – Otwock. Zamieszkali w domu doktora Władysława Wrońskiego, który kilka miesięcy wcześniej zmarł i wszystkie pokoje pozostały wolne. Dziecko szybko wyzdrowiało. Ale rodzicom nie powodziło się najlepiej. Były to czasy, gdy nie działały jeszcze żadne ubezpieczalnie społeczne ani kasa chorych. Lekarze utrzymywali się tylko z tak zwanej wolnej praktyki. W Otwocku było już czterech lekarzy. Nowy i nikomu nieznany lekarz miał z początku niewielu pacjentów i mało wizyt w domach chorych. Częstymi (prawie jedynymi) jego pacjentami byli ludzie biedni, mieszkańcy okolicznych wsi bez pieniędzy na opłacenie lekarza. To im trzeba było jeszcze coś zostawić na wykupienie niezbędnych leków.

Tamten okres życia rodziny pani Irena tak wspominała po wielu już latach:

W pierwszą zimę Mama musiała sprzedać zimowe okrycie, aby było co jeść. Tata nie mógł tego zrobić, ponieważ jeździł bryczkami do chorych i musiał być ciepło ubrany. Mama wychodziła z domu tylko wieczorami, kiedy Tatuś wracał od chorych. Zakładała wówczas jego kożuch i spacerowała wokół domu. W tej trudnej dla nas sytuacji przyszli nam z pomocą siostra i szwagier Tatusia – Maria i Jan Karbowscy. On był inżynierem komunikacji. Bardzo zdolnym i zaradnym człowiekiem. Przez kilka lat budował koleje w Rosji. Dorobił się dużego majątku. Właśnie wtedy, kiedy nam było tak ciężko, oni wrócili do Polski. I postanowili nam pomóc. W tym celu kupili duży obiekt (dawny pensjonat pp. Wiśniewskich) przy ulicy Chopina, niedaleko Zakładu Leczniczego doktora Józefa Geislera[22], który był budowany z myślą o urządzeniu tam sanatorium. Cała ta posiadłość mieściła się w rozległym parku. Wujostwo przekazali ją Tatusiowi nie na własność, ale w użytkowanie, dzierżawę. Tatuś z całą swoją pasją i energią zorganizował wzorowe sanatorium dla chorych na płuca. Fachowość, pracowitość i wielkie zamiłowanie do zawodu przyniosły mu sukces.

Zaowocowało to wszystko stałym napływem nowych pacjentów. Nowatorskie metody leczenia polegały nie tylko na zabiegach specjalistycznych, chirurgicznych, ale przede wszystkim na wykorzystaniu unikalnych w skali kraju walorów klimatycznych tej miejscowości. Leczenie polegało głównie na werandowaniu przez cały rok, nawet przy ujemnych temperaturach. Poza ukochaną swoją pracą zawodową Ojciec czynnie udzielał się społecznie. Był przewodniczącym

---

[22] Józef Marian Geisler (1859–1920), lekarz. W 1890 r. uruchomił w swojej willi w Otwocku zakład kąpielowy, który po odpowiedniej rozbudowie przekształcił w pierwsze stałe sanatorium uzdrowiskowe nizinne w Polsce.

Koła Macierzy Polskiej w Otwocku, wiceprezesem Towarzystwa Przyjaciół Otwocka, wiceprzewodniczącym miejscowej Rady Opiekuńczej. Mój dom rodzinny był zawsze otwarty dla wszystkich potrzebujących. Każdy mógł przyjść ze swoimi kłopotami i otrzymać pomoc. Biedną ludność, zarówno polską jak i żydowską, Tata leczył bezpłatnie, dając nawet leki za darmo. Mimo licznych obowiązków codziennie czytał zagraniczną fachową literaturę. Ogromną wagę przywiązywał do poszerzania wiedzy me-

Ksawery Grzybowski i Stanisław Krzyżanowski (dziadek i ojciec Ireny Sendlerowej)

dycznej. W mojej pamięci została nasza rodzina jako bardzo się kochająca i otwarta dla wszystkich potrzebujących.

Ja byłam bardzo rozpieszczonym dzieckiem. Dwie moje ciotki, nauczycielki, odwiedzając nas i widząc to rozpieszczone ponad wszelką normę dziecko, mówiły do Ojca: „Co ty robisz, Stasiu, co z tego dziecka wyrośnie?". A wówczas Tata odpowiadał: „Nigdy nie wiadomo, jak potoczy się życie naszej córeczki. Może być i tak, że nasze pieszczoty będą najmilszymi dla niej wspomnieniami". Często pamiętając, jak trudne miałam życie, myślę, jak prorocze to były słowa.

Kiedy wybuchła pierwsza wojna światowa, szybko zaczęły się katastrofalne warunki bytowania. Niemcy wprowadzili na wszystko kartki. Brak było żywności, brakowało środków czystości. Były to warunki materialne o wiele gorsze niż w czasie

Janina Grzybowska i Kazimiera Krzyżanowska (matka i ciotka Ireny Sendlerowej)

następnej wojny. Wtedy bowiem już nauczyliśmy się, jak „obchodzić" przepisy i zarządzenia władz okupacyjnych. Kwitł nielegalny handel. Wiele zawdzięczaliśmy warszawskim handlarkom, które z narażeniem życia jeździły w odległe strony i przywoziły żywność. Zupełnie inaczej było od roku 1914.

Brak środków czystości spowodował epidemię duru. W Otwocku znalazło się wielu chorych. Żaden z czterech lekarzy, praktykujących na terenie Otwocka, poza Ojcem, nie jeździł do chorych na tyfus plamisty. Tak bardzo bali się zarażenia! Tatuś nikomu nie odmawiał pomocy. Zaraził się i po kilku dniach ciężkiej choroby, z wysoką gorączką, zmarł 10 lutego 1917 roku. Miał zaledwie 40 lat. Wkrótce po pogrzebie Ojca wszyscy chorzy rozjechali się do swoich domów lub okolicznych pensjonatów. Sanatorium zostało zamknięte. Trzeba było przeprowadzić gruntowną dezynfekcję. My z Mamą w tym czasie zamieszkałyśmy kątem u obcych ludzi. O rozpaczy Mamy i mojej nie piszę. Nie ma bowiem słów, które mogłyby opisać, co się w naszych sercach działo. Gdy sanatorium już otworzono, Mama zajęła się pracą w administracji.

Żywo mam w pamięci piękny czyn Gminy Żydowskiej w Otwocku. Po śmierci Tatusia dwóch przedstawicieli ich kahału przyszło do Mamy z ofertą pomocy finansowej na moje kształcenie. Ale Mama, wzruszona, gorąco podziękowała, mówiąc, że jest młoda (miała 27 lat) i może pracować, da więc sobie radę. Żydzi jeszcze za życia Tatusia okazywali nam wiele serca i wdzięczności za to, że wielu z nich leczył za darmo. Ich dzieci były zapraszane do naszego domu, bawiłam się z nimi. Dzięki tym kontaktom one uczyły się języka polskiego, a ja żydowskiego.

W 1918 wybuchła epidemia grypy o bardzo ciężkim przebiegu zwanej hiszpanką. Na skutek tej choroby wielu ludzi zmarło, u innych nastąpiły poważne komplikacje. Ja też zachorowałam. Dostałam obustronnego zapalenia płuc i uszu. Po odpowiednim leczeniu zapalenie płuc minęło, ustąpił też stan zapalny jednego ucha. Ale z drugiego ropa dostawała się do mózgu – wymagało to natychmiastowej operacji. W tym czasie wrócił z Rosji mój dziadek i zawiózł mnie do Warszawy, do prywatnej lecznicy dr. Solmana w alei Szucha, gdzie poddano mnie trepanacji czaszki. Operacja się udała, ale w konsekwencji pozostały silne bóle głowy. Stan był taki, że nie mogłam chodzić do szkoły. Wróciłam z dziadkiem do Otwocka, uczyłam się w domu u prywatnej nauczycielki. Lekarze pocieszali Matkę, że z biegiem lat migreny ustąpią. Ustąpiły, ale codzienne bóle głowy męczą mnie do dziś.

W roku 1920 z Rosji wrócili wujostwo Karbowscy. Uważali, że prowadzenie sanatorium bez Ojca nie ma sensu. Sanatorium zostało zlikwidowane. Całość kupiła gmina i urządziła tam zakład wychowawczy dla dzieci.

W tym samym roku opuściłyśmy z Mamą Otwock. Do dziś pamiętam wiele rzeczy z tamtego okresu, bo były to najszczęśliwsze lata mojego dzieciństwa. Tę pamięć w sobie przez wiele lat utrwalałam. Mama bowiem pisała dzieje naszej rodziny. Często wracałam, jako już zupełnie dorosła, do czytania rodzinnej historii. Niestety nic z tego nie zostało. Wszystko spłonęło w ogniu Powstania Warszawskiego.

Pamiętam, że Mama w tamtym szczęśliwym okresie brała czynny udział w życiu kulturalnym. Występowała wielokrotnie w przedstawieniach zespołu teatralnego istniejącego przy Towarzystwie „Spójnia", stowarzyszeniu kulturalnym skupiającym miłośników Otwocka – inteligencję, która miała wpływ na rozwój życia kulturalnego miejscowej społeczności. Jako kilkuletnia dziewczynka byłam dumna, że moja Mama jest „aktorką". Siebie pamiętam, jak przebrana w strój krakowski sypałam kwiatki, idąc z innymi dziećmi w procesjach świąt kościelnych. Śpiewu uczył mnie syn doktora Władysława Czaplickiego – Jerzy. Wtedy był to chłopiec piętnastoletni. Jurek Czaplicki[23], od dziecka utalentowany, najlepiej lubił śpiewać na wysokich, pięknych otwockich sosnach. Mnie to się bardzo podobało. Starałam się też wejść na drzewo, ale nie dawałam rady. Wtedy Jurek brał mnie na barana i śpiewaliśmy razem. To piękne Jurka śpiewanie rozsławiło go na cały świat. Później stał się znanym barytonem, dużo podróżował.

Mój dziadek, Ksawery Grzybowski, starał się wszelkimi sposobami zastąpić mi Ojca. Pewnego dnia z Mamą, dziadkiem i ukochanym kotkiem ostatnią kolejką wąskotorową wyjechaliśmy z Otwocka. Był to czas wojny z bolszewikami i po naszym wyjeździe nazajutrz bolszewicy weszli do Otwocka. Po paru dniach zajęli dwie podwarszawskie miejscowości Anin i Wawer i tam po słynnej ciężkiej bitwie wojska polskie na czele z Józefem Piłsudskim odparły ich, ratując Europę przed zalewem bolszewickim.

Po opuszczeniu Otwocka zamieszkaliśmy w domu dziadka w Tarczynie. Ku naszemu przerażeniu w pięknym ogrodzie zastaliśmy cmentarz pełen grobów niemieckich żołnierzy z czasu pierwszej wojny. (Dopiero pod koniec lat 90. cmentarz ten został zlikwidowany, a szczątki ekshumowano).

W tym samym czasie wrócił z walk w Legionach Józefa Piłsudskiego jeden z najmłodszych braci Matki – wuj Ksawery, który był z zawodu inżynierem rolnikiem. Przed wojną został przez dziadka wysłany do wyższej szkoły rolniczej w Taborze

---

[23] Jerzy Czaplicki (1902–1992), znany śpiewak i pedagog.

(Czechy). Los jego o tyle był ciekawy, że znalazł się na liście Piłsudskiego rejestrującej wszystkich Polaków studiujących za granicą i wcielony do walk w Legionach Polskich. Były to czasy powstawania państwa polskiego. Jedno z pierwszych zarządzeń nowych władz państwowych nakazywało parcelację dużych majątków ziemskich. Majątki parcelowano i sprzedawano chłopom po bardzo niskich cenach. Wuj Ksawery otrzymał stanowisko kierownika tej akcji na terenie powiatu piotrkowskiego. Sam mając na utrzymaniu żonę i córeczkę, wziął moją Matkę, dziadka i mnie do Piotrkowa Trybunalskiego. Mieszkaliśmy oddzielnie, utrzymując się z emerytury dziadka, jego drobnych oszczędności i Matki dorywczych zarobków (rękodzielnictwo).

Ja po zdaniu odpowiednich egzaminów zaczęłam uczęszczać do trzeciej klasy gimnazjum Heleny Trzcińskiej. Po prywatnym nauczaniu był to mój pierwszy kontakt ze szkołą. Zawsze miałam dobre wyniki z przedmiotów humanistycznych, natomiast duże braki w matematyce[24].

* * *

Piętnastego lutego 1997 roku Irena Sendlerowa wróciła do notowania swoich wspomnień. Nazwała je „Kartki z kalendarza". Na pierwszej stronie napisała:

Czuję, że odchodzę. Dziś skończyłam 87 lat. Piszę niechronologicznie. O różnych sprawach związanych z moją ciekawą pracą zawodową. Zacząć muszę od wytłumaczenia, dlaczego los mnie rzucił do pracy społecznej i zawodowej związanej z opieką socjalną. W szkole średniej należałam do harcerstwa. I to była moja pasja. Po Ojcu odziedziczyłam też zainteresowania polityką. W czasie wypadków majowych w 1926 r., gdy

---

[24] Rękopiśmienne notatki Ireny Sendlerowej, które zaczęła prowadzić w 1987 r.

usłyszałam na dużej przerwie o ukazaniu się dodatku nadzwyczajnego w związku z przewrotem majowym, wyskoczyłam na ulicę, aby go kupić. Zrobiłam prasówkę w szkole, co nie spodobało się mojej dyrektorce i zostałam zawieszona w prawach ucznia na parę dni.

Po zdaniu matury w 1927 pragnęłam iść na studia o charakterze społecznym. Ale okazało się, że u nas w Polsce wówczas takiego kierunku nie było. Był w Paryżu. Na naradzie rodzinnej wujowie orzekli, że byłoby ich stać na wysłanie siostrzenicy na jej wymarzone studia do Paryża, ale... w tamtych czasach uważano Paryż za zbyt niebezpieczny i kuszący dla młodej, samotnej dziewczyny. Miałam przecież 17 lat!

Studia w Warszawie w latach
1927–1939

Brama Uniwersytetu Warszawskiego. Fot. R. Szaybo

Siedemnastoletnia Irena Krzyżanowska zdecydowała się na studiowanie prawa na Uniwersytecie Warszawskim. Myślała, że znajdzie tam podstawy do pracy społecznej. – Zawiodłam się – z żalem westchnie po latach. We wspomnieniach napisała:

Kierujący katedrą profesor Ignacy Koschenbahr-Łyskowski, wielki erudyta, ale i wielki nudziarz, okazał się wrogiem studentek kobiet. Po dwóch latach studiowania (zgodnie z programem) prawa rzymskiego zrozumiałam, że na tym kierunku studiów nie poznam tego, co mnie wówczas interesowało najbardziej, i przeniosłam się na wydział humanistyczny o specjalności polonistyka.

Zachęciła mnie do tego konieczność studiowania jednocześnie przez dwa lata pedagogiki.

Moje studia przypadły na lata trzydzieste. Były to czasy walki o obniżenie czesnego, aby młodzież z rodzin robotniczych i chłopskich też mogła studiować, oraz potwornych burd antysemickich. Władze akademickie tolerowały ten stan. Konsekwencją tego było wprowadzenie tak zwanego getta ławkowego (*numerus clausus*). W indeksach na ostatniej stronie była pieczęć: prawa strona, aryjska, dla Polaków, lewa strona dla Żydów. Chodziło o rozdzielenie nas na wykładach. Ja zawsze siedziałam razem z Żydami, okazując w ten sposób swoją z nimi solidarność. Po każdym wykładzie młodzież zrzeszona w organizacji skrajnie prawicowego ONR (Obóz Narodowo-Radykalny) biła i Żydów, i nas Polaków, tych, co siedzieli po lewej stronie. Przewodniczącym tej organizacji na uniwersytecie był student prawa Jan Mosdorf[25]. Pewnego razu tak zbito moją koleżankę Żydówkę, że rzuciłam się z pięściami na jednego z oprawców i plunęłam mu pod nogi, mówiąc: „Ty bandyto!". Kiedy indziej ci sami oprawcy ciągnęli Żydówki za włosy z drugiego piętra na parter. Wówczas dostałam jakiegoś szoku z niemocy i w swoim indeksie skreśliłam zapis: „prawa strona aryjska". Ukarano mnie za to bardzo. Gdy w czerwcu złożyłam indeks do wpisania zaliczeń ćwiczeń i egzaminów, zawieszono mnie w prawach studenckich. Kiedy co roku zgłaszałam się z prośbą o „odwieszenie", bo byłam już przy końcu studiów i zaczynałam pisać pracę magisterską, dostawałam odmowę. I tak było przez trzy lata. Co roku zgłaszałam się do dziekanatu z zapytaniem, czy mogę już uczęszczać na zajęcia. Zależało mi na tym bardzo. Zawsze otrzymywałam odpowiedź negatywną. I pewno nigdy bym studiów nie skończyła, gdyby nie sytuacja, która zaistniała w 1938 roku. Ówczesny rektor wyjechał za granicę na kilka miesięcy. Zrozpaczona poszłam do zastępującego go profesora Tadeusza Kotarbińskiego (znanego filozofa logika, bardzo dobrego człowieka). Opowiedziałam mu o swoich kłopotach. Profesor poklepał mnie po ramieniu i powiedział, że dobrze zrobiłam, skreślając w swoim indeksie ten haniebny zapis. – Idź już dziś na wykłady – dodał na pożegnanie.

Wobec tego zaczęłam kończyć pracę magisterską u profesora Wacława Borowego. W czerwcu 1939 r. przystąpiłam do egzaminu końcowego i obrony pracy magisterskiej.

*
**

---

[25] Dla prawdy historycznej trzeba wyjaśnić, że w czasie drugiej wojny światowej Mosdorf znalazł się w Oświęcimiu (gdzie zginął) i całkowicie zmienił nastawienie do Żydów. Mówił mi o tym były więzień obozu, przedwojenny komunista – Adam Wendel (I.S.). Pisał o tym także Jan Dobraczyński w książce wspomnieniowej *Tylko w jednym życiu*, Warszawa 1970, s. 214.

Swoją pierwszą pracę zawodową podjęła w Sekcji Pomocy Matce i Dziecku, która działała przy Obywatelskim Komitecie Pomocy Społecznej. Przewodniczącą sekcji była profesor Helena Radlińska[26], a kierowniczką Maria Uziembło[27]. Sekcja – poza tym, że zajmowała się pomocą dla bezrobotnych (były to lata ogromnego bezrobocia w Polsce) – stanowiła coś w rodzaju ćwiczeniówki dla Studium Pracy Społeczno-Oświatowej Wolnej Wszechnicy Polskiej. Zaczęła tam pracować 1 sierpnia 1932 r. Wcześniej zgodnie z kierunkiem studiów starała się o pracę nauczycielki języka polskiego w szkole, ale nie mogła takiej pracy otrzymać, ponieważ szła za nią zła opinia z uniwersytetu, że jest za „czerwona" na pracę w szkolnictwie.

– Otrzymałam wynagrodzenie w wysokości 250 złotych, co na ówczesne warunki nie było źle – opowiada. – Za mieszkanie płaciłam 60 złotych, 40 złotych za światło, opał, telefon. Na jedzenie zostawało 150 złotych. Mąż – Mieczysław Sendler, poślubiony w 1931 r., był młodszym asystentem na Wydziale Filologii Klasycznej na Uniwersytecie Warszawskim. Żyliśmy skromnie, ale nie biednie.

Sekcja Pomocy Matce i Dziecku miała trzy ośrodki terenowe: przy ulicy Opaczewskiej 1 (na Ochocie), tu była też centrala; przy Targowej 15 (na Pradze) i przy ulicy Wolskiej 86 (na Woli).

– Od pierwszych dni mojej pracy byłam zachwycona wspaniałą atmosferą życzliwości, tolerancji, miłości do każdego człowieka, rozpowszechnianiem na cały świat idei dobra i sprawiedliwości społecznej. Tą atmosferą zachłysnęłam się całkowicie – wspomina z zadowoleniem.

---

[26] Helena Radlińska (1879–1954), działaczka oświatowa i polityczna, pedagog, historyk oświaty, bibliotekarka.
[27] Maria Uziembło (1894–1976), jej córka Aniela Uziembło nadal utrzymuje przyjacielskie kontakty z panią Ireną, która 30 sierpnia 2001 ogłosiła w „Gazecie Wyborczej" wspomnienie o jej matce.

Pochłonęło mnie to wszystko. Poczułam, że znalazłam się w innym świecie. Świecie, który był mi bliski dzięki wychowaniu przez moich rodziców. Na wstępie zostałam poinformowana, że podstawą naszej pracy jest wywiad w środowisku zgłaszającego się o pomoc. Jak ten wywiad przeprowadzać, nie uczono nikogo. Ogromnie mnie to zdziwiło. Potem zrozumiałam, jakie to było mądre i właściwe. Chodziło o to, że dawało to pracownikowi swobodę i samodzielność. Po jednym lub dwóch miesiącach pracy każdy był poddawany egzaminowi. Na ogólnym zebraniu przedstawiało się wypracowane przez siebie metody pracy. Pomocy udzielano w zależności od potrzeb: lekarskiej, prawniczej, materialnej – lub wszystkich kategorii. Praca nasza nie podobała się jednak ówczesnym rządzącym z dwóch powodów: ujawniania na łamach naszego pisma „Człowiek w Polsce" tragicznych skutków bezrobocia i wysokich kosztów na realizację naszych społecznych zadań.

Dużym działem był dział pomocy prawnej, który zajmował się obroną w sądzie osób, które, w myśl obowiązujących wówczas przepisów, po niepłaceniu czynszu przez kilka miesięcy otrzymywały wyrok eksmisji bez względu na liczbę posiadanych dzieci i porę roku. W dziale tym pracowało czterech adwokatów. Drugi dział pomocy prawnej przeznaczono dla matek dzieci nieślubnych, dla których poprzez sąd trzeba było uzyskać pomoc od ojców. Trzeci dział – opieki zdrowotnej, obejmował ochroną matki niepracujące, które nie miały żadnego ubezpieczenia i praw do jakiejkolwiek pomocy lekarskiej. W dziale tym pracował lekarz ginekolog, pediatra i pielęgniarka.

Rolą nas, opiekunek społecznych, poza przeprowadzaniem wywiadów i świadczeniem w sądach, była wspólnie z adwokatami obrona bezrobotnych samotnych matek.

Po pewnym czasie powierzono mi prowadzenie działu opieki nad matkami nieślubnych dzieci, których liczba stale rosła w związku z coraz większym napływem do Warszawy dziewczyn ze wsi, które znajdowały tu pracę. Po roku pracy w tym dziale napisałam w piśmie „Człowiek w Polsce" artykuł bijący na alarm – chodziło o uregulowanie pod względem prawnym społecznej sytuacji tych nieszczęśliwych dziewcząt.

W tej wspaniałej i pięknej instytucji wszyscy pracowali z wielkim zapałem i poświęceniem. Niestety ciągle brakowało nam pieniędzy na zaspokojenie wszystkich potrzeb naszych podopiecznych.

Ale prawicowym ugrupowaniom w rządzie i w sejmie nie podobała się nasza instytucja, ponieważ kilku naszych pracowników rekrutowało się ze skrajnie lewicowych ugrupowań.

Wiosną 1935 Sekcję Pomocy Matce i Dziecku zlikwidowano. Obiecywano nam, że cały zespół przejmie Wydział Opieki Społecznej Zarządu miasta Warszawy. Ale tak się nie stało. Poszczególnych naszych pracowników poprzyjmowano na etaty, ale każdego gdzie indziej.

W gmachu Wolnej Wszechnicy Polskiej przy ulicy Opaczewskiej była centrala, a oprócz tego były trzy ośrodki: Ochota, Wola, Praga.

Ja otrzymałam pracę w VI Ośrodku Opieki i Zdrowia przy ulicy Siedzibnej 25, który miał za zadanie opiekę nad biedną ludnością (przeważnie bezrobotną) zamieszkałą w barakach na tzw. Annopolu.

Następnie pracowałam w różnych działach Wydziału Opieki przy ulicy Złotej 74, gdzie byłam też instruktorką, która szkoliła nowo przyjęty personel.

Wrzesień 1939

Trzydziestego sierpnia – wspomina Irena Sendlerowa – odprowadzałam męża. Jechał na front. Staliśmy na peronie wśród tłumu żegnanych i żegnających. Obraz tego pociągu wciąż mam przed oczami. Przypomniała mi się wtedy atmosfera, jaką pamiętałam z okresu pierwszej wojny światowej. Miałam bardzo złe przeczucia, bałam się wojny. Byłam tak zdenerwowana, że po odjeździe męża pomyliłam przystanki tramwajowe i zamiast na Wolę, pojechałam na Pragę. Wysiadłam na jakimś pustkowiu. Z trudem, ogromnie zmęczona i pełna najgorszych przeczuć, bardzo późno wróciłam do domu. Następnego dnia byłam umówiona z moją przyjaciółką Ewą Rechtman. Poszłyśmy na lody. Była to nasza ostatnia rozmowa w kawiarni. Bardzo się o nią bałam, bo było już powszechnie wiadomo o prześladowaniach Żydów w hitlerowskich Niemczech. Następnego dnia około szóstej rano Mama włączyła radio i usłyszałyśmy, że o świcie wojska niemieckie przekroczyły granicę Polski, że są zabici i ranni. Z trudem zjadłam śniadanie i szybciej niż zwykle pojechałam do pracy.

A tak o tym okresie pisze pani Irena we wspomnieniach:

Kiedy o świcie, rankiem 1 września 1939 roku pierwsze bomby spadły na Warszawę, wszyscy pracownicy Wydziału Opieki Społecznej Zarządu Miasta Warszawy zarówno w centrali przy ulicy Złotej 74, jak i w jego wszystkich agendach terenowych stawili się do pracy. Prezydent Warszawy, Stefan Starzyński wydał trzy zasadnicze zarządzenia dla Wydziału Opieki Społecznej.

Część pracowników oddelegowano z centrali do organizowania punktów opieki na terenie całej Warszawy dla ludności uciekającej przed bestialstwem Niemców z Poznańskiego, Pomorza i innych miejsc i udzielanie im niezbędnej pomocy (ja sama organizowałam takie punkty w trzech różnych miejscach, po bombardowaniach następowała przymusowa przeprowadzka gdzie indziej). Pozostali pracownicy w centrali i w agendach mieli pracować jak zwykle w tych niezwyczajnych warunkach. Polecono też zorganizowanie wypłat żonom żołnierzy i oficerów. Innym ważnym poleceniem prezydenta Starzyńskiego dla wydziałów i przedsiębiorstw Zarządu Miasta było nieprzerywanie pracy ani na chwilę (w dzień i w nocy). Surowo tego przestrzegał, sam nie opuszczał swojego miejsca pracy. Nie bywał w domu. Tkwił cały czas w Ratuszu, jeżdżąc stamtąd często do najbardziej zagrożonych miejsc, niosąc niezbędną pomoc, angażując cały zespół do najbardziej trudnych, ale ważnych zadań. Jego bohaterska, wspaniała, odważna postawa, przepełniona wielkim patriotyzmem, oddziaływała na całą ludność stolicy. Zachęcała do walki, pomagała koić straszliwe rany, zadawane temu ukochanemu miastu. Skutki ciągłych bombardowań były tragiczne. Tysiące rannych i zabitych, setki spalonych domów. Prowizoryczne mogiły na placach, skwerach, podwórkach pogłębiały dramatyczną sytuację. Ciągłe alarmy przeciwlotnicze, pożary utrudniały codzienną egzystencję dzielnych mieszkańców miasta. Głos prezydenta, który przemawiał przez radio, dodawał otuchy, budził nadzieję.

Kiedy 6 września zobaczyłam, jak członkowie ówczesnego rządu pakują swoje walizki do wspaniałych limuzyn i opuszczają nas, przeżyłam największy szok.

Dwudziestego trzeciego września, po zbombardowaniu elektrowni warszawskiej, zamilkło Polskie Radio, którego programy nadawano na żywo – w tym przemówienia prezydenta Starzyńskiego, które miały ogromny wpływ na podtrzymanie na duchu walczącego społeczeństwa Warszawy.

Okupacja

Ilustr. R. Szaybo

Dwudziestego ósmego września 1939 roku podpisano kapitulację. W ciągu następnych kilku dni oddziały niemieckie zajęły stolicę. Przystąpiono do sprzątania zniszczeń. Miasto pozornie wracało do życia, a jego mieszkańcy do pracy.

Irena Sendlerowa prawie natychmiast podjęła działalność w konspiracyjnej PPS. Pełniła tam wiele funkcji. Między innymi roznosiła pomoc pieniężną dla profesorów Uniwersytetu Warszawskiego, którzy znaleźli się w bardzo trudnych warunkach materialnych. Docierała do rodzin, których członkowie zostali uwięzieni lub rozstrzelani. Dostarczała leki i niezbędne środki sanitarne dla tych, którzy ukrywali się w lasach.

– Już jesienią 1939, kiedy Niemcy nakazali władzom Zarządu Miejskiego zwolnić pracowników Żydów oraz przestać udzielać pomocy biedocie żydowskiej[28], zorganizowaliśmy najpierw w pięć (Jadwiga Piotrowska, Jadwiga Deneka, Irena Schultz, Jan Dobraczyński – nasz kierownik, i ja), a potem w dziesięć[29] bardzo zaufanych osób zarówno w centrali wydziału opieki, jak i w ośrodkach terenowych, komórki pomocy Żydom – opowiada pani Irena.

W ramach dawnego Wydziału Opieki Społecznej działał Referat Opieki nad Dzieckiem. Jego zadaniem było kierowanie

---

[28] Obywatele polscy pochodzenia żydowskiego od 1923 roku byli oficjalnie objęci opieką społeczną ze strony państwa.

[29] Łącznikami Ireny Sendlerowej byli: Jadwiga Piotrowska, Irena Schultz, Izabela Kuczkowska, Janina Grabowska, Wanda Drozdowska-Rogowiczowa, Zofia Patecka, Lucyna Franciszkiewicz, Jadwiga Deneka, Maria Roszkowska oraz Wincenty Ferster.

polskich bezdomnych dzieci do zakładów opiekuńczych. Pod opieką Referatu (nieformalnie) znaleźli się też mali bezdomni mieszkańcy przyszłej dzielnicy żydowskiej[30].

– Warto podkreślić, że wszyscy działaliśmy nie w imieniu jakiejś organizacji politycznej (choć każdy z nas zaangażował się w jakąś robotę polityczną na innych odcinkach pracy) – mówi pani Irena – ale wyłącznie jako społecznicy z powołania, którzy z uczuć ogólnoludzkich i kierując się podstawowymi założeniami opieki społecznej (którym byliśmy wierni), czuliśmy potrzebę niesienia pomocy najbardziej nieszczęśliwym i pokrzywdzonym przez los Żydom.

Feliks Tych w przedmowie do drugiego tomu *Archiwum Ringelbluma* napisał m.in.: „Wojna Hitlera przeciwko większości krajów Europy o nowy nazistowski *ład* na kontynencie, o podporządkowanie Europy faszystowskim Niemcom i o *przestrzeń życiową* dla germańskiej rasy *nadludzi* najpóźniej od lata 1941 roku stała się **pierwszą w historii wojną świadomie zwróconą także przeciwko dzieciom**. Wymordowanie dzieci stało się **jednym z celów wojennych Hitlera**. Szło w tym przypadku nie o wszystkie dzieci z krajów okupowanych, lecz o reprezentantów zupełnie konkret-

---

[30] Co to było getto? – zapytały swojego nauczyciela historii Normana Conarda nastoletnie uczennice szkoły w Uniontown. Precyzyjną odpowiedź na to ważne pytanie znajdujemy m.in. w polsko-angielskim wydawnictwie *Getto warszawskie – Warsaw Ghetto* (PARMA-PRESS, Warszawa 2002), w którym Anka Grupińska pisze m.in.: „Pierwsza próba stworzenia getta w stolicy podjęta została już 4 listopada 1939 roku. Po kilku dniach rozkaz został odroczony, prawdopodobnie wskutek rozbieżności pomiędzy gestapo a Wehrmachtem. […] W marcu 1940 roku rejon tradycyjnie zamieszkiwany przez Żydów nazwano *Rejonem dotkniętym epidemią* (Seuchensperrgebiet). Wzdłuż linii granicznej ustawiono tablice informacyjne z napisem ostrzegającym przed wejściem. 27 marca 1940 roku Judenrat otrzymał polecenie postawienia muru wokół dzielnicy żydowskiej, stanowiącej 4% powierzchni miasta, a 10 maja 1940 roku Adam Czerniaków dostał plan dzielnicy zamkniętej. W początku czerwca wytyczono pierwsze granice getta warszawskiego i postawiono dwadzieścia fragmentów muru. Dokończenie

nej grupy: **o dzieci żydowskie**. W tym jedynym przypadku – **o wszystkie**.

Nie inaczej niż ogół Żydów, znajdujących się w zasięgu władzy czy wpływów III Rzeszy, dzieci żydowskie, łącznie z niemowlętami, z woli Hitlera i jego najbliższego otoczenia politycznego, przy cichej zgodzie lub udawanej niewiedzy większości społeczeństwa niemieckiego i bierności większości społeczeństw okupowanej Europy, zostały skazane na śmierć. Umierały zabijane najokrutniej, jak tylko sobie można wyobrazić: w komorach gazowych, z głodu, przed plutonami egzekucyjnymi u boku swych mordowanych matek, palone żywcem w domach, synagogach i stodołach. Ten wyrok śmierci został wykonany na oczach ślepego na tę zbrodnię świata, mającego za jedyne alibi – niedowierzanie"[31].

W Warszawie było dwanaście ośrodków pomocy społecznej. Z dnia na dzień powiększała się pauperyzacja mieszkańców wszystkich dzielnic. Pomoc, którą (nielegalnie) mógł zapewnić wydział opieki, była niewspółmiernie mała w stosunku do potrzeb.

Irena Sendlerowa wspomina: – Po konsultacjach z koleżankami i opiekunkami środowiskowymi na terenie Warszawy

---

budowy muru dokonało się w trakcie jego zamykania. [...] 12 października 1940 roku Niemcy przekazali Judenratowi rozkaz o założeniu getta. [...] Na terenie prawie 400 ha (2,4% powierzchni miasta) stłoczono kilkaset tysięcy Żydów. W obrębie muru o wysokości 3 m i długości 18 km znalazły się 73 z 1,8 tysiąca ulic warszawskich, około 27 tysięcy mieszkań, cmentarz i boisko sportowe. W dzielnicy zamkniętej nie było żadnego parku ani ogrodu. Obszar ulegał stałym zmianom. Po delimitacji w październiku 1941 roku powstały dwa, tak zwane duże i małe, getta połączone mostem przerzuconym nad aryjską ulicą Chłodną. [...] Muru strzegła policja niemiecka i polska od zewnątrz, a policja żydowska – od wewnątrz. [...] Szmugiel i działania organizacji samopomocowych nie zaspokajały potrzeb dzielnicy zamkniętej. Głód był w getcie zjawiskiem powszechnym".

[31] *Archiwum Ringelbluma. Dzieci – tajne nauczanie w getcie warszawskim*, t. 2. oprac. Ruta Sakowska, przedmowa Feliks Tych, Warszawa 2000, s. V. [Podkreślenie autora].

zorganizowana została samopomoc sąsiedzka. W każdym większym domu starałyśmy się znaleźć rodzinę lepiej sytuowaną, która mogła wspomóc jednym gorącym posiłkiem kogoś z biedniejszych sąsiadów. Akcja sąsiedzkiej pomocy udała się. Wszystkie ośrodki realizowały ten pomysł.

Już w 1940 roku przychodziły transporty ze stalagów w Niemczech z polskimi żołnierzami chorymi na gruźlicę. Umieszczano ich w dawnym szpitalu wojskowym Ujazdowski przy ulicy Pięknej w Warszawie. Wyżywienie, jakie dawał szpital, nie wystarczało chorym wycieńczonym ciężką gruźlicą, na którą zapadli w okropnych warunkach obozów jenieckich w Niemczech.

– Powstała konieczność intensywnego dożywiania naszych żołnierzy. Różne instytucje podjęły się opieki nad poszczególnymi salami szpitala. Jedna z naszych koleżanek, Róża Zawadzka, spokrewniona i zaprzyjaźniona z okolicznym ziemiaństwem, pozyskała je dla naszej pracy. Z wielu podwarszawskich majątków nadchodziły bezcenne dary w postaci żywności.

Poza dożywianiem zorganizowaliśmy kontakty żołnierzy z rodzinami, wielu z nich pochodziło bowiem z różnych terenów kraju. Pomagaliśmy więc w pisaniu listów. Ponadto przynosiliśmy książki, a nawet patefony i płyty z piosenkami. Wśród kilkuset żołnierzy znalazło się dwóch oficerów, którym zorganizowaliśmy ucieczkę. Podjęliśmy bardzo ryzykowną akcję, ponieważ szpital był pod ciągłą obserwacją i nadzorem Niemców. Po roku pracy w tym wydziale przeniosłam się do nowo powstałego ośrodka przy ulicy Wolskiej 86, który znajdował się w pobliżu domu (przy ulicy Ludwiki 6), w którym mieszkałam z bardzo chorą Matką. Zostałam tam referentem społecznym, do którego należały decyzje o przyznaniu pomocy rodzinom najbiedniejszym. Z tej właśnie robotniczej dzielnicy (Wola) Niemcy masowo wywozili młodzież na roboty do Niemiec. Aby ratować tę młodzież przed wywózkami, zorganizowaliśmy spółdzielnię pracy pod nazwą Wola z warsztatami: szewskim, stolarskim, krawieckim. Tu zatrudniano zagrożoną młodzież. Po pewnym czasie Niemcy zorientowali się w naszych zamiarach i zażądali, aby każdy z tych pracujących okazywał świadectwo lekarskie. Pomagaliśmy zdobywać fałszywe zaświadczenia o chorobie płuc dla najbardziej zagrożonych młodych ludzi. Później, zarzucając mi pomaganie Żydom w getcie, przeniesiono mnie karnie do innego ośrodka aż na Grochów, bardzo daleko od domu i od mojej chorej Matki.

✳
✳✳

Ci, którzy znali niemiecką kulturę, długo nie wierzyli w zbrodnicze plany Hitlera. Wierzono, że Niemcy są członkami zachodniej wspólnoty kulturowej i cywilizacyjnej. Łudzono się nadzieją, że to, co mówiono i pisano o tragedii Żydów niemieckich, jest tylko propagandą. A jednak spełniły się obawy nielicznych bardziej świadomych konsekwencji pogróżek Adolfa Hitlera.

Pierwszego grudnia 1939 roku wprowadzono obowiązek noszenia przez Żydów opasek z gwiazdą Dawida. Tak samo oznakowano ich sklepy. Powoli ograniczano im swobodę poruszania się. Konfiskowano domy i mieszkania, blokowano konta bankowe, usuwano z pracy w polskich instytucjach. Wreszcie podzielono Warszawę na trzy dzielnice: niemiecką, polską i żydowską. Nastąpiło konieczne przemieszczenie ludności. Do dzielnicy żydowskiej przywożono Żydów z innych rejonów kraju. Gdy 16 listopada 1940 r. getto w Warszawie zamknięto, było w nim przeszło 400 tysięcy ludzi (w tym ponad 130 tysięcy przymusowo przesiedlonych).

Wydane 15 października 1941 przez Hansa Franka zarządzenie zabraniało Żydom opuszczać getto, a Polakom udzielać im pomocy. Za te przewinienia jednym i drugim groziła kara śmierci.

– Kiedy hitlerowcy postanowili wymordować naród żydowski, nie mogłam na to patrzeć obojętnie – podkreśla Sendlerowa. – W dzielnicy żydowskiej miałam wielu bliskich mi ludzi. Byli wśród nich moja przyjaciółka Ewa Rechtman i Józef Zysman. Ewa pracowała w Centosie, przy ulicy Leszno 2. Centos było stowarzyszeniem charytatywnym [Centrala Towarzystw Opieki nad Sierotami i Dziećmi Opuszczonymi, powołana w 1924 r. w celu niesienia pomocy dzieciom osieroconym i opuszczonym w wyniku I wojny światowej – A.M.], które prowadziło około stu placówek opieki (głównie stołówki i świetlice) i czternaście sierocińców.

Na czym polegała wówczas nasza praca? – Aby móc pomagać najbardziej potrzebującym Żydom, musiałyśmy mieć dobre rozeznanie, wiedzieć, do kogo trafić najszybciej, oraz fałszować setki dokumentów. Zamiast nazwisk otrzymujących pomoc Żydów, wstawiałyśmy nazwiska polskie. Dla siebie i koleżanki Ireny Schultz zdobyłam legitymacje pracownicze kolumny sanitarnej, której zadaniem było zwalczanie chorób zakaźnych. Później takie przepustki udało mi się załatwić także dla pozostałych łączniczek. Legalizowały one nasze wejścia do getta do kwietnia 1943.

Pomógł nam w tym nieoceniony doktor Juliusz Majkowski, który był dyrektorem Zakładów Sanitarnych. Niemcy panicznie bali się tyfusu, którego epidemia w tamtych okolicznościach (przeludnienie i głód, tragiczne warunki higieniczne) musiała wybuchnąć i stanowiła ogromne zagrożenie. By nie mieć styczności z potencjalnym źródłem zarazy, pozwalali nam, Polakom, na kontrolę sytuacji. Przekraczałyśmy bramy getta czasem kilka razy dziennie. Miałyśmy pieniądze z funduszy wydziału opieki, żywność, lekarstwa (w tym bezcenne szczepionki przeciw tyfusowi) i środki sanitarne. Przenosiłyśmy też ubrania, zakładając na siebie kilka sztuk odzieży, a ja, że byłam bardzo szczupła, nie miałam z tym problemu.

Wchodząc do getta, nakładałam opaskę z gwiazdą Dawida. Był to z mojej strony gest solidarności z zamkniętą w getcie ludnością. Chodziło również o to, by nie zwracać uwagi przygodnych Niemców i nie wywoływać nieufności wśród Żydów, którzy mnie nie znali. Pewnego razu z powodu dramatycznych scen, których byłam świadkiem w getcie, puściły mi nerwy i, wychodząc, zapomniałam zdjąć tę nieszczęsną opaskę. Było to już w lipcu 1942 r., kiedy zaczęły się nasilone represje. Żandarm niemiecki od razu rzucił się do bicia mnie, a polski policjant zaczął szarpać moją przepustkę i znalazłam się w niebezpieczeństwie. Pomógł mi łut szczęścia. W rozpaczy zaczęłam tłumaczyć policjantowi, aby zatelefonował do doktora Majkowskiego i sprawdził moją prawdomówność. Zadzwonił. Ale o dziwo, zrobił to żandarm! Na moje znów szczęście dr Majkowski zorientował się, o co chodzi, i odrzekł, że to jest jak najbardziej oficjalna przepustka i że ja z jego polecenia znajduję się na terenie getta. Innym razem z powodu tej samej opaski zaatakował mnie policjant żydowski.

Pamiętam o nich

Irena Sendlerowa jesienią 2003 roku

– Ludzi, których odwiedzałam w getcie, wspominam z szacunkiem, podziwem i wzruszeniem. Przypominam sobie ich ogromne zaangażowanie w pracę na rzecz innych. Pamiętam wszystkich, starszych i młodzież – dodaje po chwili wyraźnie wzruszona pani Irena.

Kim byli młodzi działacze komitetów domowych[32], których tak serdecznie i żarliwie wspomina Irena Sendlerowa

---

[32] Ważne uzupełnienie informacji I. Sendlerowej znajdujemy w książce Roberta Szuchty i Piotra Trojańskiego *Holokaust, zrozumieć dlaczego*, Warszawa 2003, s. 172: „Pod koniec kwietnia 1940 r. było w Warszawie 788 komitetów domowych w 878 domach, w maju 1940 r. – 1518 w 2014 domach, a we wrzesniu 1940 – już ok. 2 tys. W późniejszym okresie ich liczba zmalała do 1108 w styczniu 1942 r. [...] Przy komitetach powoływano społeczne komisje: gospodarczą, imprezową, kwalifikacyjną do spraw zapomóg, opieki nad dziećmi, odzieżową i inne. Tworzono też koła, np.: młodzieżowe, kobiet, patronaty nad domami starców, sierocińcami, schroniskami dla przesiedleńców, kuchniami ludowymi. Taki rozszerzony komitet domowy mógł liczyć 30–40 osób. Komitety organizowały dziesiątki zebrań, na których zbierano datki pieniężne na bieżącą działalność, organizowano zbiórki żywności (kromek chleba, talerzy zupy), węgla, leków itp. Członkowie komitetów domowych starali się wywierać presję na zamożnych mieszkańców getta, apelowali o ofiarność, pisali petycje [...]. Wystawiano pikiety, żądając od gospodyń domowych powracających z targu datku na rzecz głodujących w postaci ziemniaka, marchwi czy buraka. Zbiórka odbywała się także pod postacią tzw. akcji łyżeczkowej, w czasie której lokatorzy kamienicy ofiarowali na rzecz głodujących po łyżeczce (od herbaty) mąki, cukru, kaszy itp. Wobec opornych stosowano sankcje moralne: w bramach domów wywieszano czarne listy osób uchylających się od świadczeń na rzecz wspólnoty sąsiedzkiej, nie podawano ręki osobom napiętnowanym".

w obszernym szkicu opisującym działalność kilku kół młodzieży w getcie warszawskim:

Komitety domowe powstały na początku wojny jako punkty obrony przeciwlotniczej, mające początkowo na celu urządzanie schronów, gaszenie pożarów itd. Istniały we wszystkich domach mieszkalnych (dotyczyło to zarówno dzielnic tzw. aryjskich, jak i dawnej dzielnicy żydowskiej). Szybko jednak wypadki wojenne przekształciły je w placówki typowo opiekuńcze, które organizowały w sposób spontaniczny akcję pomocy ratowania ludzi przed zagładą. Dlatego w początkowym okresie ich praca była niezorganizowana, działały ad hoc, na bazie własnej inicjatywy i możliwości zrodzonych w każdym domu, w zależności od zaistniałych potrzeb. Dopiero po jakimś czasie komitety domowe zostały podporządkowane Żydowskiej Samopomocy Społecznej, a właściwie powstałej tzw. Komisji Koordynacyjnej, która pod naciskiem okupanta została przekształcona w Żydowskie Towarzystwo Opicki Społecznej. Po pewnym czasie w wyniku systematycznego i planowego wyniszczania ludności żydowskiej możliwości tej ostatniej instytucji uległy dużemu ograniczeniu. Zreorganizowano ją i dalej działała pod nazwą Żydowska Opieka Społeczna. Mimo licznych zmian reorganizacyjnych «na górze» komitety domowe, jako najbardziej oddolne jednostki, działające wśród największej biedoty żydowskiej, dwoiły się i troiły, ratując dorosłych i dzieci przed śmiercią głodową. Ich działalność miała z jednej strony coś z biologicznej walki o życie, z drugiej była wspaniałym zrywem serca i ducha do niesienia ulgi człowiekowi cierpiącemu. Mimo że powstanie komitetów domowych w swym początkowym stadium miało charakter spontaniczny, niezorganizowany, to z chwilą zamknięcia dzielnicy żydowskiej i tragicznego jej odgrodzenia od życia miasta, a co za tym idzie, pogarszania się z dnia na dzień losu jej mieszkańców, akcji tej zaczęli coraz częściej przewodniczyć tamtejsi najwybitniejsi społeczni działacze podziemia. Ludzie ci całkowicie zerwali z zasadami domowej filantropii i innych form tradycyjnej mieszczańskiej dobroczynności, głosząc i jednocześnie realizując myśli o konieczności działania w imię jak najszerzej pojętego frontu społecznego.

Na czele stali ludzie tej miary, co dr Emanuel Ringelblum, Szachno Zagan, Chaim Kapłan, Jonasz Turkow i inni.

Nic też dziwnego, że pomimo wysiłków okupanta, a także działających pod jego naciskiem funkcjonariuszy Judenratu, którzy zmuszali działaczy komitetów domowych do ograniczania działalności niejednokrotnie terroryzowaniem ich, prześladowaniem, maltretowaniem i stosowaniem najrozmaitszych form represji, placówki te dawały przykład najpiękniejszej i najofiarniejszej działalności społecznej wśród szerokich mas. Stały się kuźnią hartowania woli i charakterów, ducha i męstwa oraz kształtowały bezprecedensową postawę społeczną wynikającą z najszlachetniejszych pobudek humanitarnych. Były one dla wielu setek i tysięcy ludzi prawdziwym azylem, gdzie jeden człowiek szedł na pomoc drugiemu. Obok najpiękniejszej pracy społecznej byłam również niejednokrotnie świadkiem spraw małych, przyziemnych. Tam, gdzie się toczy walka na śmierć i życie, gdzie zdobycie jednego kartofla, jednego buraka czy jednej cebuli urasta do nierozwiązalnych problemów – nie mogły być tylko same pozytywy. Gdyby ktoś tak mówił, to dowodziłoby, że albo mówi świadomie nieprawdę, albo nie był i nie przeżywał z tymi ludźmi ich straszliwej gehenny.

W ramach komitetów domowych działały koła młodzieży. Odegrały one wielką rolę, nie tylko organizując pomoc opiekuńczą i dbając o zaspokajanie potrzeb kulturalno-oświatowych. Ich nieocenioną zasługą była walka z beznadziejnością, walka o godność osobistą i narodową. Ich szeroki zasięg pracy przyczynił się, moim zdaniem, do pogłębienia świadomości politycznej, mobilizowania sił w celu przeciwstawiania się władzom okupacyjnym, policji porządkowej i Judenratowi. Z ramienia komitetu domowego pomagał kołu i interesował się nim opiekun, który dobierał sobie do współpracy młodzież mającą jakiś zmysł organizacyjny. W ten sposób praca kół brała swój początek od aktywności opiekuna i od tych pierwszych działaczy młodzieżowych zależał późniejszy rozrost i zasięg.

U źródeł powstawania kół leżała z jednej strony potrzeba obrony przed świadomością grożącej ustawicznie śmierci, a z drugiej strony to, by ułatwić młodzieży przeżywanie wielkich wartości, które pozwoliłyby jej czynnie ustosunkować się do otaczającego życia i jego bardzo zawiłych spraw. Chodziło też o znalezienie własnego miejsca, wytyczenie własnej roli w tragicznie smutnej społeczności getta. Miejscem takim miały być właśnie koła.

Tu młodzież, rozsądnie i z sercem kierowana przez swych starszych opiekunów, miała kłaść fundamenty pod jakąś swoją ostoję, przystań.

Koła miały również pobudzać uczucia i wolę działania. Rozwijały się na ogół szybko, ale było to uzależnione od specyficznych warunków każdej dzielnicy, a nawet każdego poszczególnego domu. Powstawały one na różnych terenach w miarę potrzeb, uzależnione od lokalnych warunków i możliwości. Praca kół niejednokrotnie, choć niekiedy bezwiednie, wzniecała pragnienie walki, stała się z czasem dynamitem buntu, przyczyniała się do tworzenia kadry bojowych dziewcząt i chłopców. Koła młodzieży organizacyjnie przeżywały wiele zmian, tak samo jak ich główny trzon, tzn. komitety domowe.

O ile w pierwszym okresie, czyli do zamknięcia getta, odgrywały mniejszą rolę, o tyle po tej dacie w miarę stale pogarszającej się sytuacji w zamkniętym i odosobnionym miejscu pobytu tysięcy ludzi, w nieustannej grozie, rozpaczy, bólu, lęku o darowanie każdej minuty dnia i nocy – stały się miejscem oddechu, oazy, walki o godność człowieka, wiary w lepsze jutro, miejscem, gdzie młoda dziewczyna i młody chłopak mogli być sobą, czuć po swojemu, myśleć, pytać i otrzymywać odpowiedzi. Koła młodzieży w udręczonym, umierającym z głodu getcie warszawskim dawały tamtejszej młodzieży to, co dać można było najcenniejszego – odrobinę uśmiechu, radości i wiary w Człowieka.

A wywołać w tamtych dniach, w tamtych warunkach – kiedy codziennie umierało wiele osób, kiedy wystarczyło wyjść na ulicę, aby potknąć się o trupy dzieci – uśmiech lub przeżyć radosne wzruszenie nie było rzeczą ani prostą, ani łatwą.

∗
∗∗

Nie pamiętam liczby kół. Mnie los zetknął bliżej z pracą pięciu.

Kołem Młodzieżowym przy ulicy Siennej (16?) kierowała **Ewa Rechtman**, asystentka profesora Stanisława Słońskiego[33] na wydziale humanistycznym Wolnej Wszechnicy Polskiej. Nie tylko wybitna slawistka, rokująca wspaniałą przyszłość naukową, ale jednocześnie absolwentka Studium Pracy Społeczno-Oświatowej, posiadała ten bardzo rzadki dar umiejętnego łączenia pracy naukowej z pasją społeczną. Jej głęboka wiedza, niezwykłe walory ducha i charakteru zjednywały jej ogólny szacunek, miłość i sympatię. A przy tym prostota, bezpośredniość i ogromny urok osobisty rokowały wspaniałą przyszłość. Niestety, zamknięto ją wraz z innymi w murach getta. I chociaż całe jej aryjskie otoczenie prosiło ją, aby została z nami, że zrobimy wszystko, aby ją „przechować" – jak to się wówczas mówiło – i umieścić w bezpiecznym miejscu, ona na wszystkie nasze tłumaczenia miała zawsze jedną odpowiedź: „Nie nalegajcie, kochani, nie zostanę z wami, bo nie mogę was narażać". W tym zdaniu kryła się cała jej osobowość, piękna, bogata dusza.

Kiedy bramy getta już się za nią zamknęły, kiedy znikła z oczu jej ukochana Wszechnica i oderwano ją od pracy wśród dzieci polskiego i żydowskiego proletariatu, bezrobotnych

---

[33] Stanisław Słoński (1879–1959), językoznawca, organizator i kierownik Studium Slawistycznego UW.

z dzielnicy Ochota, Ewa Rechtman się nie ugięła! O nie! Stanęła od razu do pracy społecznej (a zawodowo pracowała w Opiece nad Dzieckiem) w komitecie domowym, organizując właśnie koło młodzieży.

I kiedy odwiedzałam ją bardzo często, chcąc jej pokazać, że jesteśmy z nią cały czas tak samo blisko jak przedtem, że mury zła i hańby niczego nie zmieniły, widząc moją maskowaną swobodę, za którą jej czułe i troskliwe oko dostrzegało bezgraniczny smutek, ona pocieszała mnie: „Nie martw się o mnie, mam taki sam warsztat pracy, patrz! Moje Rachele i Nuchimy niczym nie różnią się od tych Maryś i Felków z ulicy Opaczewskiej. Tak samo trzeba im trochę serca i dużo chleba".

Zaczęła mnie poznawać ze swymi dziewczętami i chłopcami. Często bywałam na ich zebraniach, gdzie układali plany na najbliższy okres, omawiali aktualne zagadnienia i dyskutowali, dyskutowali na najprzeróżniejsze tematy.

Pamiętam jedno zebranie, które ze względu na swą specyfikę szczególnie utkwiło mi w pamięci. Była zima na przełomie roku 1941 i 1942, najtragiczniejsza zima getta – z powodu największego głodu i mrozu. Głównie z tych przyczyn oraz ze względu na straszliwe zagęszczenie rozszalała się wówczas epidemia tyfusu plamistego. Jej grozę potęgowały okrutne zarządzenia władz niemieckich, nakazujące przymusowe dezynfekcje, kąpiele, które organizowane przez niemieckie władze w sposób nie tylko niedostateczny, ale wręcz mijający się z celem, nie tylko nie zapobiegały szerzącej się epidemii, ale wręcz jej sprzyjały.

W tych warunkach jedynym wyjściem z sytuacji, ratującym ludzi przed straszną chorobą, była szczepionka Weigla. Zdobycie jej w getcie wymagało wielkich sum pieniędzy. Stało się więc konieczne dostarczanie szczepionki spoza murów.

Wykorzystując swoją pracę i mojej konspiracyjnej współpracowniczki Ireny Schultz w Wydziale Zdrowia i Opieki Społecznej oraz dzięki szerokim kontaktom poprzez swoje łączniczki, zatrudnione w różnych placówkach służby zdrowia, przynosiłyśmy do kół młodzieżowych szczepionki, rzecz jasna, z powodu bardzo ograniczonych możliwości, w minimalnych ilościach w stosunku do potrzeb.

Tego dnia, o którym była mowa wyżej, dostarczyłam kołu kilka dawek szczepionki. Na owym zebraniu, między innymi sprawami, wyniknął problem, komu je dać.

Wtedy sprawa wyglądała tak: zaszczepiony jest w 99% ochroniony przed zachorowaniem, a podkreślam, że był to okres, w którym tyfus dziesiątkował mieszkańców getta!

Jak młodzież rozstrzygnęła ten bardzo trudny problem?

Wydaje mi się, że powzięte decyzje najlepiej świadczą zarówno o bardzo dużym wyrobieniu społecznym, jak i o wysokim poziomie moralnym.

Szczepionki przydzielono:

– dwóm chłopcom, którzy byli jedynymi opiekunami dla młodszego rodzeństwa, bo rodzice już nie żyli;

– jednej dziewczynce, najaktywniejszej członkini koła, która najbardziej była zaangażowana w prace społeczne.

Pozostali w liczbie kilkunastu osób nie zgłaszali żadnych pretensji, żalów, przeciwnie, odnieśli się z całą godnością i poszanowaniem dla słusznej decyzji, choć stawka szła o ich życie.

Członkowie koła wiele pracy poświęcali opiece nad dziećmi. Opiekowali się zwłaszcza dziećmi chorymi, pozostawianymi przez całe dnie bez opieki, organizowali zbiórki odzieży, jedzenia dla tych, co najbardziej głodowali. Dużo uwagi poświęcali dzieciom osieroconym, żyjącym już właściwie poza kresem istnienia. Zapał, poświęcenie, rzetelne i solidne podejście do każdej sprawy zjednywały im nie tylko serca, ale szacunek i podziw. Ewę, swoją opiekunkę, uwielbiali, każde jej posunięcie, uwaga przyjmowane były jako bojowe zadanie dla całej grupy. Oni zaś stali się dla niej największym ukojeniem. Dawała im wszystko z siebie. Była dla nich matką, ojcem, siostrą, przyjacielem. Dzieliła z nimi ich najgorszy los. A jakże często oddawała im ostatnie zarobione grosze, sama niemiłosiernie głodując. Trwali na swych bojowych stanowiskach do końca lipca 1942 r. W jednej z pierwszych masowych wywózek z terenu tzw. małego getta zostali wywiezieni do Treblinki.

Był piękny, upalny dzień, kiedy hordy uzbrojonych hitlerowców otoczyły zwartym kordonem ulice należące do tzw. małego getta.

Dalsze losy były przesądzone.

Kiedy na tę wiadomość staraliśmy się wszelkimi możliwymi sposobami ratować ich za pomocą karetek sanitarnych pod pozorem niby to kontynuowania akcji dezynfekcji, wjechać na teren zamknięty, niestety, nie zdołaliśmy. Nasze najlepsze chęci rozbiły się o nieugiętą nienawiść wroga, który zwartym kordonem zamykał pierścień śmierci. Wyjątkowo trudno było nam żyć dalej bez Ewy, zacnej, szlachetnej osoby, o bardzo rzadko spotykanej dobroci, subtelności, miłości do wszystkich ludzi.

Jej humanitarna postawa wobec każdego człowieka, bez względu na rasę, narodowość, pochodzenie, zdumiewała nas i kazała otaczać ją nie tylko najserdeczniejszą miłością, ale i największym szacunkiem. Nie mogliśmy się zupełnie pogodzić, że właśnie ją mogła dosięgnąć ręka zbrodniczych oprawców. Męczeńska śmierć Ewy to jeden z największych dramatów dla naszego grona. Do dziś wśród nocnych majaków o tamtych dniach słyszę jej głos, taki zawsze miękki, kojący, zawsze przepojony największą dobrocią. Młode pokolenie powinno ją czcić, bo to był cichy, ale wielki bohater!

Kołem przy ulicy Smoczej 9 opiekowała się **Ala Gołąb-Grynbergowa**, pielęgniarka z zawodu i absolwentka Studium Pracy Społeczno-Oświatowej Wolnej Wszechnicy Polskiej. W getcie zawodowo kierowała pracą pielęgniarek. Społecznie była zaangażowana na wielu odcinkach, głównie jednak pasjonowały ją zawsze sprawy dzieci i młodzieży. Ponieważ ta dziedzina była też zawsze głównym przedmiotem moich zainteresowań, miałam z nią kontakty. Z tytułu swojej pracy zawodowej, mając na co dzień stałe kontakty z lekarzami, wykorzystywała to w pracach z młodzieżą zrzeszoną w kole. Z wiedzą i za zgodą prof. Ludwika Hirszfelda[34] urządzała tajne szkolenia sanitarne chłopców i dziewcząt. Koło to miało dużą wagę społeczną ze względu na fatalne warunki sanitarne, panujące na terenie getta. Jej młodzież zdobywała wiedzę teoretyczną dzięki wykładom prowadzonym przez wielu lekarzy, których Ala wciągnęła na stałe jako aktyw społeczny. Utkwiły mi w pamięci postacie doktorów Henryka Landaua i Rozenkranca, którzy – będąc już starymi ludźmi, schorowanymi i bardzo umęczonymi przejściami okupacyjnymi – nie szczędzili resztek sił dla pracy z młodzieżą.

Byłam kiedyś na takim wykładzie. Zimny lokal komitetu domowego, mała świeca jako jedyne oświetlenie, ale w rogu znalazła się tablica, na której dr Landau zapisywał ważniejsze tezy swego wykładu, a z kieszeni wyjmował coraz to inne pomoce naukowe, aby lepiej zilustrować swoje wywody.

Skupiona młodzież, mimo półmroku, robiła notatki. Wśród głębokiej ciszy i powagi dał się słyszeć tuż za progiem charakterystyczny tupot niemieckich buciorów i przeraźliwe ryki oraz wstrząsający krzyk dziecka. I młodzież, i ja struchleliśmy ze strachu. Daleko odbiegliśmy myślami od tego, co słyszeliśmy o chorobach epidemicznych.

Tylko nasz prelegent nie zareagował strachem, przynajmniej zewnętrznie był spokojny, opanowany i nie przestając mówić, wyjaśniał dalej zawiłe partie materiału programowego.

Dopiero kiedy jedna ze słuchaczek wybuchła spazmatycznym szlochem, odezwał się: „Czy wyście nie zrozumieli dotąd jeszcze tego, że my tu wszyscy jesteśmy ciągle, dzień i noc, na froncie. Trwa ustawiczna walka. Jesteśmy żołnierzami pierwszej linii

---

[34] Ludwik Hirszfeld (1884–1954), mikrobiolog, immunolog, serolog, współtwórca podstaw nauki o grupach krwi. W 1941 był przewodniczącym Rady Zdrowia i profesorem tajnego Wydziału Lekarskiego UW w getcie warszawskim.

frontu. Żołnierze muszą być twardzi. Tu płakać nie wolno!",
po czym wrócił do swojej na chwilę przerwanej myśli. My,
młodzi, poczuliśmy się zawstydzeni. Jego ogromny spokój
udzielił się i nam.

Taka to była tajna szkoła. Nasza młodzież odbywała też zajęcia praktyczne według grafiku, przygotowanego przez Alę
Grynbergową, na terenie różnorodnych placówek tamtejszej
służby zdrowia.

Jakie były praktyczne korzyści takich kursów? Były dwie.

Po pierwsze, chęć zajęcia młodzieży aktywną pracą, wy-
rwania jej z beznadziejności. Po drugie, nasza młodzież,
otrzymawszy wiele praktycznych wiadomości, była bezcen-
nym aktywem dla służby zdrowia w zwalczaniu chorób, zapo-
bieganiu im i w walce o zdobywanie bodajże jakiegoś minimum w utrzymaniu się na powierzchni życia. Ala, zawsze
doskonała administratorka, wspaniały społecznik, dwoiła się
i troiła, aby swą młodzież otaczać jak największą opieką i pomagać jej. Była dumna ze swych młodych przyjaciół.

Nicjednokrotnie opowiadała mi ze wzruszeniem, jak jej
dzieci w wielu wypadkach zapobiegały groźbie rozszerzania
się epidemii lub w placówkach służby zdrowia zastępowały
chory bądź wywożony fachowy personel.

Choć sama była ustawicznie narażona na wiele dodatkowych niebezpieczeństw z tytułu wykonywania bardzo odpo-
wiedzialnych funkcji, kierując zespołem pielęgniarek i speł-
niając przeróżne zadania społeczne, wiele czasu poświęcała
szerokim kontaktom z tzw. stroną aryjską.

Głównym celem tych kontaktów, poza więzią uczuciową, łą-
czącą ją z wieloma serdecznymi przyjaciółmi, była ustawiczna
troska o ratowanie jej podopiecznych. Szukała zewsząd pomocy, zabiegała, prosiła, perswadowała, żądała. Dużo spraw
udawało jej się załatwić dzięki wyjątkowej inteligencji, nie-
spożytej energii i pasji społecznej.

W wielu przypadkach pozostawała bezsilna, jak my wszyscy, wobec potęgi wroga.

Miała własny dom, męża, dziecko, jedyną, ukochaną córeczkę, wtedy w wieku 5–6 lat.

Kiedy ostatni raz widziałam ją w sierpniu 1942 roku, już po wielu tragicznych wywózkach, była bardzo opanowana, ale i bardzo smutna.

Jej mąż walczył już wówczas w partyzantce, a córeczka od dawna znajdowała się we względnie bezpiecznym miejscu po stronie aryjskiej. Prosiłam ją o natychmiastowe wyjście z getta.

Miała stały kontakt z naszymi konspiracyjnymi komórkami, ułatwiającymi bezpieczne wyjście i w każdej chwili mogła opuścić mury getta. Zorganizowaliśmy jej dalsze zakonspirowane lokum. Odmówiła. Zapatrzona w rozpalone od żaru słonecznego dachy kamienic ulicy Smoczej (mieszkała na facjatce), toczyła z sobą cichy, ale zacięty bój. Rozumiałam ją!

Tam było jej dziecko, w lasach walczył mąż, ale tu było jej ukochanie – praca, obowiązek, chorzy, dzieci, starcy – tragiczny Umschlagplatz[35].

Wybór był ciężki, wręcz tragiczny. Orientując się już wtedy nazbyt dobrze w aktualnej sytuacji getta, wiedziałam, że wszystkich uratować nie sposób. Trzeba ratować tych, których się da. W tym duchu prowadziłam z Alą – nie wiedząc, że już ostatnią – rozmowę.

Została i zginęła w kilka dni potem na znajomym szlaku: Umschlagplatz–Treblinka. Razem z nią zginęła jej ukochana młodzież. Mąż poległ w partyzantce. Córeczkę dwa lata po wojnie zabrała z zakładu rodzina za granicę.

*
**

Kołem przy ulicy Ogrodowej, o ile pamiętam, opiekował się **Józef Zysman**. Wybitny prawnik, doskonały adwokat, kryształowy

---

[35] Umschlagplatz (niem.) – plac przeładunkowy i bocznica kolejowa, przy ulicy Stawki, gdzie gromadzono ludzi wywożonych z warszawskiego getta do obozów śmierci.

człowiek, wielki patriota – Polak. Pochodzący z inteligencji, rodziny całkowicie zasymilowanej, o dużych tradycjach walki o polskość, bardzo postępowy. Obdarzony nieprzeciętnymi zdolnościami, już jako student Uniwersytetu Warszawskiego, a potem jako aplikant, wyróżniał się zawsze wśród rówieśników. Górował nad innymi nie tylko umysłowością, ale i wielkimi zaletami ducha, zaletami charakteru, niezłomną wolą, rzadko spotykaną moralnością. Toteż wszystkie jego zalety budziły podziw i szacunek całego otoczenia.

Przez szereg lat piastował, jak na tamte stosunki (lata trzydzieste), wysokie stanowisko społeczne. Był długoletnim prezesem Zrzeszenia Aplikantów Sądowych i Adwokackich. Należał do lewicowego ugrupowania warszawskich adwokatów „Tusculum", gdzie wspólnie z wybitnymi działaczami podejmował próby oddziaływania na mieszczańską, prawicową część środowisk prawniczych. Wreszcie jego pasją, jako żarliwego bojownika o sprawiedliwość społeczną, stała się praca w poradniach prawnych, prowadzonych przez zespół lewicowych adwokatów w Sekcji Pomocy Matce i Dziecku Obywatelskiego Komitetu Pomocy Społecznej.

Wspólnie z nimi i z niestrudzoną działaczką, komunistką i adwokatem, Bronisławą Luidorówną bronili polskich bezrobotnych robotników przed eksmitującymi ich z mieszkań kamienicznikami. Drugim problemem, któremu bez reszty poświęcał czas i zapał, była walka o prawa dzieci nieślubnych. Józef Zysman, wielki erudyta i wspaniały mówca, wrażliwy i czuły na każde ludzkie nieszczęście, był znaną postacią wśród polskiego proletariatu. Znali go bezrobotni z przedmieść Woli, Ochoty, peryferyjnej Pragi, wszędzie tam, gdzie działały placówki poradni.

W 1939 r. zmobilizowany jako oficer rezerwy, z dumą, a jednocześnie jako działacz lewicy z wielką troską, zakłada mundur oficera polskiego i idzie na front. Z całym poświęceniem i oddaniem walczy w czasie całej kampanii, aż losy polskiego Września rzucają go do Lwowa. Przebywa tam do czasu wkroczenia wojsk hitlerowskich. Udaje mu się szczęśliwie wrócić do Warszawy, do rodziny, ale jest to już okres tragicznego getta.

Jego wrażliwa natura nie może się zupełnie pogodzić z tym, co się naokoło dzieje. Zamknięcie, izolację przeżywa wyjątkowo ciężko.

Nie tylko czuł się Polakiem, ale całym życiem to potwierdzał, i ten hitlerowski podział bolał go najwięcej. Choć sam bardzo rozbity wewnętrznie, rozumiał doskonale, że trzeba ratować młodzież przed ostatecznym załamaniem. Toteż szybko rzucił się w wir pracy społecznej na terenie getta, utrzymując stały kontakt z tzw. stroną aryjską.

Jego praca z młodzieżą ukierunkowana była głównie na zainteresowania społeczne. Wyrabiał w nich miłość do człowieka, walczył z egoizmem. Jego dziewczęta i chłopcy pracowali głównie przy takich akcjach, jak zbiórki odzieży, żywności, w tzw. pomocy zimowej. To mu jednak nie wystarczało. Rwał się do jeszcze szerszej płaszczyzny działania.

Z grupą Polskich Socjalistów (na czele z adwokatem Antonim Oppenheimem i inżynierem Jerzym Neudingiem) zbierał materiały dla podziemnej prasy, wychodzącej zarówno po stronie aryjskiej, jak i w getcie. Pisał o tym, co jest, i o tym, co być powinno. Część młodzieży koła była wciągnięta do roboty politycznej w charakterze kolporterów prasy podziemnej.

Jako żarliwy patriota dużą wagę w pracach z młodzieżą przykładał do podtrzymywania w nich wiary w swą polską Ojczyznę. Młodzież go kochała, ceniła, wierzyła jego słowom.

Spotykałam się z nimi trzema na plebanii kościoła katolickiego przy ulicy Leszno, którego proboszcz, ks. prałat Popławski, znany był ze swej wyjątkowej postawy we wszystkich skomplikowanych sprawach getta. Wśród długich serdecznych rozmów ci trzej działacze snuli mimo wszystko optymistyczne plany na przyszłość. Niestety!

Inżynier Neuding zginął w jednej z pierwszych egzekucji w kwietniu 1942 r.; adwokat Oppenheim został zastrzelony po stronie aryjskiej, a Józef Zysman postanowił zostać w getcie, mimo nalegań przyjaciół, żeby opuścił i tak już stracone pozycje. Po skontaktowaniu się z przyjaciółmi po stronie aryjskiej wysłał kanałami troje dzieci ze swej rodziny, w tym syna. Sam z żoną i wszystkimi dorosłymi członkami rodziny pozostał, uważając, że jego miejsce jest wśród tych najnieszczęśliwszych. W liście do mnie, oddając mi pod opiekę syna, skreślił wiele myśli filozoficznych, które miały bezcenną wartość dokumentalną tamtych czasów. Niestety te piękne słowa zostały zniszczone w czasie Powstania Warszawskiego. Jego główne myśli, poza opisaniem tego, czym jest getto, można wyrazić w następujących słowach: Jedyną drogą do odrodzenia ludzkości jest wszechpotężna miłość. Nienawiść rodzi zło, a tylko miłość ma moc trwałą i rokującą nadzieje człowieka. Tylko przez miłość odrodzi się świat.

Jeszcze dziś, po wielu latach czuję na sobie spojrzenie jego dobrych, ciepłych i mądrych oczu, gdy powierzał mi swego syna, mówiąc: „Wychowajcie go na dobrego Polaka i szlachetnego człowieka".

Testament wykonała żona.

Przyjaciele nie mogli pogodzić się z jego pozostaniem w getcie. Przedstawiali wszystkie możliwe argumenty za opuszczeniem murów. I kiedy nastała jesień 1942 i sytuacja na terenie getta stawała się z dnia na dzień gorsza, i kiedy niektórzy pozostali przy życiu członkowie dawnego koła młodzieży opuścili już swoje dotychczasowe miejsce, nasz przyjaciel przeszedł na stronę aryjską. Po tej stronie przeżywał straszne chwile, jak szantaże, brak lokum na najbliższą noc.

W kontaktach z przyjaciółmi był tak subtelny, wrażliwy, aby nikogo swoją osobą nie urazić, że bardzo często, w ustawicznej konspiracyjnej gonitwie, nie wiedzieliśmy o jego nowych kłopotach. A coraz trudniej było o bezpieczne miejsca. I choć całe jego otoczenie starało się nigdy nie okazać napotykanych trudności, to człowiek tego pokroju, co Józef Zysman, nie mógł obojętnie patrzeć na to, że przyjaciele, w świetle zbrodniczych zarządzeń hitlerowskich, ustawicznie są narażani na niebezpieczeństwa.

Jego szlachetna dusza, jego umiłowanie człowieka i moralność zaczęły mu podsuwać desperackie myśli. W końcu li tylko ze względu na swą dobroć, szlachetność postanowił oszczędzić przyjaciołom niebezpieczeństwa, związanego z ukrywaniem Żyda, poszedł do Hotelu Polskiego i zgłosił się na „obiecywany" przez Niemców wyjazd za granicę.

Zginął męczeńską śmiercią wspaniały człowiek, zaledwie trzydziestosiedmioletni, podstępnie oszukany i stracony przez zbrodniarzy.

***

Kołem przy ulicy Pawiej opiekowała się **Rachela Rozenthal**, nauczycielka z zawodu, absolwentka Uniwersytetu Warszawskiego. Zdolna, inteligentna, wrażliwa i subtelna. W latach 1929–1934 studiowała polonistykę. Były to lata wielkiej fali antysemityzmu na uniwersytecie. Boleśnie przeżywała akty dyskryminacji. Wielokrotnie sama była narażona na szykany kolegów spod znaku Obozu Wielkiej Polski[36]. Przeżycia te miały ogromny wpływ na ukształtowanie jej światopoglądu. Mimo że należała do Związku Młodzieży Demokratycznej, zrzeszającej wówczas postępową młodzież, zarówno polską, jak i żydowską, i uczestniczyła w wielu pożytecznych akcjach, ból z powodu ciągłych dowodów dyskryminacji, jak getto ławkowe, bicie itp., coraz bardziej wpływał na odizolowanie się od otaczającego ją środowiska.

Wyszła z uniwersytetu z dyplomem magisterskim i z głębokim przekonaniem, że jedynym dla niej miejscem pracy jest szkoła dla dzieci żydowskich.

Toteż z wielką energią i dużym poświęceniem zaczęła uczyć w takiej szkole. Trafiła do środowiska dzieci pochodzących

---

[36] Obóz Wielkiej Polski – organizacja endecka istniała w latach 1926–1933, potem jako Obóz Narodowo-Radykalny.

z biedoty żydowskiej. Uczenie ich i potrzeba dużej pracy społecznej całkowicie ją pochłonęły i dawały wiele zadowolenia.

Kiedy wybuchła wojna, Rachela miała już za sobą kilka lat pracy wśród najbiedniejszych dzieci z ulicy Dzikiej, Wałowej, Nalewek.

Po utworzeniu getta związała się z organizacją tajnego nauczania. Lecz dla jej żywotnego, a jednocześnie wrażliwego usposobienia nauczanie było zbyt wąskim terenem działania. Znając już życie dzieci biedaków, od razu zdała sobie sprawę, że po zamknięciu getta dla środowisk tych nastanie wyjątkowo ciężki okres. Pragnęła więc całym sercem, całą swą osobowością nieść maksymalną pomoc tym najnieszczęśliwszym.

Praca w kole młodzieży była najlepszym miejscem do realizacji tak szlachetnych zamierzeń. Rachela skupiła wokół siebie sporą grupę (15–25 osób) młodzieży. Postawiła przed nimi zadanie niesienia pomocy materialnej pod wszelkimi możliwymi postaciami, organizowania dzieciom rozrywki, podtrzymywania w nich wiary w swój naród, który – choć tak boleśnie zdany na cierpienia – ma przecież prawo do swego miejsca na świecie.

W tym celu ukazywała im starą kulturę narodu żydowskiego, dobierała odpowiednią literaturę żydowską, recytowała dzieciom wiersze największych poetów. Wiele też uwagi zwracała na prawo dziecka do uśmiechu i zabawy.

Choć w tamtych warunkach wydawać to się może wręcz niemożliwe, to jednak szeroko były znane i stosowane takie metody pracy z dziećmi, w których odpowiednie zabawki, teatrzyki, laleczki wywoływały uśmiech na zbolałych twarzyczkach dziecięcych.

A Rachela, zaprawiona różnymi formami pracy z dziećmi w szkole żydowskiej, podsycana bólem, rozpaczą spowodowaną tragiczną sytuacją ludzi getta, pragnęła z całej swej młodzieńczej duszy, na przekór wszystkiemu, pokazać, że jej dzieci mają prawo i do uśmiechu, i do radości, i do zabawy.

Toteż stale poddawała jakieś nowe pomysły, inicjowała akcje, mające na celu zapewnienie dzieciom względnie normalnych warunków bytowania.

Czy jej się to udawało? Tak, właśnie dzięki bardzo aktywnej i ofiarnej pomocy dziewcząt i chłopców z koła młodzieży. Umiała ich zachęcić, odpowiednio zorganizować i włączyć do właściwej pracy. Członkowie koła czynnie pomagali w pracy tzw. kącików dziecięcych, organizowanych w ramach komitetów domowych przez Centos, oraz w najrozmaitszych akcjach kulturalno-oświatowych.

Młodzież kochała Rachelę, uwielbiały ją maluchy.

Kiedy się u nich pojawiała, otaczano ją kołem i wybuchom radości nie było końca. Odwiedzałam z Rachelą poszczególne kąciki dziecięce i widząc ich uśmiechnięte buzie, z jednej strony cieszyłyśmy się bardzo ich szczęściem, a z drugiej tym większy ból ściskał nam serca na myśl, co się z tymi dziećmi stanie jutro, pojutrze? Jaki je czeka los? I właśnie w takich chwilach nieocenioną towarzyszką była Rachela. Spokojna, bardzo opanowana, z wyrobioną swoistą filozofią życia tylko na dziś, umiała każdemu dodać odwagi i jak to się wówczas mówiło – ducha.

Mawiała nieraz: „Nie wiem, co będzie jutro, ale wiem, co jest dziś, moje dzieci się śmieją, klaszczą w rączki, przytupują w kole". Zrozumieć to może ten, kto znał warunki życia w getcie. Ten tylko może ocenić, ile pracy, trudu, nieludzkich wysiłków, samozaparcia trzeba było, aby dla nieszczęsnych, zabiedzonych, udręczonych i umęczonych dzieci stwarzać takie warunki, aby się mogły śmiać, bawić, choćby tylko dzisiaj, bo jutro aż nadto było niepewne. O tym wiedzieliśmy wszyscy, z tego zdawała sobie doskonale sprawę wybitnie inteligentna, mądra Rachela.

W czasie wielkiej deportacji w lipcu 1942 r. zginęła cała jej rodzina. Ona ocalała tylko dlatego, że tego dnia była zajęta na terenie tzw. małego getta. Kochała rodzinę, ubóstwiała rodziców. Ten cios załamał ją do tego stopnia, że była bliska obłędu. Uratował ją chyba tylko przypadek.

Uradziliśmy, że najlepiej będzie, jak zacznie wychodzić z getta z brygadami pracy na stronę aryjską. Sądziliśmy, że ta jakaś „inność" – niepatrzenie ustawicznie na sceny mrożące krew w żyłach, obcowanie przez cały dzień z zupełnie innym otoczeniem – może ją uchroni przed desperackim czynem.

Rachela z początku nie chciała o tym słyszeć, broniła się, nie chciała zostawić swoich dzieci i swojej młodzieży.

I pewno nam, dorosłym, nie udałoby się jej przekonać, gdyby nie przyszła z pomocą młodzież. Dziewczęta i chłopcy stanęli na wysokości zadania. Wiedzieli tak jak my, że śmierć rodziny była przysłowiową kroplą, która przepełniła czarę. Zrozumieli, że ukochaną opiekunkę może uratować tylko jakiś wstrząs. Tym właśnie wstrząsem mogła stać się praca po drugiej stronie muru. Kiedy nasze argumenty nie trafiały zupełnie do przekonania, oni znaleźli sposób, mówili: „Pani nie może teraz być z dziećmi, bo pani jest smutna, to by bardzo źle podziałało na nasze maluchy. One, patrząc na panią, straciłyby spokój". To ją przekonało! Zaczęła wychodzić do pracy z tzw. szmaciarzami.

Ten stan trwał przez 10–15 dni. Pewnego razu, w trakcie segregowania szmat, do lokalu przy ulicy Grójeckiej dotarła straszna wiadomość: „W getcie nowe masowe gwałty. Nowe wielkie wywózki".

Ktoś rzucił hasło: „Nie wracamy do getta!". I zanim Rachela zorientowała się, jej przygodni towarzysze pracy rozpierzchli się. Dozorujący i odpowiedzialni za całą grupę (przy wychodzeniu z getta zapisywano dokładnie liczbę osób i byli odpowiedzialni pod karą śmierci za ich powrót) też opuścili swe miejsca pracy. Rachela sama nie mogła nawet myśleć o powrocie, bo to równałoby się szaleństwu. Przy murze getta czekała ją niechybna śmierć.

I nie wiadomo, co stałoby się wówczas z dzielną Rachelą, gdyby znowu nie przypadek, wielki sojusznik okupacyjnych dziejów każdego z nas. Punkt segregowania szmat przy ulicy Grójeckiej był jednocześnie miejscem kontaktów organizacyjnych, zwłaszcza dla ludzi z getta.

Krytycznego dnia załatwiałam właśnie jakąś konspiracyjną powinność. Zobaczywszy bezradną, samą Rachelę, a dobrze orientując się, że powrót jej bez pozostałych towarzyszy pracy grozi zastrzeleniem przy bramie getta, zaproponowałam pomoc.

Zmaltretowana, nieszczęsna Rachela, nie mając właściwie innego wyjścia, znając mnie dobrze, zaufała mi i poszła ze mną. Umieściłam ją w dość bezpiecznym miejscu. I od tej chwili zaczął się w jej życiu nowy okres.

Później, jak to często bywało w życiu konspiracyjnym, ukrywająca się przechodziła z jednego lokum do drugiego, w zależności od licznych sytuacji. Po kilkakrotnych przenosinach aktualni opiekunowie już nie znali prawdziwego pochodzenia Racheli. I wtedy na jej drodze stanął młody inżynier, również członek PPS, który zakochał się w bardzo ładnej, dobrej i miłej dziewczynie, noszącej już oczywiście inne imię i nazwisko.

Ze względu na konieczne wówczas zachowanie najdalej posuniętej ostrożności nikt z jej otoczenia nie znał całej prawdy. Rzecz jasna, i ona sama była zmuszona milczeć.

I tak wśród zmagań konspiracyjnej pracy, wśród morza łez i cierpień, jasny promień słońca zapukał do jej drzwi. Wszystkie koszmarne przeżycia, trwająca straszna wojna nie były odpowiednim momentem sprzyjającym młodym, lecz życie, jakże często nawet w tamtych złych czasach, okazywało się silniejsze i wśród najtragiczniejszych wydarzeń rodziły się piękne uczucia.

Tak się też stało i w tym przypadku. Rachela – teraz już Karolina, znalazła w Stanisławie prawdziwego przyjaciela i opiekuna. On zupełnie nie znał jej pochodzenia. Swoją miłością i dobrocią powoli, powoli rehabilitował w jej oczach młodzieńców spod znaku ONR, którzy za czasów studenckich nie bardzo po rycersku postępowali ze swą koleżanką.

Teraz w kontaktach ze Stanisławem zabliźniały się powoli stare rany. Po niedawnych przeżyciach potrzebowała ciepła i dobroci.

Na długo straciłam kontakt z Rachelą-Karoliną, bo poszła ze Stanisławem do partyzantki.

Los zetknął mnie z nią niespodziewanie w czasie Powstania Warszawskiego. Zobaczyłam ją w nowej roli. Nie była to już spokojna, opanowana dawna Rachela, organizująca zabawy dziecięce w obłędnym piekle getta.

Teraz zobaczyłam żołnierza, uzbrojonego, zaciętego, walczącego z bronią w ręku. Jej dawna odwaga, wyrażająca się w getcie w heroicznym bohaterstwie trwania na posterunku opieki nad wygłodzonymi dziećmi, przerodziła się w potrzebę strzelania, zabijania hitlerowców. Walczyła!

Jej nadzwyczajna odwaga znana była powszechnie wśród otaczającego ją grona. Wiadomo było, że o ile czegoś najbardziej trudnego, niebezpiecznego nikt nie potrafi wykonać, wykona to na pewno Karolina. Taką zdobyła sobie opinię.

Po wyzwoleniu stworzyła ze Stanisławem normalny, dobry dom, mają udaną córkę. Ale ani mąż, ani córka nigdy nie poznali tajemnicy jej pochodzenia.

Zaraz po wojnie, kiedy spotkałyśmy się przypadkowo na ulicy, po pierwszym wybuchu obustronnej radości z powodu, że udało nam się przeżyć to całe piekło, powiedziała mi: „Pamiętaj, że Rachela zginęła tam za murami razem z całą rodziną, tu żyje zupełnie inny człowiek". Po czym pierwszy raz widziałam ją płaczącą. Płakała długo, jakby we łzach chciała utopić swą tragiczną przeszłość, wszystkie tamte złe dni. Łzami żegnała się z domem rodzinnym, swoim życiorysem, z przeszłością.

Nigdy nie wraca do rozmów na te tematy. Przed spotkanymi znajomymi z dawnych czasów udaje kogo innego. Ze mną, jedyną osobą znającą jej przeszłość, łączy ją specyficzna bliskość.

Są okresy, kiedy mnie unika. Czasem nie widujemy się po dwa, trzy lata. Są to okresy, w których udaje się jej zapomnieć choć trochę o przeszłości. Jest wtedy szczęśliwa i cieszy się dzisiejszą rzeczywistością. Czasem jednak nachodzi ją bezgraniczna tęsknota za utraconymi bliskimi, rodzeństwem, rodzicami, za środowiskiem, w którym wzrastała od dziecka. Wówczas odwiedza mnie, szuka ze mną kontaktu. Moja osoba łączy się z jej domem rodzinnym, przypomina bliskich, łączy się z trudnymi do wymazania z pamięci – tamtymi czasami. Dobrze ją rozumiem! Szanuję jej rozdwojoną jaźń.

Nigdy jej nie narzucam swego towarzystwa, bo wiem, że jeśli mnie unika, to znaczy, że jest szczęśliwa, bo żyje życiem męża, córki, swego obecnego otoczenia.

*
**

Kołem przy ulicy Elektoralnej 24 opiekował się nauczyciel z zawodu, **Jan Izaak Kiernicel**, absolwent Uniwersytetu Warszawskiego, magister polonistyki. Erudyta, wybitnie zdolny, rokujący dużą przyszłość naukową. Na rok przed wojną zaczął pracować nad pracą doktorską u profesora Wacława Borowego. Miał duże zdolności literackie. Posiadał szeroki zakres zainteresowań, co czyniło zeń niezwykle ciekawego człowieka.

Pochodził z bogatej rodziny inteligenckiej, z którą od młodzieńczych lat nie mógł się zgodzić w kwestiach światopoglądu.

Kiedy jeszcze studiował, odziedziczył duży spadek po rodzinie. „Nie zdobyłem go własną pracą, jakże więc mogę go przyjąć" – mawiał do swoich kolegów, aż wreszcie ku przerażeniu dalszej rodziny cały majątek oddał na cele społeczne.

Miał umysł skłonny do filozofowania, życiowo był tym, o którym się mówi – niedołęga. Nie umiał się rozbijać łokciami, zawsze skromny, żarliwy wielbiciel wiedzy. Łączył zainteresowania naukowe z pracą społeczną. Ubóstwiała go młodzież (uczył w starszych klasach liceów), szanowali i doceniali koledzy. Był wielką indywidualnością. Boleśnie znosił wszystkie przejawy antysemityzmu, tym bardziej że czuł się całkowicie Polakiem. Wojna zastała go na ćwiczeniach wojskowych. Przeszedł bojowy szlak, aż po obronę Warszawy, często szykanowany i prześladowany za pochodzenie. Zamknięcie w gettcie przeżył tragicznie.

Przez długie tygodnie po wtłoczeniu go siłą wraz z innymi do getta żył w jakimś oderwaniu od rzeczywistości. Całymi dniami chłonął dzieła z dziedziny filozofii i historii, szukając w nich rozwiązania zaistniałych wydarzeń politycznych.

Może od razu na samym początku pobytu za murami popadłby w jakiś rozstrój nerwowy lub popełnił jakiś desperacki krok, gdyby nie rozpoczęcie pracy wśród młodzieży. Otoczenie, widząc jego rozpaczliwy stan psychiczny, zdopingowało go do pracy na terenie komitetu domowego. Ten rozkochany w młodzieży nauczyciel, urodzony pedagog, widząc tyle młodych dziewcząt i chłopców ze swego domu żyjących bez celu, z dnia na dzień, szybko ulegających załamaniu, zrozpaczonych sytuacją, przemógł się. Obudziła się w nim jego dusza chłonna na wszystko, co najlepsze, najpiękniejsze, najbardziej wartościowe. Zaczął organizować koło młodzieży. Potrafił tak jak nikt porwać ich do pracy, do czynu.

Bardzo szybko jego koło zaczęło przodować.

Jego członkowie zajmowali się nauczaniem dzieci, które z powodu choroby nie mogły uczęszczać na żadne organizowane komplety. Badając dokładnie sytuację rodzinną mieszkańców swego terenu, wyszukiwali sieroty, które znajdowały się w najtragiczniejszych warunkach, zarówno bytowych, jak i wychowawczych. Z początku, po wielu staraniach w tamtejszych instytucjach opieki nad dzieckiem, umieszczali je w zakładach. Potem bywało to praktycznie prawie niemożliwe ze względu na zatłoczenie ponad wszelką miarę wszystkich istniejących tam domów opieki.

Ale wielki społecznik Jan Izaak oraz dzielna jego młodzież nie przechodzili obojętnie koło żadnego dziecka, pozostającego w tragicznym położeniu.

Bardzo szybko nawiązali potrzebne i skuteczne kontakty z tzw. stroną aryjską i dzieci zupełnie bez opieki wysyłano do zakładu poza mury getta.

Poza konkretnym ratowaniem maleńkich istot – była to piękna robota o doniosłym zasięgu społecznym.

Koło to przodowało, jeśli chodzi o organizowanie życia kulturalno-oświatowego oraz intelektualnego. Działał stale klub dyskusyjny, w którym w każdy wtorek i czwartek odbywały się prelekcje na najrozmaitsze tematy, od filozoficznych począwszy, poprzez literackie, historyczne i inne.

W tym kole, też ze względu na osobę opiekuna, odbywały się interesujące wieczory literackie, przeważnie z okazji różnych rocznic. Nigdy nie zapomnę jednego z takich wieczorów, poświęconych rocznicy rewolucji październikowej. Już sama koncepcja zorganizowania takiej uroczystości w zamkniętym, dotkniętym samymi nieszczęściami getcie, gdzie każde większe zbiorowisko ludzkie było surowo zakazane, jest godna zapamiętania. Po wyczerpującym, wprowadzającym doskonale w zagadnienie referacie samego opiekuna nastąpiła bogata część artystyczna.

Zarówno sam wybór wierszy Tuwima i innych poetów, jak i poziom wykonania były imponujące.

Jeszcze dziś słyszę i widzę śliczną okołopiętnastoletnią dziewczynkę, która z takim uczuciem, przejęciem i zrozumieniem recytowała poezję rewolucyjną Broniewskiego, że w naszym zakonspirowanym lokalu zdawało nam się, że tuż za progiem zobaczymy upragnioną wolność. A potem cicho, ale jakże pięknie, z jakim talentem wykonana, zabrzmiała *Etiuda rewolucyjna* Chopina.

Żadne pióro nie jest chyba w stanie odtworzyć nastrojów, skali przeżyć, jakie się rodziły w taki wieczór. W wieczór, który dzięki sztuce, poezji wyzwalał w człowieku wszystko, co jest w nim najlepsze, ale niestety tylko po to, by zaraz za progiem zdławił to mur najpotworniejszej nienawiści i zbrodni.

Po kilku miesiącach intensywnej pracy, wzajemnego poznania się i dobrej orientacji rozpoznawczej wszystkich członków koła Jan Izaak zrobił bardzo rozumne posunięcie. Podzielił zespół na grupy zgodnie z ich zainteresowaniami i możliwościami.

I odtąd jedni zajmowali się organizowaniem opieki nad opuszczonymi dziećmi, inni uczyli dzieci chore, inni przygotowywali wieczory dyskusyjne i literackie. A ci najbardziej bojowo nastawieni, których interesowało ponad wszystko życie polityczne, stali się drużyną pracy konspiracyjnej koła. Co oni robili?

Zajmowali się kolportażem prasy podziemnej. W dyżurce dozorcy domu, który oddał lokal z całą świadomością, że służyć będzie do bardzo niebezpiecznych akcji, był główny punkt przeładunkowo-wysyłkowy. Z czasem w lokalu tym powielano też niektóre ciekawsze artykuły, zarówno z prasy wychodzącej po stronie aryjskiej, jak i wydawanej na terenie getta. Miało to istotne znaczenie dla tamtego życia politycznego, ponieważ ze względu na konieczność z jednej strony zachowania jak największej ostrożności, a z drugiej ze względów czysto praktycznych bardzo mała liczba tzw. gazetek mogła zostać dostarczona. Z trudem wielkim udawało się przenieść za jednym razem najwyżej kilka sztuk.

Ta kilkuosobowa grupa musiała być wyjątkowo zakonspirowaną komórką.

Bezcenną wartością koła były kontakty z Wandą Zieleńczyk (Dziulą)[37]. Ta wspaniała działaczka, komunistka, interesowała się żywo pracą idcową młodzieży getta. Do mieszkania jej rodziców przy ulicy Koszykowej zanosiłam różne materiały o życiu i działalności kół młodzieżowych z Żydowskiej Dzielnicy Mieszkaniowej. Pewnego razu o mało nie zostałam aresztowana. Wyszłam piętnaście minut wcześniej.

Po tragicznym lipcu 1942 większość osób z koła zginęła. Pozostali w zorganizowanej grupie wraz ze swym opiekunem, dzięki brygadom pracy wychodzącym na zewnątrz, opuścili getto.

Kilkoro poszło do lasu. Trzech chłopców, dziewczynka i Jan pozostali w Warszawie. Wszyscy bardzo intensywnie poświęcili się pracy podziemnej. Opiekun z miejsca ułatwił im naukę na tajnych kompletach maturalnych. Dziewczynka zaczęła uczęszczać na kursy pielęgniarskie. Jan z całym zapałem od-

---

[37] Wanda Zieleńczyk, pseudonim Dziula (1920–1943), działaczka młodzieżowa, poetka, aresztowana przez gestapo 21 lipca 1943 i rozstrzelana na Pawiaku 27 sierpnia 1943 r.

dał się pracy w prasie podziemnej, wykładając jednocześnie na zakonspirowanych kompletach w Warszawie, Otwocku i Świdrze.

Przeżywali ciężkie chwile, zdobywając konieczne lokum, pieniądze, nierzadko tropieni przez szantażystów i donosicieli. Wreszcie nadszedł tragiczny okres Powstania Warszawskiego. Dziewczynka, po odpowiednim wyszkoleniu, stanęła do pracy w Służbie Sanitarnej. Nigdy nie udało mi się niczego o niej dowiedzieć. Trzech młodych chłopców razem z Janem znalazło się na terenie Starego Miasta. Podobno bardzo dzielnie tam walczyli prawie do ostatnich dni powstańczej walki. Tuż przed krwawym końcem Starówki jeden z chłopców, najmłodszy, wysłany z meldunkiem, nigdy już więcej nie wrócił do swej rodzinnej bazy; drugi z nich zginął w dniu zakończenia walk. Trzeci przeszedł kanałami z jedną z ostatnich grup powstańczych i potem znalazł się w oddziałach Wojska Polskiego maszerujących na Berlin. Walcząc z bronią w ręku, pisał jednocześnie ciekawe reportaże z frontu do wojskowej prasy. Spotkałam go jeszcze jeden raz po zakończeniu wojny w Komitecie Żydowskim, szukająccgo swoich bliskich. Niestety nikogo w Polsce nie znalazł. Niedługo potem wyjechał do Francji do dalekich krewnych. Tam się ożenił, ma dwoje dzieci i jest szczęśliwy. Jan Izaak zmarł w Warszawie kilka lat po wojnie.

*
**

Wiem, że o ile organizacyjnie wszystkie koła wykazywały pewne zbieżności, to pod względem pracy merytorycznej różniły się między sobą. Ogólnie, poza pewnymi cechami indywidualnymi, były nastawione głównie na pracę ideowo-wychowawczą oraz kulturalno-oświatową.

Zważywszy jednak, że społeczeństwo zamknięte w getcie nie stanowiło jednolitej grupy (jedni czuli się Żydami, ale byli i tacy, którzy nie znali już zupełnie żydowskiego języka i czuli się Polakami, wychowani przez stulecia w polskiej kulturze), treść pracy ideowo-wychowawczej miała różnorodny charakter. Wszystko, co się robiło, miało poważne walory ideowo-wychowawcze. Zakres tych prac, w miarę wzrastającej z miesiąca na miesiąc tragedii, był coraz bogatszy, bo życie podsuwało nowe palące problemy.

Na przykład, w czasie najgorszej, bo najgłodniejszej i najbardziej mroźnej, zimy 1942 r. młodzież całą swą pracę i inicjatywę kierowała na ratowanie najmłodszych dzieci. Jak to robiono? Docierano z imprezami kulturalnymi do środowisk ludzi zamożnych i podwajano ceny za bilety, aby w ten sposób zdobyć jak najwięcej pieniędzy[38].

Ileż trzeba było hartu, samozaparcia, stopnia uspołecznienia graniczącego z bohaterstwem, aby samemu, jakże często głodnemu, maltretowanemu – recytować wiersze lub śpiewać – z myślą – „robię to dla jeszcze głodniejszych ode mnie dzieci".

[Warto podkreślić, że pracy kulturalno-oświatowej kół i komitetów domowych patronowali niektórzy wybitni artyści żydowscy, jak np. Jonasz Turkow[39] – to on dwadzieścia lat później zgłosił kandydaturę Ireny Sendlerowej do wyróżnienia medalem „Sprawiedliwych wśród Narodów Świata" – A.M.].

Ponadto koła dawały poważny wkład w upowszechnienie uspołecznienia młodzieży, walki z egoistycznym nastawieniem niektórych osób, które w straszliwej walce o byt często zapominały o podstawowych cechach niezbędnych do współżycia. Rozbudzały ruch umysłowy i kulturalny wśród młodzieży, przyczyniały się do wytworzenia atmosfery ideowości i zwie-

---

[38] Pisał o tym Antoni Marianowicz w książce *Życie surowo wzbronione*, s. 59–60: „[doktor Janusz Korczak] w swoim domu dziecka urządzał koncerty. Poszedłem raz na taki koncert – bilety dostałem od ojca, który podjął się pomocy w ich dystrybucji. Ta pomoc polegała na tym, że otrzymywał od Korczaka do rozliczenia kilka karnetów i, nie chcąc zawracać sobie głowy, po prostu za nie płacił. Miałem więc zawsze całe mnóstwo biletów, dla siebie i dla przyjaciół".

[39] Jonasz Turkow (1898–1988), aktor, reżyser, dyrektor teatru, po wojnie zamieszkał w Izraelu.

lokrotnienia wysiłków nad przeobrażeniem poczucia beznadziejności. Przykład dobrze pracujących kół działał zachęcająco na koła bierne.

Młodzież ta, nie zawsze rozumiana przez zmaltretowane i zrozpaczone poza granice kresu istnienia ludzkiego społeczeństwo starszych, prześladowana niejednokrotnie przez Służbę Porządkową, ustawicznie ukrywająca się przed okiem okupanta, była wyjątkowo chłonna na każde dobre słowo, dobry odruch, wrażliwa na serdeczność i okazanie serca – była wspaniałą młodzieżą.

Szukano też stale nowych dróg, aby przygotować się do zbrojnej walki. Wspólnie walczono o każdy przeżyty dzień. Tam każdy starał się o to, aby nikt w tej „dużej rodzinie" nie czuł się osamotniony. Wiele dziewcząt i wielu chłopców wojna oderwała od ich dotychczasowych warsztatów pracy lub nauki. Jedni podejmowali każdą pracę, aby żyć, inni przeszli do wyraźnej pracy konspiracyjnej, stając na wszystkich frontach do walki o wolność. Inni podjęli się niebezpiecznego trudu tajnego nauczania, ale wielu z nich było zupełnie apatycznych, zrezygnowanych całkowicie. Tymi trzeba było się specjalnie zajmować, obdarzyć dużą uwagą i otoczyć pomocą, aby mogli przetrwać okres piekła, wyznaczonego im przez los. Ich losy rodzinne były z reguły tragiczne. Tutaj przełamywali opory, nieśmiałości, nieudolności, nabierali cywilnej odwagi do wypowiadania swych poglądów, sądów i opinii. Niejednokrotnie byli już tak zbuntowani, że trzeba było wiele taktu i opanowania, perswazji, aby ich powstrzymać przed niewczesnymi jakimiś szalonymi czynami. W pracy kół szukano sposobów i rad, aby budzić otępiałe już zupełnie rozpaczą środowisko, by w to smutne, beznadziejne życie getta wprowadzić silniejsze tętno wiary w przyszłość. Młodzież czekała w nadziei na lepsze jutro. Mimo trwających wokół bezustannie mordów, rzezi, okrucieństw wierzyli, że zbudują lepszy, wspanialszy świat, że staną się potrzebni w odpowiedniej chwili, coraz bardziej włączali się w narastający nurt podziemnej pracy politycznej getta.

Zauważali powstającą falę bojowego przygotowywania się getta do ostatecznej rozprawy z hitlerowskim ciemięzcą. Niektórzy z nich byli w szeregach bojowych bezpośrednio przygotowujących się do walki zbrojnej. A jednocześnie widzieli otaczające ich zjawiska, że są coraz bardziej osamotnieni, że praca ich jest coraz trudniejsza i niedająca już prawie żadnych realnych możliwości rozwijania się. Coraz trudniej było im znaleźć wspólny język i porozumienie z pokoleniem starszych. Jedni chętnie, a drudzy coraz oporniej przystępowali do pracy. Trudniej było znaleźć zwartość i solidarność młodzieży między sobą.

Na getto nadciągały ostatnie straszliwe chmury[40].

---

[40] Są to obszerne fragmenty (uzupełnione i poprawione) wspomnień Ireny Sendlerowej, które w 1981 ogłoszone zostały w „Biuletynie Żydowskiego Instytutu Historycznego", nr 2, s. 89–118. (*O działalności kół młodzieży w getcie warszawskim*). W ostatnim (opuszczonym ze względów redakcyjnych) fragmencie Irena Sendlerowa pisała: „Dalsze dzieje kół, po pierwszej likwidacji, trwającej od lipca 1942 do jesieni tego roku, związane są ściśle z ogólną tragedią getta. Po straszliwych, krwawych wywózkach i wielkiej deportacji praktycznie zarówno komitety domowe, jak i koła młodzieży przestały istnieć. Zdziesiątkowani pozostali mieszkańcy getta byli wcieleni do pracy w tzw. szopach (były to warsztaty rzemieślnicze, które pracowały dla Niemców na terenie getta – A.M.), aby za kilka miesięcy, jako pierwszy ośrodek oporu na terenie Warszawy, chwycić za broń i rozpocząć krwawą walkę z wrogiem. W szeregach bohaterskich powstańców getta znalazło się wiele dziewcząt i chłopców z kół młodzieżowych". W innym miejscu swoich wspomnień Irena Sendlerowa opisuje kąciki zabaw dla najmłodszych dzieci, które prowadziły m.in. Romana Wisznacka i Estera Merkin. Przed wojną były one asystentkami prof. Władysława Witwickiego, słynnego psychologa na Uniwersytecie Warszawskim. Profesor interesował się losem swoich dawnych studentek i ich pracą wychowawczą prowadzoną na terenie getta. Wspomagał je, przesyłając zabawki dla dzieci (rzeźbione przez siebie laleczki) i żywność.

Wielka Akcja

Egzemplarze „Dziennika Polskiego", Londyn 1942 r. Fot. R. Szaybo

Zimą roku 1942 warunki życia w getcie pogarszały się coraz bardziej. Dorośli i dzieci umierali z głodu, zimna, chorób. W styczniu podjęta została przez Wydział Opieki akcja walki z żebractwem dzieci w różnych dzielnicach miasta. Inicjatywa, jak opisał to już po wojnie Jan Dobraczyński, wyszła od policji niemieckiej. „Jej komendant zwrócił uwagę, że po ulicach Warszawy kręci się ogromna ilość żebrzących dzieci. Akcja została zaplanowana w sposób następujący. Pewnego styczniowego, zimnego i śnieżnego dnia wysłaliśmy na miasto kilka ciężarówek miejskich. W każdej z nich jechały dwie wydziałowe opiekunki społeczne w towarzystwie granatowego policjanta. Spotkane dzieci były zabierane i przywożone do Zakładu Rozdzielczego na ulicę Przebieg. Tu po wykąpaniu, przebraniu i nakarmieniu miały przebywać przez trzy dni. W ciągu tego czasu zmobilizowani lekarze, psycholodzy i opiekunki mieli przebadać całą grupę. Zaledwie nasze budy zaczęły wjeżdżać na podwórze Zakładu Rozdzielczego i pierwsze dzieci zaczęły z nich wysiadać – odkryłem rzecz przerażającą: prawie połowa przywiezionych były to dzieci żydowskie! Cała Warszawa wiedziała, że dzieci żydowskie wymykają się z getta na żebraninę i chętnie udzielała im pomocy. Do końca akcji zebrało się ponad trzydzieścioro dzieci żydowskich. Zostały nakarmione i przesiedziały kilka godzin w cieple. Zatelefonowałem do Janusza Korczaka (jeszcze istniało połączenie telefoniczne z gettem), powiedziałem mu o dzieciach. Odpowiedział, że gotów jest je przyjąć. Ustaliliśmy, że dzieci przejdą dziurą w murze tuż obok ściany Zakładu (same dzieci powiedziały mi o tej dziurze). Gdy już było całkiem ciemno, na pół godziny przed godziną policyjną wyszedłem z dziećmi. Dziura była zamaskowana kupą czarnego, zlodowaciałego śniegu. Ktoś z naszych, stojących pod murem, zawołał cicho. Odpowiedział mu głos: – Tu jesteśmy, od Doktora. Dzieci jedno za drugim znikały w dziurze: podchodziły do kupy śniegu i nagle rozpływały się w mroku. – Idzie ostatnie! – zawołałem. – Już przeszło, dobrze jest – odpowiedziano zza muru. Potem jeszcze zawołało dziecko – ta ostatnia, ładna, może dziewięcioletnia dziewczynka, która cały czas stała przy mnie i informowała mnie o rozmaitych sprawach życia w getcie: – Do widzenia z panem"[41].

Pytam panią Irenę, czy pamięta to wydarzenie. – Jak najbardziej! – odpowiada. – To była wielka między nami kontrowersja, a nawet bardzo nieprzyjemna awantura. Nie mogłam zrozumieć, dlaczego całej grupy tych dzieci nie skierowano do jednego z zakładów opiekuńczych, z którymi współpracowaliśmy. Dobraczyński tłumaczył się, że wykonał polecenie przełożonych, którzy działali w tej sprawie na wyraźny rozkaz Niemców. Obiecano Dobraczyńskiemu, że jeżeli dzieci jeszcze tego samego dnia wrócą do getta, nie spotka ich żadna krzywda.

Tak było zimą. Kilka miesięcy później sytuacja dorosłych i dzieci w getcie uległa jeszcze bardziej dramatycznej zmianie.

– Zarówno ja, jak i moi łącznicy obserwowaliśmy pogarszający się stan dosłownie z dnia na dzień ich bytowania – mówi Irena Sendlerowa. – Pewnego razu, latem, otrzymałam polecenie pilotowania obecności w getcie pewnego mężczyzny. Został wprowadzony przez zaufaną osobę (tunelem pod ulicą Muranowską), aby zapoznał się naocznie z tragicznymi warunkami codziennego życia Żydów. Byłam jedną z kilku osób, które towarzyszyły mu incognito. Każdy z nas miał jako znak rozpoznawczy białą chusteczkę. I mężczyzna ten szedł jakby tropem wyznaczonym przez „przewodnika". Po jakimś czasie przejmował go ktoś inny.

---

[41] Jan Dobraczyński, *Tylko w jednym życiu*, Warszawa 1970, s. 231–232.

Chodziło o to, aby zapewnić mu bezpieczeństwo, aby nie wpadł przypadkiem, nie znalazł się w sytuacji bez wyjścia. To był Jan Karski[42]. Kurier komendanta Armii Krajowej. Ale o tym dowiedziałam się dopiero po wojnie[43].

Pomocą dla bezbronnej ludności żydowskiej w warszawskim getcie zajmowały się różne organizacje podziemne, które działały po aryjskiej stronie. Pomoc ta jednak była ciągle niewystarczająca. Ratowały się pokrewne grupy zawodowe, np. artyści ratowali artystów, prawnicy – prawników, lekarze – lekarzy.

W nocy, w środę 22 lipca 1942 roku, Niemcy (oddział ukraiński i bojówki SS) rozpoczęli Wielką Akcję wywózek do Treblinki.

---

[42] Jan Karski (prawdziwe nazwisko Kozielewski, 1914–2000), w czasie wojny dwukrotny kurier z okupowanej Polski. Pomiędzy 20 a 25 sierpnia 1942 r. Karski był w getcie dwukrotnie. 1 października 1942 wyruszył na Zachód (do Londynu dotarł w listopadzie!), z misją ogłoszenia światu prawdy o tragedii Żydów. „Spotkał się z przedstawicielami Rządu Polskiego i dziennikarzami oraz politykami angielskimi. Jego sprawozdanie zrobiło ogromne wrażenie – ale nie miało wpływu na zmianę polityki wojennej aliantów, choć rząd polski przekazał im propozycje strategiczne mające na celu wstrzymanie niemieckiego szału zagłady. Z Londynu udał się Karski do Stanów Zjednoczonych i uzyskał długą audiencję u prezydenta Roosevelta. Ale nawet Żydzi – m.in. Morgenthau – nie mogli uwierzyć jego opowiadaniom. W czerwcu 1982 r. został Karski uhonorowany drzewkiem w Alei Sprawiedliwych Yad Vashem" – pisał Natan Gross w artykule *Irena i Jan*, który ukazał się 1 sierpnia 2003 r. w polskojęzycznym, wychodzącym w Tel Awiwie tygodniku „Nowiny – Kurier".

Po wojnie został wybitnym historykiem i politologiem, profesorem Uniwersytetu Georgetown w Waszyngtonie, autorem m.in. książki *Tajne państwo*.

[43] „Od końca 1941 roku rząd [emigracyjny w Londynie] otrzymywał meldunki o masowych zbrodniach dokonywanych na Żydach, a w czerwcu 1942 roku przekazał państwom sojuszniczym notę w tej sprawie. [...] W grudniu 1942 minister [Edward] Raczyński przesłał rządom sojuszniczym obszerną notę, ukazującą dotychczasowy przebieg zagłady Żydów. Szczegółowych relacji o sytuacji w gettach i dokonywanych zbrodniach udzielił władzom polskim, a następnie brytyjskim i amerykańskim, kurier komendanta AK Jan Karski. Dzięki licznym wypowiedziom i wywiadom

Trwała do 21 września. Dziennie z Umschlagplatzu wywożono ponad sześć tysięcy dzieci, kobiet, starców. Zgładzono wówczas ponad trzysta tysięcy Żydów.

Stefan Korboński[44] po wojnie, już na emigracji, przypomniał, z jaką nieufnością i brakiem zrozumienia dla faktów spotykali się ci wszyscy, którzy, nie bez przeszkód i z narażeniem życia, informowali świat o tym, co się dzieje w warszawskim getcie: „Zaczęło się od tego, że wysłałem do Londynu

---

Karskiego opinia publiczna świata anglosaskiego dowiedziała się o postępującej zagładzie Żydów. Władze polskie próbowały nakłaniać zachodnich sojuszników, aby na hitlerowski terror odpowiedzieć odwetem wobec ludności niemieckiej. Te wielokrotnie powtarzane apele spotykały się z konsekwentną odmową rządów alianckich. Mimo nacisków przywódców żydowskich rząd zwlekał natomiast z wydaniem apelu do rodaków w kraju o udzielanie pomocy Żydom. Silna była bowiem obawa przed pogłębieniem rozdźwięków w rządzie, a zwłaszcza w krajowym podziemiu, którego istotną część tworzyły ugrupowania Żydom niechętne lub nawet wrogie". – Andrzej Friszke, *Polska. Losy państwa i narodu 1939–1989*, Warszawa 2003, s. 62.

Wiadomo, że Jan Karski już w 1940 roku w czasie swojej pierwszej misji kurierskiej na Zachód złożył meldunek polskim władzom emigracyjnym o „narastającym zagrożeniu narodu żydowskiego". Jego pierwszy raport zawierał „rzadką i historycznie cenną dokumentację wczesnego etapu terroru". Jego „opowieść o problemie Żydów w ojczyźnie była porażającym wyszczególnieniem okrucieństw i poniżeń, jakim poddano Żydów w okupowanej Polsce. Uwzględnił tam opisy wydarzeń, których był świadkiem. Raport zawierał również przegląd warunków życia Żydów w każdej części okupowanego kraju". Emisariusz informował, że „na przyłączonym do Niemiec zachodzie kraju sytuacja Żydów jest jasna, łatwa do zrozumienia: są oni poza prawem… Żydzi są praktycznie pozbawieni jakiejkolwiek możliwości przeżycia. Z kolei w centralnej Polsce, w Generalnym Gubernatorstwie, Niemcy chcieliby stworzyć coś w rodzaju rezerwatu żydowskiego". E. Thomas Wood, Stanisław M. Jankowski, *Karski. Opowieść o emisariuszu*, Kraków–Oświęcim 1996, s. 73.

[44] Stefan Korboński (1903–1989), prozaik, publicysta. Był jednym z organizatorów Polski Podziemnej w Warszawie. Od połowy 1941 szef Kierownictwa Walki Cywilnej (KWC). Od marca 1945 był wicepremierem polskiego rządu podziemnego i ostatnim Delegatem na Kraj mianowanym przez rząd polski w Londynie.

kilka depesz, jedna po drugiej, zawiadamiających o rozpoczętej 22 lipca 1942 r. likwidacji getta. Ładowano do wagonów towarowych na ulicy Stawki po siedem tysięcy osób i wywożono na wschód, do Majdanka, gdzie wszystkich gazowano. Zdziwiło mnie ogromnie, że wbrew dotychczasowej praktyce BBC nie zrobiło z tych depesz żadnego użytku i o tych wiadomościach nie wspomniało ani słowem. Wysłałem więc oddzielną depeszę, w której domagałem się wyjaśnienia powodów tego milczenia. Zdziwienie moje wzrosło, gdy również i na tę depeszę nie udzielono mi żadnej odpowiedzi. Nie dawałem za wygraną i wskoczywszy na stację, dałem polecenie telegrafistom, by przy każdym połączeniu z Londynem żądali odpowiedzi na wszystkie wspomniane depesze. Ta zabawa trwała kilka dni i, widocznie na skutek codziennych alarmów stacji londyńskiej, rząd nareszcie odpowiedział. Depesza niewiele tłumaczyła. Brzmiała dosłownie: Nie wszystkie wasze depesze nadają się do opublikowania.

Zachodziłem w głowę, co to miało znaczyć. Tutaj wywożą i mordują po siedem tysięcy osób dziennie, a Londyn uważa, że to nie nadaje się do opublikowania! Na głowę poupadali czy co? Dopiero po miesiącu BBC podało wiadomość opartą na naszych informacjach, a wiele miesięcy później wyjaśnił mi rzecz emisariusz rządu, który został zrzucony do kraju na spadochronie: „Depeszom pana nie uwierzono. Nie uwierzył rząd, nie uwierzyli Anglicy. Mówiono, że trochę przesadziliście w propagandzie antyniemieckiej. Dopiero gdy Anglicy otrzymali potwierdzenie tego ze swoich źródeł, zapanowała konsternacja i BBC podało wasze wiadomości"[45].

W Archiwum Ringelbluma zachowało się wiele bezpośrednich relacji z tego okresu. Nie wymagają żadnego komentarza.

Natan, pracownik szopu Ostdeutsche Bautischlerei--Werkstätte, zanotował:

---

[45] Stefan Korboński, *W imieniu Rzeczypospolitej...*, Paryż 1954, s. 253–255.

„W nocy z 5 na 6 września [1942] rozniosła się wieść hiobowa. Wszystkie szopy, «placówki» wychodzące do pracy u Niemców po «aryjskiej stronie», zostaną rozwiązane. Do niedzieli, 6 września, godziny 10.00 rano, wszyscy muszą opuścić swoje mieszkania i stawić się w czworoboku ograniczonym ulicami Miłą, Lubeckiego, Stawki. Tam odbędzie się nowa segregacja robotników i tylko ci, którzy ją przejdą pomyślnie, będą mogli powrócić do domu. Sam mieszkam przy ulicy Miłej; 6 września stałem w oknie od rana i obserwowałem. Żadne pióro, żaden obraz nie odda koszmaru tamtego poranka.

Dziesiątki tysięcy wynędzniałych, zrozpaczonych, nieumytych twarzy. Matki z dziećmi na ręku, płaczące dzieci siłą oderwane od matek. Masy, masy i wciąż masy ciągną w tę i z powrotem, w spojrzeniach bezradność. I nieprzerwanie trwa ten pochód. I odbywają się te segregacje, a część powraca, lecz większość – dziesiątki tysięcy – prowadzona jest na Umschlagplatz"[46].

[46] Archiwum Ringelbluma, *Dzień po dniu Zagłady*. Wybrała i podała do druku Katarzyna Madoń-Mitzner we współpracy z Agnieszką Jarzębowską i Tadeuszem Epszteinem, „Karta" nr 39/2003, s. 52.

Widziałam

Janusz Korczak. Fot. E. Poznański

Okrucieństwo niemieckie nie znało granic. W czasie tragicznych dni upalnego lata 1942 roku „do każdej partii deportowanych dołączano dzieci z ochronek i sierocińców"[47].

Teresa Prekerowa przytacza fragment wydanej przez Armię Krajową, w grudniu 1942, broszury *Likwidacja getta warszawskiego*, w której pod datą 19 sierpnia Antoni Szymanowski pisał:

„Wczoraj zarządzono, aby wszystkie dzieci żydowskie stawiły się jutro na Umschlagplatz. Także wszyscy nieposiadający kart pracy. Zaciekłość w tępieniu małych dzieci jest zdumiewająca. Dziś wieczorem widziałem na rogu Gęsiej i Okopowej grupę ok. 150–200 małych dzieci zbitą w ciasny tłum. Naprzeciwko stało paru Niemców z karabinami wymierzonymi w ten tłumek. Dzieci najwidoczniej szalały ze strachu, płakały, kuliły się, gryzły palce. Na boku stała osobno grupka kobiet – to pewnie matki. Jedna z nich wyrwała się z szeregu, podbiegła do Niemca, by mu coś wytłumaczyć, gestykulowała, wskazywała na jakieś dziecko. Niemiec ryknął na nią tak, jak to oni tylko umieją – i kazał jej wracać do innych. Groził karabinem. Gdy odwróciła się i biegła z powrotem – wystrzelił, kładąc ją trupem"[48].

---

[47] Teresa Prekerowa, *Zarys dziejów Żydów w Polsce w latach 1939–1945*, Warszawa 1992, s. 103.

[48] Teresa Prekerowa, *Konspiracyjna Rada Pomocy Żydom w Warszawie 1942–1945*, Warszawa 1982, s. 35–36.

Irena Sendlerowa opisała, jak zapamiętała Korczaka[49] idącego z dziećmi ze swego Domu Sierot na śmierć. Był już wtedy bardzo chory, a mimo to szedł wyprostowany, z twarzą przypominającą maskę, pozornie opanowany:

Szedł przodem tego tragicznego pochodu. Najmłodsze dziecko trzymał na ręku, a drugie maleństwo prowadził za rączkę. We wspomnieniach różnych osób jest tak, a w innych inaczej, co nie znaczy, że ktoś się mylił. Trzeba tylko pamiętać, że droga z Domu Sierot na Umschlagplatz była długa. Trwała cztery godziny. Widziałam ich, kiedy z ulicy Żelaznej skręcali w Leszno.

Dzieci były ubrane odświętnie. Miały na sobie niebieskie drelichowe mundurki. Cały ten orszak kroczył czwórkami, sprężyście, miarowo, dostojnie na Umschlagplatz – na plac śmierci!

Kto miał prawo wydać taki wyrok bez precedensu w historii? Wszechpotężny władca Niemiec, Adolf Hitler, przeznaczył dzieci żydowskie tak samo jak dorosłych, starców i chorych do komór gazowych.

A co na to świat? Potężne mocarstwa? Świat milczał! A milczenie czasem znaczy przyzwolenie na to, co się dzieje.

Więc jak to się stało, jak to mogło być, że zupełnie małe dzieci i piękna dorastająca młodzież, chluba przyszłości w każdym kraju, tu w Polsce, w Warszawie, w upalny letni dzień 5 lub 6 sierpnia 1942 roku idą zbiorowo na śmierć? Bo poszły już inne dzieci z innych zakładów i internatów. Idą na śmierć, którą im planowo zadali wspaniali uczeni wielkiego państwa niemieckiego. Twórcy największego wynalazku ówczesnego czasu – cyklonu! Duma ich narodu!

A dzieci idą z myślą o tym, co było na przedstawieniu *Poczta* Rabindranatha Tagore[50], które tak niedawno grali w swoim Domu.

---

[49] Janusz Korczak, nazwisko prawdziwe Henryk Goldszmit (1878 lub 1879–1942), lekarz, pedagog.

[50] Przedstawienie *Poczta* odbyło się w Domu Sierot w sobotę 18 lipca 1942. Przygotowała je wychowawczyni Estera Winogronówna, która w końcu lipca została wywieziona do Treblinki.

Aby lepiej zrozumieć cel opowiadania dzieciom wyjątków z tej bajki, przytaczam w skrócie jej treść.

Mały chłopczyk, Amal, jest chory. Musi leżeć w łóżeczku. Jedyną jego rozrywką jest obserwowanie życia przez okno. Za oknem przechodzi pocztylion, dziewczynka z kwiatami, roznosiciel wody, mleczarz. Dzieci, tam za oknem, bawią się. Pachną upajająco kwiaty. Słychać śpiew. Mały chory chłopczyk chłonie to wszystko i przeżywa te zjawiska. Chłopczyk tęskni do swobody, chce uciec na wieś i cieszyć się słońcem, całować kwiaty. Ale srogi i bezmyślny lekarz kazał zabić okiennice i nie wpuszczać do pokoju ani oznak jesieni, ani słońca. A malcowi się zdaje, że wielka góra za oknem ma dłonie wyciągnięte ku niebu!

Amal kocha te dłonie. Wyrywa się z dusznego pokoju, aby pójść drogą, której nikt nie zna. Uspokaja się, kiedy go zapewniają, że przyjdzie czas, gdy lekarz sam go wyprowadzi. A ktoś większy, mądrzejszy przychodzi i uwalnia go.

W tym żałobnym marszu są czasem małe przerwy. Dzieci muszą trochę odpocząć. I ja wtedy sobie wyobraziłam, że Stary Doktor opowiada im, że właśnie przyszedł list od króla i wzywa je tak, jak było w tej bajce, do długiej wędrówki szerokim gościńcem, tam gdzie kwitną piękne kwiaty, szemrze strumyk, a wysoka góra wznosi swe dłonie ku niebu...

Dzieci przecież nie mogą wiedzieć do ostatniej chwili, do chwili, kiedy zbójeckie ręce niemieckiego zbrodniarza zatrzasną za nimi drzwi morderczego wagonu, którego kierunek – Treblinka, co znaczy śmierć.

Dzieci nie mogą znać prawdy do ostatka. Najmłodsze dzieci trzymają w maleńkich rączkach laleczki, które robił dla nich z plasteliny profesor Władysław Witwicki i przesyłał je swoim dwóm asystentkom doktor Romanie Wisznackiej i doktor Esterze Merkinównie.

Zamknięte w getcie, nie traciły czasu. Prowadziły dla najmłodszych tak zwane kąciki zabaw, umilając dzieciom ich smutne tragiczne dzieciństwo.

I maluchy, trzymając te laleczki, robione z miłości specjalnie dla nich przez profesora psychologii Uniwersytetu Warszawskiego, jeszcze nie wiedziały, że już za chwilę bestialskie łapy hitlerowskich oprawców zamkną je w śmiertelnych wagonach pełnych karbidu i wapna i będą jechały w ostatnią drogę swego życia.

Przecież zorganizowane nie tak dawno przedstawienie pod tytułem *Poczta* miało na celu odwrócenie uwagi od tego okrutnego, co dzieje się za oknami ich Domu. A działy się wtedy rzeczy najokropniejsze!

Tragiczne lato tego roku było już prawdziwym piekłem. Ciągłe łapanki uliczne zwykłych przechodniów, głód i tyfus plamisty kosiły ludzi każdego dnia, a do tego ustawiczne strzelanie do ludzi, tak niewinnych i tak bezbronnych.

Odwrócenie uwagi dzieci od tych potworności mógł wymyślić i zrealizować tylko Korczak, serce najczulsze i najwrażliwsze dla wszystkich dzieci na świecie. Jego genialny umysł w tym piekle getta mógł przewidywać najgorsze.

I rzeczywiście, to najgorsze było tuż-tuż. Zbliżało się w zastraszającym tempie do murów getta. I Korczak wybrał taką sztukę, która kończy się optymistycznym akcentem. Bo właśnie przyszedł teraz list od króla – opowiadał dzieciom – który wzywa je i zaprasza do pięknego wyzwolonego kraju.

Byłam wtedy na tym przedstawieniu. A gdy 6 sierpnia 1942 roku na ulicy widziałam ten tragiczny pochód, jak niewinne dzieci szły posłuszne w śmiertelnym marszu i słuchały optymistycznych słów Doktora, nie wiem, jak mnie i innym naocznym świadkom tego pochodu nie pękły serca.

Ale serca nie pękły, tylko zostały myśli do dziś niezrozumiałe dla normalnego człowieka.

Z wszystkich moich najbardziej dramatycznych przeżyć wojennych, jak tortury na Pawiaku, w gestapo w alei Szucha, umierająca młodzież w szpitalu powstańczym, w którym byłam pielęgniarką, nie zrobiły na mnie takiego wrażenia, jak widok tego pochodu Korczaka, z dziećmi idącymi spokojnie na spotkanie śmierci.

Nie mogę tego zrozumieć, że tamtego dnia świadkowie marszu żałobnego nie zrobili nic. Ulica osłupiała, ale milczała! Wiem, że ulica nie mogła nic pomóc[51]. Była bezbronna, zastraszona, sterroryzowana. Wymęczona trzema latami walki o każdy dzień życia. Podziemie w getcie już działało, ale nie miało jeszcze możliwości stawić czoła potędze Niemiec. Nie było broni.

Trzeba to wprost i odważnie powiedzieć: umierający w gettach Żydzi byli samotni! Nawet finansjera żydowska w Wielkiej Brytanii i w Stanach Zjednoczonych nie uwierzyła słowom naocznego świadka zbrodni, dokonywanych każdego dnia wojny na Żydach, w okupowanej przez hitlerowców Polsce.

I ja to widziałam…

---

[51] W wywiadzie udzielonym Tomaszowi Szarocie Irena Sendlerowa mówiła m.in.: „Zwykle chodziłam do getta po południu, po swojej normalnej pracy, lecz tego dnia byłam przed południem. Szłam Lesznem do Żelaznej, kierując się do wyjścia między Chłodną a Żelazną, gdzie była wacha, brama, przez którą miałam wyjść z getta. [...] Na ulicach byli nieliczni przechodnie. Każdy podążał w swoim kierunku. Nikt nie przystawał. Ludzie się bali. Byłam świadoma, że Korczak z dziećmi idą na śmierć, gdyż inne zakłady dziecięce były już wcześniej kierowane na Umschlagplatz". – *Ostatnia droga Doktora*. Rozmowa z Ireną Sendlerową – Jolantą, kierowniczką referatu dziecięcego w Żegocie, o ostatnich dniach Janusza Korczaka", „Polityka" nr 21, 24 maja 1997.

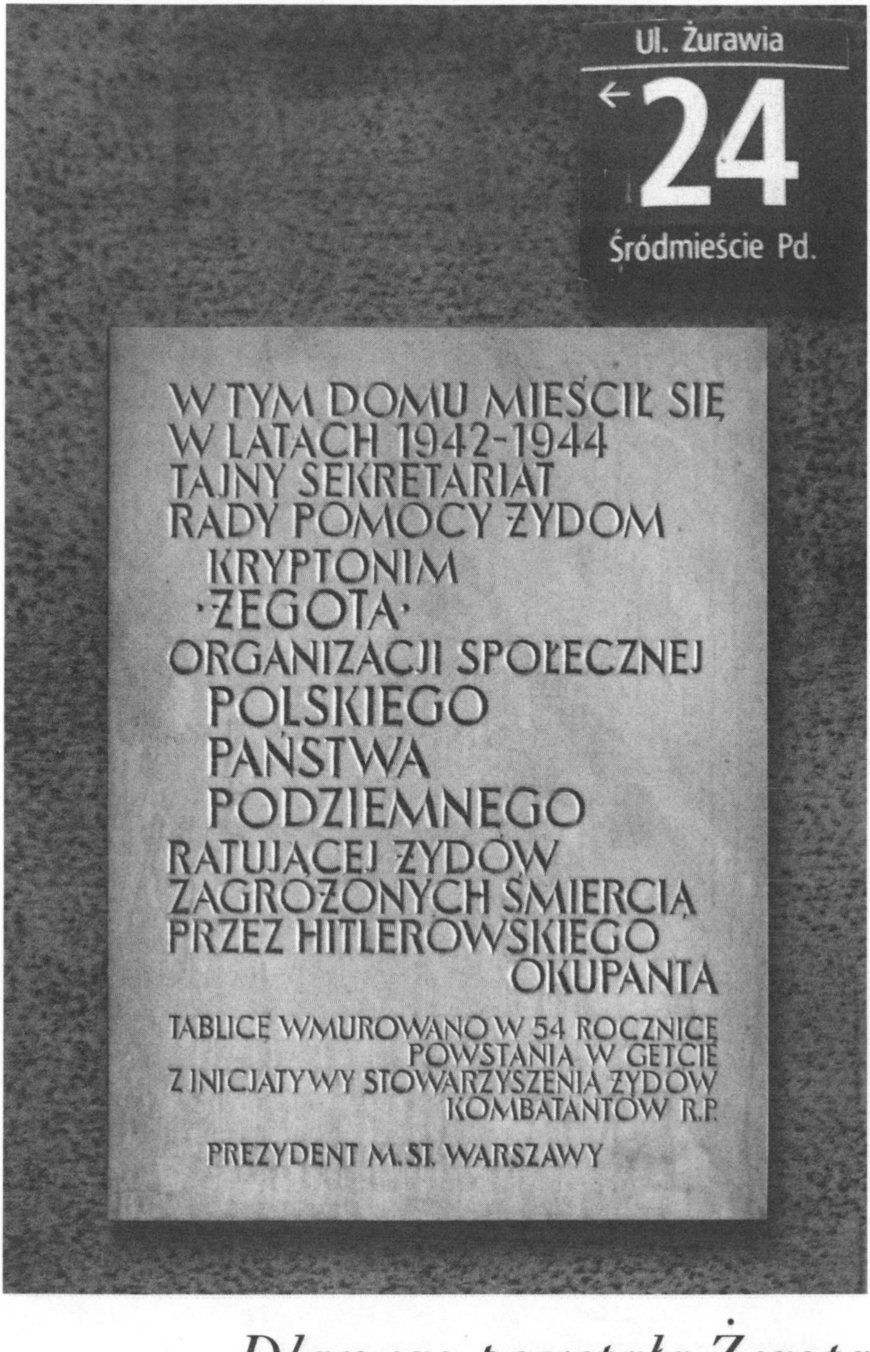

Dlaczego powstała Żegota

Tablica Żegoty przy ul. Żurawiej 24 w Warszawie. Fot. R. Szaybo

Po Wielkiej Akcji zostali w dzielnicy żydowskiej tylko robotni-
cy, zatrudnieni w zakładach pracujących dla potrzeb Niemców,
i nieliczne ich rodziny oraz trochę ukrywających się osób, bez
przydziału pracy. Oficjalnie pozostało w getcie około czterdziestu tysięcy ludzi, historycy szacują, że jeszcze około trzydziestu
tysięcy przebywało tam nielegalnie. Ta akcja była ogromnym
wstrząsem dla sterroryzowanego społeczeństwa polskiego
i działaczy konspiracyjnych, którzy poczuli się bezsilni wobec
ogromu tragedii.

Już po Wielkiej Akcji, w październiku 1942 roku, Niemcy
nasilili kontrole. Wprowadzono ścisły nadzór nad pracami
Wydziału Opieki. Sprawdzano w terenie, czy deklarowana pomoc dociera tam, gdzie podawano. Groziła poważna wpadka,
która mogła skończyć się tragicznie nie tylko dla pracowników, ale przede wszystkim dla tysięcy ich żydowskich podopiecznych. Potrzeby były ogromne, a środków coraz mniej.

– Jedna z moich koleżanek, Stefa Wichlińska[52] – wspomina pani Irena – była zorientowana w mojej trudnej sytuacji.
Wiedziała, że nieoficjalnie pomagam Żydom. Poinformowała
mnie o działalności nowo powstałej organizacji, powołanej
m.in. z inicjatywy znanej pisarki Zofii Kossak-Szczuckiej,
która nazywa się Żegota[53]. Było to już w grudniu 1942 roku.

---

[52] Stefania Wichlińska była łączniczką Zofii Kossak-Szczuckiej, o czym Irena Sendlerowa wówczas nie wiedziała.

[53] Żegota była konspiracyjną organizacją społeczną, która powstała z inicjatywy Zofii Kossak-Szczuckiej i Wandy Krahelskiej-Filipowicz. W jej

Podała mi adres w Śródmieściu, pod który miałam się zgłosić (Żurawia 24 m. 4, piętro trzecie) i zapytać o Trojana. Gdy przyszłam, drzwi otworzył mi – jak się później dowiedziałam – Marek Arczyński[54] i zaprowadził do maleńkiego pokoju w końcu mieszkania (był to duży, pięciopokojowy lokal). Stanęłam przed Trojanem, czyli Julianem Grobelnym. Opowiedziałam mu szczegółowo o naszej konspiracyjnej pomocy Żydom i trudnościach, jakie mamy wskutek drastycznych cięć finansowych narzuconych nam przez Niemców. Trojan wysłuchał mnie uważnie i zadał szereg pytań. Po czym powiedział: „Zrobimy wspaniałą robotę razem, bo wy macie zaufaną sieć koleżanek, a my mamy pieniądze". Później powierzył mi prowadzenie referatu pomocy dzieciom żydowskim. W ten sposób stałam się bardzo aktywną działaczką społecznego Komitetu Pomocy Ludności Żydowskiej im. Konrada Żegoty.

Zofia Kossak-Szczucka, znana pisarka (o poglądach sprzed wojny niesprzyjających Żydom!), pisała już w sierpniu 1942 roku: „Świat patrzy na tę zbrodnię, straszliwszą niż wszystko, co widziały dzieje, i – milczy. Rzeź milionów bezbronnych ludzi dokonywa się wśród powszechnego, złowro-

---

kierownictwie znaleźli się przedstawiciele różnych partii działających w konspiracji (Bund, Front Odrodzenia Polski, Polska Partia Socjalistyczna, Stronnictwo Demokratyczne i Związek Syndykalistów Polskich). Pierwszym zadaniem była możliwie wszechstronna pomoc Żydom przez zabezpieczanie im miejsca pobytu poza gettem. Ale szybko okazało się, że ogrom potrzeb przerastał możliwości finansowe inicjatorów. Organizacja miała swoje oddziały terenowe. We Lwowie kierowała nim Władysława Laryssa Chomcowa, a w Krakowie Stanisław Wincenty Dobrowolski.

[54] Ferdynand Arczyński (1900–1979), pracownik krakowskiej dyrekcji kolejowej i działacz sportowy, dziennikarz, od 1939 członek Stronnictwa Demokratycznego. Od 1942 przebywał w Warszawie, został skarbnikiem RPŻ. Po wojnie używał okupacyjnego imienia Marek.

giego milczenia. Milczą kaci, nie chełpią się tym, co czynią. Nie zabierają głosu Anglia ani Ameryka, milczy nawet wpływowe międzynarodowe żydostwo, tak dawniej przeczulone na każde krzywdy swoich"[55].

To były bolesne słowa, wypowiedziane późno. Gdyż tym, co zginęli, pomóc nie było można. Ale świadomość zagrożenia życia tych, którzy pozostali, nakazywała działać. Szybko i skutecznie. Skuteczność ograniczały środki. A raczej ich niewystarczająca ilość. Nastąpiło mocne przebudzenie świadomości wielu działaczy. Zrozumiano pilną potrzebę utworzenia ponad podziałami politycznymi specjalnej, tajnej organizacji do spraw pomocy Żydom. Powołano konspiracyjną instytucję, która środki finansowe otrzymywała wprost od władz Polski Podziemnej, jej bezpośrednim zwierzchnikiem była Delegatura Rządu RP na emigracji. To do niej wpływały wpłaty od organizacji żydowskich działających w Stanach Zjednoczonych.

Zofia Kossak wzywała kategorycznie: „Kto milczy w obliczu mordu – staje się wspólnikiem mordercy. Kto nie potępia, ten przyzwala".

27 września powstał Tymczasowy Komitet Pomocy Żydom z Zofią Kossak-Szczucką[56] i Wandą Krahelską-Filipowiczową[57]

---

[55] Z inicjatywy Frontu Odrodzenia Polski wydrukowano i rozpowszechniano ulotkę „Protest" autorstwa Zofii Kossak-Szczuckiej. Cyt. za wyborem źródeł *Polacy–Żydzi 1939–1945* w oprac. Andrzeja K. Kunerta z przedmową Władysława Bartoszewskiego, Warszawa 2001, s. 213.

[56] Zofia Kossak-Szczucka (1890–1968), pisarka. W czerwcu 1945 r. Jakub Berman (brat Adolfa Bermana!) za ratowanie dzieci żydowskich zaproponował pisarce umożliwienie ucieczki z Polski (groziło jej aresztowanie przez UB). Wyjechała z córką 15 sierpnia 1945 najpierw do Szwecji, a potem do Wlk. Brytanii, skąd wróciła do Polski 21 lutego 1957. Inf. z jedynej książki biograficznej poświęconej autorce wielu powieści pióra Mirosławy Pałaszewskiej (*Zofia Kossak*, Warszawa 1989, s. 187).

[57] Wanda Krahelska-Filipowiczowa (1886–1968), działaczka społeczna, publicystka.

na czele, który 4 grudnia 1942 roku przekształcił się w Radę Pomocy Żydom[58]. Patronem był fikcyjny Konrad Żegota. W pierwszym radiogramie, który 31 października 1942 roku wysłano do Londynu na ręce wicepremiera emigracyjnego rządu Stanisława Mikołajczyka, proszono o „zasiłek pół miliona złotych miesięcznie"! Taka była skala potrzeb. Do 4 grudnia Delegatura Rządu na Kraj wyasygnowała jedynie siedemdziesiąt tysięcy (i to w dwóch ratach!). Pieniędzy nie starczało aż do końca wojny, ale nie brakowało znakomitej organizacji. Starano się o fundusze na różne sposoby. Każdy z członków Rady miał wyznaczoną funkcję. Kiedy Irena Sendlerowa została kierowniczką Referatu Dziecięcego[59], jego budżet wynosił około osiemdziesięciu tysięcy złotych miesięcznie, a w pierwszych miesiącach roku następnego (1943) przekroczył sto tysięcy. A wiadomo, że przed samym Powstaniem Warszawskim sięgał dwustu pięćdziesięciu tysięcy.

Najbardziej zdumiała mnie informacja o skrupulatnie prowadzonej księgowości w tamtych wojennych warunkach...

Wszyscy zajmujący się przekazywaniem stałych sum pieniędzy (pięćset złotych, w wyjątkowych sytuacjach – tysiąc złotych) odbierali pokwitowania od podopiecznych lub ich opiekunów, które były dokładnie zapisywane w specjalnych

---

[58] Członkami Rady Pomocy Żydom byli m.in.: Ferdynand Arczyński, Władysław Bartoszewski, Adolf Berman, Witold Bieńkowski, Leon Feiner, Piotr Gajewski, Szymon Gottesman, Julian Grobelny, Emilia Hiżowa, Roman Jabłonowski, Janina Raabe-Wąsowiczowa, Ludwik Rostkowski, Zofia Rudnicka, Tadeusz Sarnecki, Stefan Sendlak.

[59] Pierwszą kierowniczką Referatu Dziecięcego była Aleksandra Dargielowa (1890–1959), nauczycielka i działaczka społeczna, ale zrezygnowała, nie mogąc pogodzić tej funkcji z pracą w Radzie Głównej Opiekuńczej (RGO). Oficjalnie Referat do Spraw Dzieci powstał dopiero 16 sierpnia 1943 r. Ale RPŻ od samego początku za jedno z ważniejszych zadań uznała ratowanie dzieci i pomoc dla nich była organizowana od pierwszych dni.

zeszytach. Prowadził je między innymi współpracownik RPŻ, przedwojenny adwokat, Maurycy Herling-Grudziński[60].

Irena Sendlerowa: – Przyznawane dla dzieci pieniądze odbierałam bezpośrednio od Grobelnego i przed nim z nich się rozliczałam. Zbierałam dokumentację, bo to leżało w moim interesie. Przez moje ręce przechodziły duże sumy, czułam ulgę, gdy mogłam wykazać, że dostali je ci, dla których były przeznaczone.

Niestety, przechowywana w jednym z domów na Boernerowie (obecnie Bemowo) dokumentacja Referatu Dziecięcego zaginęła. Szkoda, bo były tam pokwitowania podpisywane przez starsze dzieci, a w przypadku maluchów pomoc kwitowali ich opiekunowie[61].

Dzisiaj, po ponad sześćdziesięciu latach, trudno jest udokumentować, ilu Referat Dziecięcy Rady liczył działaczy.

---

[60] Maurycy Herling-Grudziński po wojnie był sędzią Sądu Najwyższego. Swoją rolę w Żegocie ujawnił dopiero w 1976 roku. Wiadomo, że pomagał ok. 500 Żydom. Był bratem znanego po wojnie pisarza emigracyjnego Gustawa Herlinga-Grudzińskiego. [Wspomina o tym Zdzisław Kudelski, autor książki o pisarzu, ogłaszając niedrukowaną notatkę pana Gustawa, sporządzoną ma marginesie lektury *Studia o Herlingu-Grudzińskim* (wyd. w Lublinie w 1998 r.), w dodatku do „Rzeczpospolitej", „Rzecz o książkach" nr 155, 5–6 lipca 2003]. Wcześniej pisała o tym Teresa Prekerowa w krótkim opracowaniu *Komórka „Felicji"*, „Rocznik Warszawski" 1979, t. XV.

[61] Teresa Prekerowa, powołując się na wspomnienia Heleny Grobelnej, która poinformowała ją, że archiwum Żegoty przechowywane było u Władysława Lizuraja na Bemowie, pisała: „Położone na uboczu Bemowo uważane było przez działaczy RPŻ za miejsce stosunkowo bezpieczne. Szkoda, że przepadły dokumenty najliczniejszej i najbardziej rozgałęzionej komórki Rady – komórki prowadzonej przez PPS–WRN. Jest to zarówno dla historii Rady, jak i całej akcji pomocy Żydom niepowetowana strata". *Konspiracyjna Rada Pomocy Żydom w Warszawie 1942–1945*, s. 140. W jednym ze wspomnień Irena Sendlerowa pisała m.in.: „Dla uzyskania pomocy materialnej z RPŻ niepotrzebne były, rzecz jasna, żadne wywiady ani dokumenty. Dla naszej tylko wewnętrznej dyscypliny i pewnej kontroli prezydium RPŻ osoby, które pobierały z tego źródła świadczenia, dawały własnoręczne pokwitowania ze swoim pseudonimem, który z kolei był znany łącznikom". „Biuletyn Żydowskiego Instytutu Historycznego" 1963, nr 45/46, s. 234–247.

Praca w ramach RPŻ była na pewno pierwszoplanowa dla Ireny Sendlerowej – pisała Teresa Prekerowa – której inicjatywie, ofiarności i całkowitemu oddaniu referat zawdzięczał swój rozmach i zasięg. Z grona kilkunastu osób, które z nią współpracowały, tylko dwie, może trzy, cztery, były zorientowane w sprawach RPŻ. A reszta, która współdziałała – nawet blisko – rozprowadzając zapomogi i opiekując się ratowanymi dziećmi, nie wiedziała nic o istnieniu RPŻ. – Takie były wymogi konspiracji – podkreśla pani Irena. – Jej podstawową zasadą było milczenie o własnej pracy. Miało to swoje konsekwencje już po moim aresztowaniu przez gestapo. Bliskim mi koleżankom sporo czasu zajęło dotarcie do jedynego człowieka, który mógł pomóc w mojej sprawie. Z perspektywy kilkudziesięciu lat, gdy zastanawiam się teraz, jaką rolę odegrała działalność Żegoty, uważam, że miała znaczenie ogromne. Zarówno dla Żydów, jak i Polaków. Powstanie tej organizacji dawało szansę ratunku tym, którzy ocaleli po tragicznym okresie Wielkiej Akcji. Była to nie tylko pomoc doraźna. Stały kontakt z osobami dostarczającymi zapomogi dawał poczucie bezpieczeństwa, że ktoś o nich pamięta i stara się pomóc w obliczu śmiertelnego zagrożenia. Pomoc materialna od Żegoty była minimalna, ale systematyczna. Te kwoty, które otrzymywali nasi podopieczni, były niewystarczające w ich sytuacji stałego ukrywania się i niewspółmierne do stale rosnących cen. Pamiętam, że w pewnym okresie kilogram słoniny kosztował tysiąc czterysta złotych. Ale w kontaktach bezpośrednich z ukrywającymi się często słyszałam, że nasza dla nich pomoc dawała iskierkę nadziei w ich tragicznym położeniu. Niektórzy pamiętają do dzisiaj. Piszą o tym w książkach wspomnieniowych i w listach do mnie.

Dla społeczeństwa polskiego aktywna działalność Żegoty też miała duże znaczenie. Żegota ogłaszała liczne odezwy w prasie podziemnej do Delegatury Rządu z wielokrotnymi apelami o kategoryczne zwalczanie szantaży i potępianie szmalcowników. Za ich haniebną postawę groziła im kara śmierci.

Żegota spowodowała też drukowanie i kolportaż ulotek, w których wzywano zastraszone terrorem okupanta społeczeństwo polskie do udzielania pomocy Żydom. Z pełną odpowiedzialnością mogę powiedzieć, że dla uratowania jednej osoby (dorosłej lub dziecka) pochodzenia żydowskiego musiało być zaangażowanych co najmniej dziesięciu Polaków.

Jeżeli Pola Elizejskie
Istnieją prawdziwie
To myślę sobie Panie
Że pozwoliłeś w swej
Dobroci

By Rachela i Jojne
Usiedli tam spokojnie
I czekali aż zawołają ich
Rodzice

Mieli może kilka lat
Gdy skrzydła im przypięto
I poszybowali w górę
Do Słońca
Kolbami popychani

Dziś nie wie nikt
Gdzie dom ich był
I menora na którym stole

A jeśli za złe masz
Mękę Syna na ziemi
Ulituj się nad tymi
Którzy z pokolenia Judy
Wyrośli

Dziecięce oblicze
Cóż winne być mogło
Że Krzyż na Golgocie
Obleczono w ciało Boga

Pochody drobnych cieni...
Zabawki opuszczone...
Stosy ubranek i butów...
Tyle po nich zostało
Tak mało
Za mało!

Pani Irenie Sendlerowej
Z wielkim szacunkiem i oddaniem

Agata Barańska, 6 czerwca 2001 r.

*Jak siostra Jolanta ratowała dzieci
z getta warszawskiego*

Od pierwszych dni okupacji Irena Sendlerowa łączyła dwie formy działalności zawodowej: oficjalną (praca w Zarządzie Miejskim Warszawy) i konspiracyjną. Obie służyły tej samej sprawie – ratowaniu skazanych przez okupanta na zagładę Żydów. Dorosłych i dzieci. Kierowany przez nią referat specjalizował się w udzielaniu schronienia dzieciom, które same zdołały wydostać się za mury getta, oraz w wyprowadzaniu dzieci w różnym wieku i organizowaniu ich pobytu po aryjskiej stronie. Dzieci w zależności od wieku, płci, wyglądu trafiały albo do rodzin polskich, albo do klasztornych lub cywilnych zakładów opiekuńczych. Starsza młodzież docierała (nie bez przeszkód!) do partyzantki. Każdy przypadek był inny. Akcja wyprowadzenia musiała być poprzedzona wywiadem w środowisku rodzinnym dziecka. Pomagały w tym osoby współpracujące z Gminą Żydowską czy Centosem (Ewa Rechtman).

Ważne, czy dziecko znało język polski. Trzeba było wyrobić mu oryginalne dokumenty, czyli zdobyć fałszywą metrykę urodzenia. W ich uzyskaniu pomagały parafie katolickie.

Irena Sendlerowa: – Okrutne warunki życia w dzielnicy żydowskiej dosłownie dziesiątkowały jej mieszkańców. Było wiele domów, w których nie było już osób dorosłych. Zostały osamotnione, bezradne dzieci. Jedną z form ich ratowania było oczywiście wyprowadzanie. Ale nie mogliśmy wszystkich wyprowadzić od razu. Trzeba było pomóc im doraźnie, organizując opiekę i żywność. Ulice getta były pełne żebrzących dzieci. Widziałyśmy, je wchodząc do getta, a kiedy po paru godzinach wychodziłyśmy – często były to już trupki leżące na ziemi, przykryte gazetami.

„Wymieranie dorosłych pociągnęło za sobą falę sieroctwa dzieci" – pisała Ruta Sakowska[62], dzięki której wiemy dzisiaj więcej na temat głodu w warszawskim getcie. Na przykład we wrześniu 1941 jego mieszkańcy otrzymywali na kartki żywnościowe po 2,5 kg chleba na miesiąc. Ale już w listopadzie tego roku przydział ograniczono do 2 kg. „Dorośli do końca dzielili się skromnymi racjami żywności z dziećmi" – podkreśla Sakowska. W połowie lipca, tuż przed Wielką Akcją, ceny żywności w getcie gwałtownie skoczyły. Chleb z 10 złotych za kilogram systematycznie drożał: 20, 45, 80 aż do 100 zł. Ziemniaki z 5 zł za kilogram – do 300 zł. Wielu zdesperowanych Żydów zgłaszało się dobrowolnie do wyjazdu po ogłoszeniu, że każdy „na drogę" otrzyma 3 kg chleba i 1 kg marmolady[63].

– Docierałyśmy też z koleżankami do rodzin, o których wiedziałyśmy, że mają dzieci – wspomina pani Irena. – Mówiłyśmy, że mamy możliwość ich ratowania, wyprowadzając za mury. Wówczas padało zasadnicze pytanie o gwarancje powodzenia naszej akcji. Trzeba było uczciwie powiedzieć, że żadnej gwarancji dać nie możemy. Mówiłam szczerze, że nie wiem nawet, czy ja dzisiaj z dzieckiem szczęśliwie opuszczę getto. Wtedy odbywały się dantejskie sceny. Na przykład ojciec godził się na oddanie dziecka, a matka nie. Babcia tuliła dziecko najczulej i zalewając się łzami, wśród szlochu mówiła: „Za nic nie oddam wnuczki!". Czasem opuszczałam tę nieszczęsną rodzinę bez dziecka. Nazajutrz szłam sprawdzić, co się stało z rodziną. I często okazywało się, że wszyscy byli już na Umschlagplatz.

---

[62] *Archiwum Ringelbluma*, t. 2, s. 302.
[63] Aleksander Rowiński, *Zygielbojma śmierć i życie*, Warszawa 2000, s. 218.

Jedną z osób, która odmówiła oddania syna, była żona Artura Zygielbojma. „Cokolwiek ma być moim przeznaczeniem, stanie się też przeznaczeniem mego syna" – powiedziała łączniczce chcącej jej pomóc w znalezieniu bezpiecznego schronienia dla dziecka. Oboje zginęli w czasie powstania w getcie w maju 1943 roku[64].

– Łzy napływały do oczu matek, które powierzały nam swoje pociechy – opowiada pani Irena. – Jak ciężko było każdej z nich puścić drobną rączkę swojego malca!… Kto mógł przewidzieć, czy zobaczą się kiedyś znowu?

Katarzyna Meloch, dziecko Holocaustu, mówi: – Takie matki, jak Grynberga i Głowińskiego, i innych – to były prawdziwe bohaterki wojny. Te, które oddawały niemowlęta obcym, by przeżyły.

Irena Sendlerowa: – Żydowskie matki, nieraz miesiącami, przygotowywały swoje dzieci do życia po aryjskiej stronie. Zmieniały im tożsamość. Mówiły: „Ty nie jesteś Icek, tylko Jacek. Nie Rachela, tylko Roma. A ja nie jestem twoją matką, tylko byłam u was gosposią. Pójdziesz z tą panią, a tam może czeka na ciebie twoja mamusia".

Gdy po czterdziestu latach jeden z ocalonych zapytał siostrę Jolantę[65], jak matka mogła go oddać do obcych ludzi, odpowiedziała: – Matka oddała pana z miłości…

*
**

Sposobów na wydostanie maluchów z dzielnicy zagłady było kilka. Aby akcja ta miała szansę powodzenia, musiano korzystać z pomocy policji żydowskiej.

---

[64] Szmul Mordechaj Zygielbojm (1895–1943), pseudonim partyjny (Bundu) „Artur". Od lutego 1942 r. był członkiem Rady Narodowej Rządu Polskiego w Londynie. Jego żona, aktorka Mania Rozen, zginęła razem z ich dziewięcioletnim synem Arturem.

[65] Większość uratowanych dzieci znała Irenę Sendlerową tylko jako siostrę Jolantę. Prawdę poznały dopiero po kilkudziesięciu latach!

Irena Sendlerowa: – Musieliśmy zawczasu wiedzieć, z których domów mieszkańcy w pierwszej kolejności idą na Umschlagplatz. Korzystaliśmy też z pomocy policjantów konwojentów, którzy wyprowadzali młodzież na roboty po stronie aryjskiej. Pojedynczo starszą młodzież trudno było wyprowadzać. Trzeba było znaleźć całą grupę młodych chłopców oraz takiego policjanta, który też miał już dosyć okrucieństw getta i chciał się na stałe z niego wydostać. Na kilka dni całą taką grupę musieliśmy ulokować u bardzo zaufanych polskich rodzin i po paru dniach któraś z nas wyprowadzała ich do lasu w porozumieniu z władzami organizacji podziemnych.

Inaczej było z małymi dziećmi. Przeważnie wyprowadzano je przez gmach sądu przy ulicy Leszno. Budynek ten miał dwa wejścia: jedno od strony getta, drugie od strony aryjskiej (od ulicy Ogrodowej). Niektóre wyjścia były otwarte i dzięki odwadze woźnych można było z dzieckiem tamtędy wyjść. Wywożono dzieci wozami strażackimi, sanitarką lub tramwajem, korzystając z usług zaprzyjaźnionego motorniczego, Leona Szeszko[66]. Kiedy miał służbę, prowadziło się do niego dziecko i on wtedy szybko ruszał. Starsze dzieci wyprowadzano przez brygady pracy.

W ten sposób został ocalony kilkuletni Stefanek, dzisiaj starszy pan, który nie wie dokładnie, ile ma lat. Posługuje się odtworzoną metryką. Przeżył wojnę i mieszka dzisiaj przy zachodniej granicy Polski. Opowiadał mi, jak wszedł pod płaszcz dorosłego mężczyzny, bose nóżki włożył do jego butów. I trzymał się za pasek jego spodni. Gdy niebezpieczeństwo minęło, za bramą został odebrany przez umówioną osobę. Niektóre dzieci wynoszono w workach, pudłach, koszach. Niemowlęta były usypiane i chowane w specjalne skrzyneczki z otworami. Przewożono je w ambulansach (z ogromnym poświęceniem współpracował kierowca

---

[66] Leon Szeszko należał do Armii Krajowej, miał dobre kontakty z kolegami z organizacji w Biurze Ewidencji Ludności. Został rozstrzelany 13 listopada 1943 r.

Antoni Dąbrowski), którymi dostarczano do getta środki dezyn-
fekcyjne. Tak właśnie uratowano sześciomiesięczną Elżbietę Ficowską, która ze wzruszeniem opowiada, że miała w swoim życiu trzy matki: żydowską, której nigdy nie znała (nie ma nawet
jej fotografii!), polską, Stanisławę Bussoldową – która ją wycho-
wała, i trzecią – Irenę Sendlerową, której zawdzięcza ocalenie.

Niektóre dzieci szmuglowano przez piwnice domów grani-
czących z budynkami po aryjskiej stronie. Jako droga ucieczki służyły też przewody kanalizacyjne. Tak opuścił getto cze-
roletni Piotruś Zysman (dziś sześćdziesięcioparoletni Piotr
Zettinger[67], inżynier, który na stałe mieszka w Szwecji).

Łączniczka przyprowadziła chłopca razem z siostrą do pani Ireny w środku nocy. Trzeba było natychmiast dzieci wyką-
pać i uprać im ubrania. Zabrakło mydła. Pani Irena bez wahania poszła do sąsiadki je pożyczyć. Sąsiadka mydło pożyczyła,
ale następnego dnia skomentowała: „Pani chyba zwariowała!
W nocy urządzać pranie!".

Ratując zarówno dzieci jak i dorosłych, należało im dostarczyć: dla dzieci – metrykę chrztu, a dla dorosłych – autentyczną kenkartę, bo bez takiego dokumentu nie można było między innymi dostać kartek żywnościowych. „Był to pierwszy
warunek, jaki należało spełnić, gdy chciało się kogoś uratować. W razie niemieckiej kontroli przynajmniej papiery powinny być w porządku"[68].

---

[67] W wywiadzie dla szwedzkiej dziennikarki mówił m.in.: „Widzę to jak
scenę z filmu. Widzę, jak wciskamy się (z młodszą o dwa lata kuzynką) do
otworu, który kanałami prowadził na stronę aryjską. Widzę plecy człowieka, który szedł przed nami i oświetlał drogę latarką. A potem nauczyłem
się, żeby nie myśleć o moim starym życiu. Zagłuszałem to w sobie. Powie-
dziano mi, że mam się ukrywać, więc się ukrywałem. Jako dziecko chowa-
łem się na strychu. Wiedziałem, że z nikim poza siostrami nie powinienem
mieć kontaktu. Rozumiałem, że ukrywa się mnie, że jestem uciekinierem,
że nie jestem jak inne dzieci. Akceptowałem sytuację, potrafiłem się dosto-
sować, to był warunek przeżycia" (16 marca 2003).
[68] Michał Głowiński, *Czarne sezony*, Kraków 2002, s. 124.

Irena Sendlerowa: – Skontaktowaliśmy się z mężem jednej z łączniczek. Pracował w Biurze Ewidencji Ludności i tą drogą, ściśle konspiracyjną, wszystkim ratowanym wydawał autentyczne kenkarty z właściwym odciskiem kciuka. Po czym znowu drogą konspiracyjną ratowany człowiek był meldowany u (niezwykle oddanej w organizowaniu pomocy zarówno dla dzieci jak i dorosłych) pani Stanisławy Bussoldowej, administratorki domu przy ul. Kałuszyńskiej 5, na Pradze.

Bardzo dużo kłopotów było z umieszczaniem ludzi dorosłych. Często nie rozumieli konieczności prowadzenia jak najbardziej spokojnego trybu życia w mieszkaniu ludzi, którzy z narażeniem życia trzymali ich u siebie. Nie rozumieli, że nawet wychylanie się przez okno, nawet pobyt na balkonie mogą być niebezpieczne zarówno dla nich, jak i ich opiekunów.

Niektórzy mieli tzw. dobry wygląd, tym było łatwiej. Zwłaszcza kobietom. „Dobry wygląd sprawiał, że ukrywająca się osoba budziła mniejsze podejrzenia, mogła się wtopić w tłum, nie przyciągała uwagi, łatwiej jej było grać rolę kogoś innego, niż jest"[69].

Jedną z podstawowych zasad ukrywania ludności żydowskiej była konieczność częstych zmian miejsca zamieszkania. Było to spowodowane czujnością sąsiadów, którzy zwracali uwagę, dlaczego dana rodzina od pewnego czasu kupuje więcej żywności, głównie chleba.

---

[69] Michał Głowiński, *Czarne sezony*, s. 116.

Dokąd kierowano dzieci

Elżbieta Ficowska z przybraną mamą Stanisławą Bussoldową

Pierwsze miejsce było najważniejsze. Trzeba było kilkuletnie dzieci nauczyć życia w nowych (co nie zawsze oznaczało, że od razu bezpiecznych!) warunkach. Były to specjalne, prywatne, rodzinne „pogotowia opiekuńcze" u bardzo zaufanych osób. Dzieci uczono tam języka polskiego, modlitw, piosenek, wierszy. Otaczano najczulszą opieką. Kąpano, przebierano, karmiono. Starano się je uspokoić, złagodzić ból rozstania z najbliższymi.

Czas pobytu w „pogotowiu" był nieokreślony. Zależał od tego, jak przebiegało przystosowanie dzieci do nowej sytuacji. Po okresie adaptacji dzieci umieszczane były albo w Miejskim Domu im. ks. Boduena, lub w domach zakonnych[70] rozsianych po całej Polsce, lub u zaufanych rodzin polskich.

W zespole opiekuńczym były między innymi następujące osoby: nauczycielka Janina Grabowska, która mieszkała na

---

[70] Szczególnego wyjaśnienia wymaga zdaniem Ireny Sendlerowej ogromna rola bardzo wielu instytucji kościelnych, które w czasie okupacji wspierały cywilną i konspiracyjną akcję pomocy Żydom. Teresa Prekerowa ogłosiła wspomnienie Ireny Sendlerowej, w którym pisała m.in.: „Wymienić trzeba z jak najlepszej strony takie zakony, jak Rodzina Marii z jej matką naczelną, s. Matyldą Getter (1870–1968), w Chotomowie (k. Warszawy), siostry Służebniczki Najświętszej Marii Panny prowadzące zakład w Turkowicach (za Lublinem). W tym ostatnim zakładzie była siostra (Witolda), która miała z nami umowny znak w depeszy (np. była zaszyfrowana informacja o paczce odzieży). Na ten znak przyjeżdżała do Warszawy i odbierała od nas dzieci, których nie można było już tu dłużej trzymać, bo przebywały w domach „spalonych", tzn. takich, gdzie były bądź aresztowania, bądź kapusie przychodzili po okupy, a nie było już co dawać. Dotyczyło to przeważnie

Woli przy ulicy Ludwiki 1; Jadwiga Piotrowska z siostrą i rodzicami, którzy służyli swoim mieszkaniem przy ulicy Lekarskiej 9; Zofia Wędrychowska (długoletnia wychowawczyni w Naszym Domu) i Stanisław Papuziński, którzy narażali życie swoich dzieci, aby ratować cudze dzieci; Izabela Kuczkowska z matką Kazimierą Trzaskalską zamieszkałą na Gocławku, Wanda Drozdowska-Rogowiczowa z Sadyby, akuszerka Stanisława Bussoldowa; Maria Kukulska zamieszkała na Pradze przy ulicy Markowskiej 15, M. Felińska z ulicy Bema 80, A. Adamski, który mieszkał przy szosie do Włoch, rodziny dozorców domów przy ulicy Widok 8 oraz na Pradze przy ulicy Barkocińskiej, oraz Janina Waldowa i Róża Zawadzka.

Jak było dzieciom w domach opieki? – Bardzo różnie – opowiada siostra Jolanta – w zależności od nastawienia właściwego lub obojętnego do ich tragedii. Dzieci starsze, bardziej świadome swojej sytuacji, panicznie bały się rozpoznania ich. Miały za sobą okrutne doświadczenia przeżyć w getcie. Rozumiały, że Żyda się zabija. Nie można więc być Żydem! Stałe udawanie przed nowym otoczeniem było często ponad ich siły. Niektóre dzieci adaptowały się z trudem, wciąż czekały na mamę, babcię lub kogoś bliskiego.

Wiele zależało od reakcji opiekunów, wychowawców. Czy umieli znaleźć z takim dzieckiem dobry kontakt, czy byli

---

chłopców o wyglądzie wybitnie semickim, którzy wyraźnie odbijali od otoczenia i dlatego byli narażeni na większe niebezpieczeństwo. Te właśnie dzieci zabierała do Turkowic s. Witolda, jadąc z nimi długim, koszmarnym, wojennym szlakiem przez Lublin, Chełm aż do samej granicy. Dzieci tam umieszczone przeżyły wiele jeszcze tragicznych chwil w czasie końcowych walk w latach 1944–1945". [*Konspiracyjna Rada Pomocy Żydom w Warszawie 1942–1945*, Warszawa 1982, s. 209]. „Tylko w Turkowicach przechowywano 36 dzieci żydowskich! Żaden ksiądz ani zakonnica nigdy nie odmówili mi pomocy w sprawie ratowania żydowskich dzieci! Przeciwnie, pomagali do samego końca wojny, narażając życie własne i otoczenia. Nigdy też żaden zakład zakonny nie odmówił przyjęcia poleconego przeze mnie żydowskiego dziecka" – podkreśla Irena Sendlerowa.

oschli, obojętni. Niektórzy się z nimi zaprzyjaźniali, co rodziło problemy innego rodzaju. Najszybciej do nowych miejsc przyzwyczajały się maluchy. Bawiły się, psociły, normalnie, jak dzieci.

Inaczej przeżywały swoje nowe życie dzieci zabrane z „pogotowia opiekuńczego" do domów prywatnych. Trafiały tam dzieci małe. I znowu każdy przypadek był inny. Wiele zależało od atmosfery nowego domu. Inaczej przebiegał proces adaptacyjny u rodzin bezdzietnych, inaczej gdy było tam już jakieś własne dziecko. Ale wcale nierzadko bywało tak, że dzieci dalej ukrywano przed wścibskim otoczeniem, sąsiadami, znajomymi, rodziną. To życie po aryjskiej stronie było dalej życiem na kredyt. Czasem, gdy groziła wsypa, donos, wizyta szmalcowników lub nawet gestapo, trzeba było szybko szukać nowego miejsca dla małego uciekiniera. Taka przymusowa przeprowadzka była kolejną tragedią dla dziecka.

– Wiozłam kiedyś takiego zapłakanego, zrozpaczonego chłopczyka – wspomina pani Irena – do innych opiekunów. A on wśród łez i szlochu pytał mnie: „Proszę pani, ile można mieć mamuś, bo ja już jadę do trzeciej". Podkreśla też, że nie było wypadku, aby w którymkolwiek zakładzie prowadzonym przez zakonnice dziecko zostało „odkryte" przez Niemców. – Niesłuszny jest zarzut – uważa Irena Sendlerowa – niektórych środowisk żydowskich, że zakonnice z premedytacją chrzciły dzieci i dzieci te chodziły do spowiedzi i przyjmowały komunię. Wciąż była przecież wojna i w warunkach stałego zagrożenia ze strony otoczenia polskiego, a także częstych wizyt Niemców z różnych powodów, dzieci żydowskie nie mogły niczym się wyróżniać od dzieci polskich. To było konieczne dla ich bezpieczeństwa! Trzeba pamiętać, że w domach dziecka i zakonnych zakładach wychowawczych były dzieci polskie, często półsieroty, które odwiedzały rodziny. Zwracano uwagę na „nowych". Bywało, że rodziny polskie robiły awantury kierownictwu zakładu, że przez pobyt dzieci żydowskich „cały zakład pójdzie z dymem". Grożono różnymi konsekwencjami.

Trzeba było wówczas usunąć dzieci z takiego domu i przenieść w inne miejsce. Zdarzało się więc, że dziecko żydowskie, po przejściach związanych z ucieczką z getta, wciąż było zagrożone i musiało kilka razy zmieniać miejsce pobytu, co pogłębiało jego tragedię. Najgorzej było z przewożeniem dzieci, które zdradzały semickie rysy. Wówczas zawijano im bandażami część twarzy. Zdarzało się, że dla bezpieczeństwa dzieci były przechowywane w szafach, pakach do węgla, pawlaczach, w specjalnie skonstruowanych skrytkach w spiżarniach czy pod podłogą. I dopiero pod osłoną wieczoru można było z takim dzieckiem opuścić dotychczasową kryjówkę, przewieźć je w inne miejsce. Poważnym problemem było to, że dzieci te, przyzwyczajone do ciemności, ostro reagowały na światło dzienne. Często zapadały na różne zapalenia oczu. A wtedy potrzebna była pomoc lekarza okulisty. Nierzadko koniecznością było umieszczenie dziecka w szpitalu.

Dziennikarka Katarzyna Meloch, wyprowadzona z getta, kiedy miała dziesięć lat, i ukrywana w sierocińcu u sióstr zakonnych w Turkowicach, mówi: – Popełniłam kiedyś wielki błąd, który mógł mieć poważne konsekwencje. Miałam prawdziwą metrykę po zmarłej polskiej rówieśniczce. Znałam najważniejsze modlitwy. Omal się jednak nie zdradziłam, kiedy zapytałam, czy pójdziemy na wieczorną mszę. W tych czasach msze odprawiano tylko rano!

– W Otwocku mieliśmy dwa mieszkania – opowiada pani Irena – w Śródborowie jedno. Tam umieszczało się dorosłych Żydów, którzy w Warszawie byli spaleni. Dla chłopców do lat 14 (starsi szli do partyzantki!) organizowało się naukę. Jeden z moich kolegów z przedwojennego PPS przerabiał z nimi program szkolny. Miałam porozumienie z kierownikiem szkoły im. Władysława Reymonta w Otwocku, panem Leonem Scheibletem, który umieszczał tych chłopców na liście uczniów. Chodziło mi o to, że jeżeli ci chłopcy wojnę przeżyją, to żeby nie mieli zbyt wielu zaległości w nauce. U nauczycielki tej szkoły umieściłam matkę Michała Głowińskiego. On sam był w zakładzie zakonnym. Nauczycielka ta była bardzo uspołeczniona, często zapraszała do siebie do ogrodu, a potem na mały domowy poczęstunek dzieci z sierocińca sióstr felicjanek. Kiedyś zaprosiła dzieci z grupy, w której przebywał mały Michał (on nie znał dokładnie miejsca pobytu matki!). Poczęstunek podawała dzieciom „gosposia". Matka i syn byli w tym samym domu przez półtorej godziny, ale nawet mrugnięciem oka matka nie mogła dać poznać, kim są dla siebie. Konspiracja powiodła się. Nikt się nie zorientował, co się naprawdę ważnego dla tych dwojga w tym momencie stało[71].

*
* *

Zdarzały się też bardziej dramatyczne przygody osób, które konwojowały dzieci w bezpieczne miejsce. – Jaga Piotrowska wiozła kiedyś kilkuletniego malucha tramwajem – opowiada pani Irena. – Dziecko, które zostało zabrane od matki, płakało i wołało ją po żydowsku. Moja łączniczka zamarła, bo wzbudziło to od razu zainteresowanie pasażerów. Zwłaszcza że w pobliżu byli Niemcy. Motorniczy słyszał płacz dziecka i zrozumiał grozę sytuacji. Zatrzymał tramwaj. Powiedział, że pojazd się zepsuł i jedzie do zajezdni. Kiedy wszyscy wysiedli,

---

[71] Michał Głowiński tak to zdarzenie opisał: „[Matka] wiedziała, że i ja jestem w Otwocku, ale nie wolno jej było ze mną się kontaktować (ja nie wiedziałem, że przebywa w pobliżu). Zostałem przyjęty jako sierota, a matka miała fałszywe papiery, według których była panną. [...] Rozumiała, że nie może się zdemaskować także z tego względu, iż groziło to natychmiastowym wyrzuceniem z posady. [...] Ten dzień był dla niej wyjątkowo trudny, bo przecież chciała do mnie podejść, a musiała się przede mną kryć. Ale jednocześnie dbać o to, by jej zachowanie nikomu z otoczenia nie wydało się dziwne i niezrozumiałe. W ów zwykły styczniowy dzień nie byłem świadom tych komplikacji. [...] Podstawową zasadą ukrywania się było, by tego nie czynić, by wmieszać się w tłum, stać się kimś bez właściwości, najszarszym z szarych", *Czarne sezony*, s. 105–114.

podszedł do Jagi i spytał: „Gdzie panią zawieźć?". Jaga miała też inną przygodę. Jechała pociągiem z ratowaną dziewczynką do sióstr do Chotomowa. Zagadała się z towarzyszami podróży. Przejechała właściwą stację, za którą była już Rzesza… Musiała szybko wracać w kierunku Warszawy. Pociąg, który nadjechał, był potwornie przeładowany. Wagony dla Polaków pękały w szwach. Nie miała szans do nich się dostać. Jakiś Niemiec, widząc jej sytuację, podszedł i zaproponował, aby wsiadła do jego przedziału…

Powstanie w getcie

Akcja ratowania nielicznych już mieszkańców getta (dorosłych i dzieci) do stycznia 1943 roku mimo różnych dramatycznych niespodzianek, jakie niosło życie w okupowanej stolicy, przebiegała stałym rytmem. Prawie codziennie zdarzały się ucieczki z „brygad pracy". Ale w dniach 18–22 stycznia 1943 roku, „przy próbie przeprowadzenia kolejnego wysiedlenia, w czasie Akcji Styczniowej[72], Żydzi po raz pierwszy bronili się zbrojnie. A 19 kwietnia 1943 roku, przy kolejnej próbie ostatecznej likwidacji getta, żołnierze żydowscy i grupy ludności

---

[72] 31 stycznia 1943 RPŻ wystosowała pismo do Pełnomocnika Rządu w sprawie przyznania specjalnej dotacji wobec ponownego zagrożenia getta, w którym czytamy m.in.: „Akcja była niewątpliwie sygnałem, że Niemcy przystępują do ostatecznej likwidacji getta warszawskiego, do morderczej zagłady nielicznych resztek ludności żydowskiej w Warszawie. W ciągu kilku dni wywieźli 5–6 tys. ludzi do obozu kaźni w Treblince. Wśród wywiezionych znalazła się większość pozostałego przy życiu personelu gminy, 400 osób z zakładu zaopatrywania, ok. 300 lekarzy i pracowników wydziału zdrowia, szereg wybitnych działaczy społecznych i intelektualistów. Na razie, prawdopodobnie na skutek okazanego przez mieszkańców getta zbrojnego oporu, akcja wysiedleńcza ustała. Los pozostałej ludności getta jest jednak przesądzony. Należy się spodziewać w najbliższym czasie dalszej, całkowitej likwidacji getta warszawskiego. Korzystając z czasowej przerwy w akcji, rozpoczęły się masowe ucieczki z getta; fala ludzi, dla których wydostanie się z getta jest jedynym ratunkiem, wzrasta z dnia na dzień. Zaopiekowanie się nimi jest palącym zadaniem chwili. Zaopatrzenie ich w pomieszczenia, w dokumenty, w środki finansowe, odzież – musi być natychmiast organizowane na szeroką skalę. W getcie warszawskim pozostało jeszcze wiele ogromnie cennych jednostek ze świata społecznego,

cywilnej podjęli zorganizowany i niezorganizowany opór nazwany po wojnie powstaniem w getcie warszawskim" – pisała Anka Grupińska[73].

„O świcie, około godziny szóstej, wojska niemieckie – w sile prawie dwóch tysięcy żołnierzy – wkroczyły do getta bramą przy ulicy Nalewki. [Już] 6 kwietnia podziemie polskie otrzymało wiadomość o bliskiej niemieckiej akcji ostatecznego zniszczenia getta. Tym razem nie było zaskoczenia"[74].

W kronikach zanotowano, że wiosna była bardzo ciepła. Wielkanoc tego roku przypadała parę dni po żydowskim święcie Pesach[75]. Ukrywający się wówczas na Nowym Mieście z młodszym bratem Jerzym Natan Gross tak ten czas wspomina:

„W Wielką Sobotę [24 kwietnia] poszliśmy do kościoła święcić jajka. Zdawało mi się, że cały dom na nas patrzy. Wysłałem Jerzyka na zwiady, żeby zobaczył i nauczył się, jak to się robi, a sam stanąłem w kolejce z koszykiem w ręku i bólem w sercu. [...] Stałem w kolejce, pogrążony w niewesołych myślach, chwytając uchem strzępy rozmów, nie zawsze miłych sercu, gdy wreszcie Jerzyk wrócił z wywiadu i oświadczył, że to nic nie jest. I rzeczywiście nic nie było. Ksiądz pokropił jajka i wróciliśmy do domu.

---

kulturalnego, naukowego, artystycznego – które należy co rychlej ratować! Pozostało tam jeszcze kilka tysięcy dzieci, ocalałych od poprzedniej masakry, szczególnie okrutnej i bezwzględnej w stosunku do dzieci; tę nieliczną resztkę dzieci pozostałych przy życiu należy z getta wyrwać i uratować". – cyt. za: Teresa Prekerowa, *Konspiracyjna Rada Pomocy Żydom w Warszawie 1942–1945*, Warszawa 1982, s. 369.

[73] *Getto warszawskie*, Warszawa 2002, s. 9–10.

[74] Marian Apfelbaum, *Dwa sztandary. Rzecz o powstaniu w getcie warszawskim*, Kraków 2003, s. 184–185.

[75] „W poniedziałek 19 kwietnia wieczorem rozpoczynało się Święto Pesach. O 1 w nocy z niedzieli na poniedziałek getto zostało otoczone pierścieniem niemieckiej żandarmerii i policji granatowej. Niemcy po półgodzinnej walce wycofali się. Po południu po raz drugi wkroczyli do getta". – B. Engelking, J. Leociak, *Getto warszawskie. Przewodnik po nieistniejącym mieście*, Warszawa 2001, s. 733.

W tym czasie wszyscy już mówili, że w getcie coś się dzieje. Ale co, dokładnie nikt nie wiedział. Słychać było strzały, czasem mocniejsze wybuchy. Przypuszczalnie akcja, wysiedlenie. Co to jest akcja, wiedzieliśmy dobrze.

Nazajutrz przyszły już konkretne wiadomości zza muru: Żydzi walczą! Żydzi się bronią! Stało się to sensacją dnia, głównym tematem rozmów. Pogłoski, które biegły jedna za drugą, sprawdzały się natychmiast. Na placu Krasińskich, w pobliżu naszej uliczki, Niemcy ustawili działko, które wyrzucało co parę minut pocisk na drugą stronę muru. Getto zaczynało płonąć. [...]

Dni, które nadeszły, były coraz cięższe do zniesienia. Sąsiedzi, dobrzy ludzie, niedwuznacznie dawali nam do zrozumienia, że trzeba zwijać manatki i przenieść się w inne miejsce, póki czas. [...] Na każdym kroku raniły nasze uszy zatrute strzały: – Dobrze, że Hitler zrobił za nas tę robotę. Ale były i głosy ostrzegające: – Dziś oni – jutro my!

Niektórzy żałowali płonącego mienia, to przecież płonęła Warszawa! A jeszcze inni nie ukrywali podziwu dla bojowników getta: – Patrzcie państwo na tych Żydów, kto by to pomyślał, że potrafią walczyć z bronią w ręku! Powstanie w getcie odbiło się głośnym echem w podziemnej prasie polskiej. Wszyscy o nim wiedzieli i wszyscy o nim mówili. Dla Żydów żyjących w Warszawie na aryjskich papierach były te dni krwi i chwały dniami strachu i rozpaczy"[76].

Jak zapamiętał ten okres znany aktor Teatru Polskiego w Warszawie, Marian Wyrzykowski, który w czasie okupacji był kelnerem w kawiarni U Aktorek?

W prowadzonym w czasie wojny dzienniku[77] zanotował:

20 IV 1943
W kawiarni ruch raczej słaby. Niepokój na mieście duży. Od dwóch dni toczy się formalna bitwa w getcie. Musi być

---

[76] Natan Gross, *Kim pan jest, panie Grymek?*, Kraków 1991, s. 276–277.
[77] Marian Wyrzykowski, *Dzienniki 1938–1969*, Warszawa 1995, s. 79–80.

masę ofiar. Przerażenie człowieka ogarnia, w jakich czasach my żyjemy. Oto nie dalej niż kilka przystanków tramwajowych morduje się ludzi, a tu goście piją, jedzą, muzyka, jakiś pan śpiewa… Wyszedłem na chwilę do ogródka i groza człowieka ogarnia. Bez przerwy huk dział i terkotanie karabinów maszynowych. […] Jakieś opętanie apokaliptyczne hula po świecie.

21 IV 1943

Ciągły ruch w kawiarni. Podaję dzisiaj w ogródku trochę, bo ładna pogoda. Z getta ciągle słychać kanonadę. Toczy się podobno regularna bitwa. Nad gettem olbrzymia łuna i dym. Olbrzymi pożar. Jestem potwornie przygnębiony.

28 IV 1943

Getto ciągle się pali. Wiatr wieje na wschód, więc cała Warszawa krztusi się dymem, co jej słusznie przypomina tę tragedię ludzką. Nie mogę się pogodzić z tą myślą. Te strzały, te dymy, te wieści z miejsca kaźni, wszystko to razem tworzy taką apokaliptyczną makabrę, jaką trudno sobie wyobrazić.

30 IV 1943

To getto wisi dymiące. Nie mogę po prostu myśleć o niczym. Jestem tak przygnębiony, tak przybity, jak nigdy. I ten wstyd za poniewierane człowieczeństwo! Wyszedłem na chwilę z kawiarni do ogródka. Chmury czerwonego dymu buchają, niebo zasnute nimi, ponad tym krąży samolot i rzuca bomby. Co chwila huk i wstrząs. Tam giną ludzie. Zda mi się, że słyszę krzyk mordowanych… Nie, nie mogę.

*
**

Po tygodniu, 26 kwietnia, gdy mieszkańcom innych dzielnic Warszawy łuna niewygasającego pożaru w getcie przypominała o tysiącach walczących i ginących tam ludzi, „ukazało się na słupach ogłoszeniowych nowe obwieszczenie – szefa policji okręgu warszawskiego – nie tylko przypominające o grożącej karze śmierci za udzielanie jakiejkolwiek pomocy Żydom poza gettem, ale grożące posyłaniem do obozów karnych osób, które by, wiedząc tylko o pobycie Żyda poza gettem, nie doniosły o tym policji – pisał Ludwik Landau, dodając, że większe znaczenie praktyczne może mieć ogłoszone unieważnienie wszelkich przepustek do byłej dzielnicy żydowskiej i uprzedzenie, że każda osoba tam spotkana będzie rozstrzelana na miejscu"[78].

*
**

Czwartego maja 1943 roku ci (bardzo nieliczni!), którzy mieli ukryte w mieszkaniach zakazane przez Niemców odbiorniki radiowe, mogli wysłuchać przemówienia, które na falach londyńskiego BBC wygłosił do ludności w okupowanym kraju generał Władysław Sikorski. Nawet dzisiaj, po sześćdziesięciu latach, brzmi dramatycznie. Zwłaszcza gdy pamiętamy, że dwa miesiące później generał już nie żył. Zginął w katastrofie gibraltarskiej 4 lipca. Ale wtedy, w maju, wypowiedział następujące słowa:

„Niemcy rzucają dzieci do ognia, mordują kobiety. Wszystko to wykopało przepaść między Polską a Niemcami nie do przebycia. Niemcy palą masowo trupy, aby zatrzeć ślady swych potwornych zbrodni. W połowie kwietnia o godzinie 4 rano Niemcy przystąpili do likwidacji getta warszawskiego. Zamknęli resztki Żydów kordonem policji, wjechali do środka czołgami i samochodami pancernymi i prowadzą swe dzieło niszczycielskie. Od tego czasu walka trwa. Wybuchy bomb, strzały, pożary trwają dzień i noc. Dokonuje się największa zbrodnia w dziejach ludzkości. Wiemy, że pomagacie umęczonym Żydom, jak

---

[78] Ludwik Landau, *Kronika lat wojny i okupacji*, t. 2 (grudzień 1942 – czerwiec 1943), Warszawa 1962, s. 369.

możecie. Proszę was o udzielenie im wszelkiej pomocy, a równocześnie i tępienie tego strasznego okrucieństwa"[79].

Teresa Prekerowa, autorka pracy poświęconej działalności Żegoty, opublikowała fragment oświadczenia Pełnomocnika na Kraj Rządu Rzeczypospolitej Polskiej, które 6 maja 1943 roku ogłosiło konspiracyjne pismo „Rzeczpospolita Polska"; jego fragmentów dotyczących wydarzeń w getcie warszawskim nie można pominąć:

„Rok już z górą minął od okresu, gdy po paroletnich ciężkich prześladowaniach Niemcy rozpoczęli w całej Polsce i kontynuują masowe wymordowywanie ludności żydowskiej. W ostatnich właśnie tygodniach stolica Polski jest widownią krwawego likwidowania przez policję niemiecką i najmitów łotewskich resztek warszawskiego getta. Trwa obecnie okrutny pościg i wybijanie tych Żydów, którzy ukrywają się w ruinach getta i poza jego murami. Naród polski, przepojony duchem chrześcijańskim, nieuznający w moralności dwóch miar, z odrazą traktuje antyżydowskie bestialstwa niemieckie, a gdy po dniu 19 kwietnia w getcie warszawskim rozgorzała nierówna walka – z szacunkiem i współczuciem traktował mężnie broniących się Żydów, a z pogardą ich niemieckich morderców. Kierownictwo polityczne kraju dawało już wyraz swego najgłębszego potępienia przeciwżydowskich bestialstw niemieckich i słowa tego potępienia dziś z całym naciskiem ponawia.

A społeczeństwo polskie słusznie czyni, żywiąc dla prześladowanych Żydów uczucia litości i okazując im pomoc. Pomoc tę winno okazywać w dalszym ciągu. [...] Wzywamy wszystkich Polaków o zastosowanie się do zawartych w tych słowach wskazań. Ani na chwilę nie wolno nam zapominać, iż Niemcy, dokonywając swej zbrodni, dążą równocześnie do tego, aby

---

[79] Cytat z bezcennej książki Teresy Prekerowej, *Konspiracyjna Rada Pomocy Żydom w Warszawie 1942–1945*, Warszawa 1982, s. 374–375.

wmówić w świat, że Polacy współuczestniczą w morderstwach i rabunkach dokonywanych na Żydach. W tych warunkach wszelka bezpośrednia czy pośrednia pomoc okazywana Niemcom w ich zbrodniczej akcji jest najcięższym przestępstwem w stosunku do Polski. Każdy Polak, który współdziała z ich morderczą akcją, czy to szantażując lub denuncjując Żydów, czy to wyzyskując ich okropne położenie lub uczestnicząc w grabieży, popełnia ciężką zbrodnię wobec praw Rzeczypospolitej Polskiej, będzie niezwłocznie ukarany, a jeżeli uda się mu uniknąć kary bądź uchronić się przed nią pod opiekę nikczemnych zbrodniarzy okupujących nasz kraj, niech będzie pewny, że już niedaleki jest czas, kiedy pociągnie go do odpowiedzialności sąd Odrodzonej Polski"[80].

Trzynastego maja 1943 roku emigracją polską i społeczeństwem angielskim wstrząsnęła wiadomość o samobójstwie Szmula Zygielbojma, przedstawiciela Bundu w londyńskiej Radzie Narodowej, powołanej przy rządzie polskim jako ciało doradcze zastępujące sejm. Był to tragiczny w swej symbolice i rzeczywistości protest przedstawiciela, osamotnionego w obliczu Zagłady, narodu żydowskiego. Bierność wolnego świata, brak reakcji na dramatyczne wołanie o pomoc, obojętność na dowody zbrodni nazistów, z takim trudem przesyłane przez kurierów, spowodowały tę dramatyczną decyzję.

W testamentowym przesłaniu napisał między innymi: „Milczeć nie mogę i żyć nie mogę, gdy giną resztki ludu żydowskiego".

Trzy dni później, 16 maja, generał Jürgen Stroop zawiadomił swoich zwierzchników, że „była dzielnica żydowska w Warszawie przestała istnieć".

Co wcale nie było prawdą. Trudno w to uwierzyć, ale wśród ruin i zgliszcz, bez podstawowych środków do życia (wody, żywności, lekarstw) pozostali ludzie, których po wojnie

---

[80] Oryginał ulotki w zbiorach W. Bartoszewskiego. Pierwodruk w: *Ten jest z ojczyzny mojej*, wyd. 1, 1966. Przedruk za T. Prekerową, s. 375–376.

nazwano „robinsonami getta". Najdzielniejsi wytrwali aż do wyzwolenia.

*
**

Co robiła w tym tragicznym okresie siostra Jolanta?

– Ani na chwilę nie przerywaliśmy czuwania za murami getta – odpowiedziała na moje pytanie pani Irena. – Na polecenie Juliana Grobelnego od razu zaczęliśmy działać. Czekaliśmy przy włazach do kanałów w różnych miejscach. Zorganizowałam kilka dodatkowych punktów opiekuńczych dla dzieci. Rozszerzyłam drogi wyjścia, głównie przez piwnice okolicznych domów. Zastęp moich współpracowników miał pełne ręce roboty. Czego już nikt nie potrafił zdziałać na tym trudnym terenie i bardzo niebezpiecznym odcinku, robiła zawsze z powodzeniem Irena Schultz[81], która wydostawała dzieci z płonącego getta. Gdy nie można już było pomagać tym, którzy tam byli, którzy walczyli, pomagaliśmy tym, którym udało się uciec z tego piekła. Niestety, nasza pomoc z konieczności musiała być ograniczona i niewystarczająca. Wyciąganie nie tylko dzieci, ale i dorosłych, zwłaszcza ludzi starych i chorych, było możliwe tylko kilka dni. Później mimo przepustki wchodzić na teren getta nie można było. Po upadku getta poszukiwanie Żydów po aryjskiej stronie wciąż trwało. Nawet się nasiliło. Warto podkreślić, że „pomoc nasza nie ograniczała się tylko do ratowania dzieci" – pisała w 1963 roku w „Biuletynie Żydowskiego Instytutu Historycznego" pani Irena.

---

[81] Irena Schultz (1902–1983), dziennikarka. „Zasługuje na przypomnienie, że w październiku 1942 Irena Schultz udała się do Lwowa, gdzie od księdza Pokiziaka otrzymała większą liczbę blankietów metryk urodzenia, pochodzących rzekomo ze spalonego kościoła św. Marii Magdaleny. Blankiety te były później wykorzystywane w Warszawie w uzyskiwaniu kenkart". Inf. za: M. Grynberg, *Księga Sprawiedliwych*, Warszawa 1993, s. 477–478.

Oddzielną zupełnie grupę, objętą pomocą, stanowili młodzi ludzie, których trzeba było gdzieś prywatnie urządzić lub skierować do lasu, do partyzantki. Jak sprawy te załatwialiśmy? Podobnie jak przy ratowaniu dzieci, daliśmy, za pośrednictwem Trojana, bojowym organizacjom w getcie adresy punktów – mieszkań, do których mogli się zgłaszać wszyscy ci, którzy zdecydowali się na opuszczenie murów. Do akcji urządzania – jak to się wówczas mówiło – wciągnęliśmy trochę nowych i innych ludzi. Pomagała nam między innymi pani Joanna Waldowa, pracownik opieki społecznej; jej malutkie, ciasne mieszkanko na Grochowie stało dla nas otworem w dzień i w nocy. Ponadto wynajęliśmy dwa mieszkania: jedno w Świdrze, drugie w Otwocku; to ostatnie urządziliśmy niby dla osób cierpiących trochę na płuca; przewijali się przez nie przeważnie wszyscy ci, którzy szli do lasu. W mieszkaniach tych obsadziliśmy na stałe jakieś stare (te niby chore) ciocie i pod tym pretekstem mogliśmy działać. Sama technika załatwiania formalnie tych spraw była dla tych, co zostawali w Warszawie, taka jak dla dzieci. W tym czasie, kiedy młody człowiek czy kobieta przebywali kilka dni w Rodzinnym Pogotowiu Rozdzielczym, łączniczki nasze (w każdym z dziesięciu ośrodków opieki społecznej była jedna zaufana osoba) załatwiały sprawę odpowiedniej odzieży, zapomogę z opieki społecznej i RPŻ (aby było więcej), potrzebne kontakty z rodziną, przyjaciółmi, znajomymi lub z organizacjami politycznymi co do ustalenia dalszego losu. Wyrabiano też pilnie aryjskie dokumenty, łącznie z kartą pracy, bez której przecież w ogóle po Warszawie nie można było się poruszać. Były nierzadkie wypadki, że przez szpitale załatwiało się też oficjalne zaświadczenia stwierdzające przebyte choroby i operacje, które miały chronić przed ewentualnymi szantażystami. Sprawą jednak najważniejszą było znalezienie lokum. Bez przesady można powiedzieć, że każdy poszczególny człowiek, który się uratował, ma za sobą dzieje, które mogłyby być tematem grubej książki.

Po całkowitym zewidencjonowaniu – według najostrzejszych niemieckich przepisów – i wynalezieniu odpowiedniego lokum nasz podopieczny był „urządzony". Otrzymywał swój pseudonim w kartotece, którą trzeba było prowadzić dla celów czysto praktycznych. Jeden raz w miesiącu bowiem rozprowadzało się pieniądze z RPŻ i łączniczki musiały wiedzieć, komu i gdzie pieniądze dostarczyć. Nasz podopieczny otrzymywał też stałą łączniczkę-opiekunkę, do której zadań należało kontaktowanie się i załatwianie jego różnych spraw.

Na przykład łączniczką-opiekunką ukrywającego się po aryjskiej stronie, od zimy 1943 roku, znanego pianisty Władysława Szpilmana była Maria Krasnodębska, koleżanka pani Ireny z Wydziału Opieki, która przez wiele miesięcy osobiście dostarczała mu żywność i pieniądze wprost do mieszkania, w którym przebywał[82].

„Tym, którzy szli do partyzantki, udzielano jednorazowej większej pomocy finansowej, zaopatrywano w odzież, różne leki oraz odpowiednie dokumenty i wyprowadzano do lasu. Zgłaszali się po nich odpowiedzialni łącznicy przysyłani przez Trojana"[83].

---

[82] Niestety, Władysław Szpilman (1911–2000), znany kompozytor i wybitny pianista, nie opisał tej zasłużonej dla jego ratowania osoby w swoich wspomnieniach ani w wydaniu pierwszym, z roku 1946 – *Śmierć miasta*, ani w drugim, przeredagowanym po ponad 50 latach. Wspomnieniach znanych dzięki wydaniom wielojęzycznym na całym świecie i filmowi Romana Polańskiego pod tym samym tytułem – *Pianista*. Piszę o tym, ponieważ panią Irenę bardzo boli brak pamięci o tych, którzy z narażeniem własnego życia ratowali innych. Maria Krasnodębska na pewno zasługuje na to przypomnienie, bo to z jej inicjatywy wybitny artysta, Władysław Szpilman, był na liście podopiecznych Żegoty, którzy otrzymywali stałe sumy pieniędzy (500 zł miesięcznie) aż do Powstania Warszawskiego, o czym też nigdy nie wspominał.

[83] Irena Sendlerowa, *Ci, którzy pomagali Żydom*, „Biuletyn Żydowskiego Instytutu Historycznego", 1963, nr 45/46, s. 234–247.

Dla Ireny Sendlerowej najważniejszy był los ukrywających się dzieci, których bezpieczeństwo stale było przez nią, i osoby z nią współpracujące, kontrolowane. – Odwiedzałam je systematycznie – opowiada po ponad sześćdziesięciu latach – i w razie zagrożenia szybko musiałam znaleźć dla nich zastępcze miejsce pobytu.

*
**

O tym, jak to będzie po wojnie, myślano jeszcze w czasie jej trwania. Zdawano sobie sprawę, że sytuacja uratowanych dzieci też ulegnie zmianie. W zależności od tego, czy ktoś z ich rodziny ocaleje. Dla organizatorów akcji ich ratowania ważne było, by nie zostały stracone dla społeczności żydowskiej. Aby rodziny mogły w przyszłości odnaleźć dziecko, przewidziano konieczność założenia kartoteki dzieci i prowadzenia ewidencji ich rozmieszczenia nie tylko w Warszawie, ale i w kraju.

Irena Sendlerowa była tą osobą, która taką ewidencję prowadziła przez kilka lat. Było to bardzo trudne zadanie. Każdy bowiem spis z podaniem imienia, nazwiska i adresu mógł przecież trafić w niepowołane ręce. Trzeba było jednak jakiś wykaz zrobić. Przy nazwisku Marysi Kowalskiej w nawiasie było podane Reginka Lubliner. I zaszyfrowany adres, dokąd dziecko trafiło. Ta szumnie zwana „kartoteka" to był zwój pasemek z bibułki, bardzo wąskich, zwinięty w rulon.

– Ze względów bezpieczeństwa tę „kartotekę" prowadziłam i miałam pod swoją opieką tylko ja – wyznaje pani Irena. – Ale gdzie coś takiego trzymać? Był czwarty rok wojny i Niemcy znali już różne konspiracyjne skrytki, schowki. Szafy, pawlacze, piece, deski podłogowe to wszystko już było dawno zdekonspirowane. Wymyśliłam coś innego. Moja koncepcja ukrycia kartoteki dzieci przedstawiała się następująco: W pokoju, którego okno wychodziło częściowo na przydomowy ogródek, a częściowo na podwórze, na środku stał stół. Myślałam więc, że zawsze wieczorem przed udaniem się na spoczynek ułożę malutki zwitek-rulonik na środku owego stołu. W razie stukania do moich wejściowych drzwi cały ten konspiracyjny materiał wyrzucę przez okno w krzaki tego przydomowego ogródka. Wiele razy ćwiczyłam sprawność mego pomysłu, aby być dobrze przygotowaną na ewentualne nadejście niepożądanych gości.

I nadszedł taki dzień.

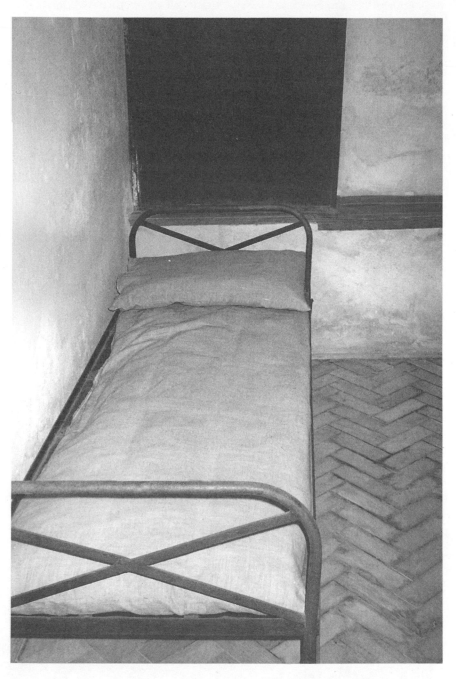

Aresztowanie

Cela w gmachu Gestapo, aleja Szucha w Warszawie. Fot. R. Szaybo

Irena Sendlerowa: – 20 października 1943 roku były moje imieniny. W czasie wojny imieninowego zwyczaju raczej nie przestrzegano. Nikomu nie było w głowie urządzanie przyjęć. Mimo to do mojego mieszkania na Woli, przy ulicy Ludwiki 6 m 82, które zajmowałam razem z chorą Matką, przyszła starsza ciotka i Janina Grabowska – jedna z moich najlepszych łączniczek. Rozmawiałyśmy do trzeciej nad ranem. Ciotka i łączniczka zostały na noc z powodu obowiązującej od ósmej wieczorem godziny policyjnej. Potworny huk, walenie do drzwi frontowych obudziło najpierw Matkę. Kiedy wreszcie i ja otrzeźwiałam ze snu i chciałam wyrzucić rulonik przez okno, okazało się, że dom jest otoczony przez gestapo. Rzuciłam zwitek karteczek, czyli całą kartotekę, mojej łączniczce, a sama poszłam otworzyć drzwi. Wpadli, było ich jedenastu. Trzy godziny trwała rewizja ze zrywaniem podłóg, rozpruwaniem poduszek. Ja przez cały czas ani razu nie spojrzałam na koleżankę ani na Matkę, bo bałam się jakiejś niepożądanej reakcji którejś z nas. Wiedziałyśmy, że najważniejsza jest kartoteka. Ukryła ją w swojej bieliźnie, a dokładnie pod pachą, będąc w moim dużym szlafroku, którego długie rękawy przykryły wszystko, niezawodna Janka Grabowska.

Kiedy gestapowcy kazali mi się ubierać, to choć zabrzmi to może niewiarygodnie, ale poczułam się szczęśliwa, bo wiedziałam, że spis dzieci nie wpadł w ich ręce. Tak bardzo się śpieszyłam, że wyszłam z domu w rannych pantoflach, aby tylko ci zbrodniarze opuścili mój dom. Janka wybiegła z butami dla mnie. Niemcy pozwolili mi je założyć.

Szłam długim podwórzem i myślałam tylko o tym, że muszę się opanować, że oni nie mogą dostrzec na mojej twarzy lęku. A przecież strach, przed tym co mnie czeka, ściskał mi gardło. Wtedy zdarzyły się trzy cudy. Pierwszy, że nie znaleziono kartoteki – dzieci więc były bezpieczne! I drugi... Tego dnia miałam w domu dużą sumę pieniędzy na zapomogi dla naszych podopiecznych. I ich adresy. Były też kenkarty, metryki. Prawdziwe i fałszywe. To wszystko znajdowało się pod moim posłaniem, które zawaliło się podczas rewizji. Niemcy, zajęci rozpruwaniem poduszek i wyrzucaniem rzeczy z szafy, na szczęście nie interesowali się złamanym łóżkiem. Mogłam więc zachować, tak trudny w tej sytuacji, wewnętrzny spokój. To była przecież dopiero pierwsza noc...

Cudem trzecim było udane zniszczenie w czasie drogi na Szucha ważnego spisu nazwisk dzieci, którym następnego dnia miałam zanieść pieniądze. Był w kieszeni marynarki, w której byłam. Wiedziałam, że na pewno zrewidują mnie i rozbiorą do naga. Bezcenną kartkę cichutko drobniutko podarłam i niezauważenie wyrzuciłam przez uchylone okno jadącego samochodu. Była szósta nad ranem, było ciemno, a Niemcy bardzo zmęczeni prawie drzemali. Nikt niczego podejrzanego nie zauważył. Byłam spokojna o los dzieci. Swojego przeznaczenia nie znałam.

Jezu, ufam Tobie,
czyli sto dni na Pawiaku

Ruiny Pawiaka w 1945 roku. Ilustr. R. Szaybo

W siedzibie gestapo przy alei Szucha Irena Sendlerowa została umieszczona w tak zwanym tramwaju. Tam – przerażona i osłupiała – zobaczyła, że nie jest sama. Tej nocy aresztowano kilka jej koleżanek z ośrodków opieki.

W śledztwie zorientowałam się – pisała w swoich wspomnieniach – że jedna z naszych „skrzynek"[84] kontaktowych, jak nazywaliśmy nasze punkty spotkań, została zdekonspirowana. „Skrzynka" ta była w pralni przy Brackiej (między Al. Jerozolimskimi a pl. Trzech Krzyży). Właścicielka została aresztowana (z jakiegoś innego powodu), nie wytrzymała tortur i wydała moje nazwisko. W czasie przesłuchań pytano mnie o nazwę organizacji i nazwisko jej przewodniczącego. Niemcy wiedzieli, że istnieje jakaś tajna organizacja, która ratuje Żydów. Ale nie znano szczegółów – nazwy, siedziby, ludzi w niej działających. Obiecywano mi, że jak wszystko powiem, to natychmiast zostanę zwolniona.

---

[84] W działalności Żegoty nieocenioną rolę odgrywały tzw. skrzynki, wspomina Irena Sendlerowa.

Były to lokale bardzo zaufanych osób, gdzie mogli się spotykać działacze Żegoty. Zostawiano tam ważne i pilne polecenia, pieniądze dla potrzebujących. „RPŻ miała następujące lokale, w których spotykałam się z członkami prezydium RPŻ i otrzymywałam polecenia: Żurawia 24, Marszałkowska, Radna, Bracka (numerów domu nie pamiętam), oraz Lekarska (dom prof. Mieczysława Michałowicza), na Powiślu u sióstr urszulanek przy ul. Gęsiej, na Pradze przy ul. Markowskiej 15, w domu nauczycielki Marii Kukulskiej, gdzie oprócz działającej skrzynki znajdowało się pogotowie opiekuńcze dla dzieci i dorosłych, prosto przyprowadzonych z getta".

W więzieniu na Pawiaku[85] przesłuchują i torturują Irenę Sendlerową przez wiele dni i nocy. Ale ona nikogo nie wydaje. – Milczałam – powie po latach. – Wolałam umrzeć niż zdemaskować naszą działalność. Cóż znaczyło moje życie w porównaniu z życiem tylu innych osób, które mogłam narazić na śmierć?

Przesłuchujący ją gestapowiec (elegancki, przystojny, mówiący bezbłędną polszczyzną!) uważał, że jest ona małym pionkiem. Oczekiwał adresów i nazwisk przełożonych. Niemcy nie wiedzieli, że aresztowali jedną z ważniejszych osób konspiracji. Pokazali jej teczkę z donosami. – Byłam w szoku – mówiła w wywiadzie dziennikarzowi[86]. – Pokazali mi całą teczkę z danymi o czasie i miejscach. A także o osobach, które na mnie doniosły. Po trzech miesiącach dostałam wyrok. Rozstrzelanie. Żegota przysyłała mi grypsy, abym była spokojna, bo organizacja robi wszystko, aby mnie uratować. To dodawało mi otuchy, pozwalało wierzyć w człowieka. Ale wiedziałam też, że innym skazanym także robiono nadzieję.

---

[85] Pawiak, więzienie zbudowane w Warszawie w XIX w., między ulicą Dzielną a Pawią (stąd nazwa). W czasie okupacji hitlerowskiej jedno z głównych więzień śledczych niemieckiej policji bezpieczeństwa na terenie tzw. Generalnej Guberni, zniszczone 21 sierpnia 1944 r. przez Sonderkommando. Regina Domańska w książce *Pawiak – kaźń i heroizm* pisała m.in.: „W okresie od 16 października 1943 do 15 lutego 1944 roku nastąpiło znaczne zaostrzenie terroru zarówno w Warszawie, jak i na Pawiaku. W całym mieście rozpoczęły się ogromne obławy. Schwytanych przewożono na Pawiak. Zaczęto rozstrzeliwać więźniów Pawiaka na ulicach Warszawy. Równocześnie codziennie, często nawet kilka razy w ciągu dnia, odbywały się potajemne egzekucje w ruinach getta. Nazwiska rozstrzelanych ogłaszane były przez megafony uliczne lub wymieniane w obwieszczeniach" (Warszawa 1988, s. 37). W innej książce ta sama autorka pisała: „I chociaż stale odchodziły z Pawiaka transporty do obozów koncentracyjnych i innych miejsc odosobnienia, na roboty przymusowe do Rzeszy, a także na rozstrzelanie, Pawiak był stale przepełniony – ponieważ aresztowania trwały bez przerwy", *Pawiak był etapem. Wspomnienia z lat 1939–1944*, Warszawa 1987, s. 20.
[86] Thomas Roser, *Sendlers Liste*, „Frankfurter Rundschau", 19 kwietnia 2003.

Świadomość, że się nie jest samotną, opuszczoną przez przyjaciół z organizacji, pomagała jej przetrwać najcięższe chwile... Wzmacniała wolę walki, była nadzieją na pomyślną przyszłość najbliższych dni.

Irena Sendlerowa: – Jestem w celi na Pawiaku. Wchodzi ekipa sanitarna, w której byli też więźniowie. W ekipie była Jadzia Jędrzejowska[87], moja znajoma. Zobaczyła mnie. Weszła raz jeszcze i rzuciła mi jabłko. W tym zespole były też

Jadwiga Jędrzejowska.
Fot. powojenna

więźniarki – lekarki. Usłyszałam: „Sendlerowa, do dentysty". Powtórzyła to dwa razy. Odpowiedziałam: – Mnie zęby nie bolą. – Gdy powtórzyła to polecenie po raz trzeci, zrozumiałam, że to konspiracja. Strażniczka Niemka zaprowadziła mnie do „gabinetu". Dentystką była więźniarka Hania Sipowicz[88]. „Gabinet" to był wąski pokój, na którego końcu siedział gestapowiec. Dalej stał fotel. Usłyszałam: „Rozwiercę dziurę i włożę duży opatrunek" (domyśliłam się, że gryps!). Cicho uprzedziła mnie, że w każdej celi jest kapo. Byłam w trzech

---

[87] Jadwiga Jędrzejowska została aresztowana 13 listopada 1942 r. Od kwietnia 1943 pracowała w kolumnie sanitarnej, udzielając pomocy konspiracyjnej więźniarkom. Przekazywała grypsy i meldunki. 30 lipca 1944 została wywieziona do Ravensbrück. Zmarła w 1978 r.

[88] Anna Sipowicz-Gościcka, lekarz dentysta. Aresztowana 17 maja 1941 wraz z mężem. Pracowała jako lekarz w szpitalu na Serbii i w szpitalu męskim. Była ważną łączniczką w więziennej konspiracji. Niezwykle odważna i oddana w pracy dla więźniów. Zwolniona 31 lipca 1944 podczas ewakuacji Pawiaka. Brała udział w Powstaniu Warszawskim.

celach. W jednej sześcioosobowej, w drugiej – czteroosobowej (z prostytutkami!) i trzeciej – dwunastoosobowej. Co było najgorsze? Ubikacje. Cztery otwory (leje) w betonie, a pośrodku naprzeciwko siedział gestapowiec. I wychodzenie na komendę. Przez parę dni nie mogłam się załatwić.

Najzabawniejsze wspomnienie? Z celi z czterema prostytutkami. Dostałam kiedyś od Jadzi paczkę papierosów. Dałam je moim towarzyszkom z celi. Paliły, co było zabronione. Było szaro od dymu. Wpadł gestapowiec, strasznie krzyczał. Ale kobiety nie wydały mnie. Dziękuję im za to, a one: – A co pani myśli, że prostytutki to nie patriotki![89]

*
**

Myślano o niej, o tym, jak ją stamtąd wydostać, ponieważ była jedyną osobą, która wiedziała, gdzie są uratowane dzieci! Myślała o nich także. Będąc na Pawiaku, była świadkiem okrutnych scen. Pracowała w pralni, okna wychodziły na podwórze, na którym pośrodku siedział jeden, czasem dwóch gestapowców. „Pewnego dnia zobaczyłam bawiącego się chłopczyka w wieku 3–4 lat. Było to dziecko żydowskie. Czasem gestapo, aresztując matkę, zabierało i dzieci. Zdarzało się, że «dobra» strażniczka Niemka pozwalała dzieciom wyjść na podwórze. Mam w pamięci takie zdarzenie. Gestapowiec kiwa ręką na to dziecko. Chłopczyk boi się i nie chce podejść, ale w końcu zachęcony cukierkiem zbliża się. Dostaje w jedną rączkę cukierka i w drugą też. Szczęśliwy odchodzi. Kiedy jest już tyłem do gestapowca, ten strzela maleństwu prosto w plecy" – zanotowała po kilkudziesięciu latach to wstrząsające wspomnienie.

Inny obrazek z pralni. „W więzieniu były dwie pralnie: czarna, w której prało się ubrania więzienne, i biała, gdzie

---

[89] Klientami tych prostytutek byli zaangażowani w konspirację komuniści, którzy sami uniknęli aresztowania, bo nie było ich wtedy w domu (inf. I.S.).

prało się bieliznę gestapowców. Od dziecka byłam alergiczką. Podczas prania leci mi krew. Jedna z koleżanek zaoferowała się, że będzie prać za mnie. Prało nas w sumie dwadzieścia kobiet. Najgorsze było pranie potwornie brudnej bielizny. Przyschnięty kał nie dawał się sprać. «Stare» więźniarki – praczki – poradziły nam, aby te zasuszone brudy szorować szczotkami ryżowymi, którymi szorowano podłogi. (My cieszyłyśmy się, że Niemcy robią w gacie ze strachu...). Po jakimś czasie w bieliźnie powstały dziury. Niemcy dostali szału. Skończyło się to tragicznie. Któregoś dnia wpadło czterech oprawców. Kazali nam wyjść na zewnątrz, ustawili nas w rządku i co drugiej kazali wystąpić. Na naszych oczach rozstrzelali te kobiety. To nas załamało. Szlochałyśmy. Wpadła do nas doktor Hanna Czuperska[90] – kierowniczka ekipy sanitarnej – i widząc nasz stan, powiedziała: – Dziewczyny, co ja słyszałam, że ktoś jest załamany? Kochane, to przecież jest zwykły pawiacki dzień!

Przed głodem ratowano się, wykorzystując obecność w więzieniu małych dzieci, które były aresztowane razem z matkami. „Dobre" strażniczki czasem wypuszczały te dzieci do piwnicy po kartofle, marchew. „Weszłyśmy w porozumienic z chłopcami, którzy przynosili nam kartofle do naszej pralni. Gotując bieliznę, gotowałyśmy ziemniaki. Nakrył nas gestapowiec. Uciekłam z tym garnkiem do kibla, siadłam na nim, udając, że się załatwiam...".

Były dwa rodzaje rozstrzeliwań na Pawiaku.

„Pierwszy – na rozkaz z centrali na Szucha. Wtedy wyprowadzali z celi i rozstrzeliwali, prawie zawsze na terenie getta. Drugi – o piątej rano wchodziło do celi dwóch gestapowców z psem wilczurem. Stałyśmy w rzędzie, a oni wskazywali, które miały wystąpić. Była z nami Basia Dietrich, kierowniczka ogródka jordanowskiego. Z zawodu przedszkolanka, która

---

[90] Po wojnie Anna Czuperska-Śliwicka wydała książkę o Pawiaku – *Cztery lata ostrego dyżuru* (dwa wydania).

bardzo ładnie śpiewała. Jak był dzień dużych wyroków, to wieczorem śpiewałyśmy patriotyczne pieśni. Jednego wieczoru Basia nie chciała śpiewać. Prosiłyśmy, ale powiedziała, że następnego dnia będzie rozstrzelana. I tak było. Rano przyszli gestapowcy. Jeden z nich powiedział: – Barbara Dietrich skazana na śmierć, wystąp... – Rozstrzelano ją wraz z inną więźniarką na Nowym Świecie (przy ul. Foksal jest tablica). Po wojnie okazało się, że obydwie były w wywiadzie radzieckim. Jak siedziałyśmy w celi dwunastoosobowej, jedna do drugiej mówiła: – Jak będę wolna, jak się stanie cud... dajcie mi adresy, to zajmę się waszymi dziećmi, rodziną. – Po wojnie zajęłam się dziećmi i matką Basi".

* * *

Nadszedł okres masowych egzekucji na Pawiaku. Codziennie nad ranem otwierały się cele więzienne, wywoływano z nich ludzi, którzy już nigdy nie wracali.

– Kiedyś znalazłam w sienniku mały zniszczony obrazek z napisem „Jezu, ufam Tobie!". Ukryłam go i miałam cały czas przy sobie[91].

20 stycznia 1944 roku Irena Sendlerowa usłyszała wśród wywołanych również swoje nazwisko. – Co się wtedy robiło? Prędko każdy rozdawał pozostałym w celi koleżankom, co miał poprzysyłanego od rodziny lub z Polskiego Czerwonego Krzyża. A co się czuło? Tego żadne pióro opisać nie potrafi, wszystkie na ten temat czytane przeze mnie opisy przeżyć nie odpowiadały rzeczywistości. Było nas dużo, trzydzieści, a może czterdzieści osób. Wieziono nas do centrali w alei Szucha – wspomina. – Zdawałam sobie sprawę, że to moja ostatnia droga. I tu zdarzyła się rzecz wprost nie

---

[91] Obrazek ten (jako najcenniejszą rzecz, którą posiadała!) Irena Sendlerowa przekazała listownie (nie podając swojego adresu, opisując jedynie jego historię) na ręce papieża Jana Pawła II podczas Jego pierwszej wizyty w Polsce.

do wiary. Wyczytywano nazwiska i kazano iść do pokoju na lewo. Mnie jednej polecono wejść do pokoju na prawo. Niespodziewanie zjawił się gestapowiec, który miał rozkaz doprowadzić mnie na dodatkowe śledztwo. Wyprowadził mnie z siedziby gestapo w kierunku gmachu sejmu na Wiejskiej. Na rogu obecnej alei Wyzwolenia, Alej Ujazdowskich i placu Na Rozdrożu (tu gdzie jest obecnie fontanna, i o krok dalej gdzie do niedawna mieszkałam), powiedział mi po polsku: „Jesteś wolna! Uciekaj czym prędzej!". Byłam oszołomiona. Ale z naiwności i głupoty jakiejś poprosiłam go o zwrot kenkarty – jedynego ówczesnego dokumentu, bez którego nie można było się poruszać. Po moich słowach raz jeszcze powtórzył: „Uciekaj!". A ja z uporem powtórzyłam prośbę o zwrot dokumentu tożsamości. Wtedy uderzył mnie w twarz, powalając na ziemię, i odszedł. Zalałam się krwią. Z trudem dowlokłam się do pobliskiego składu aptecznego albo drogerii. Weszłam, na szczęście nie było tam nikogo. Właścicielka, widząc mój stan i moje ubranie (więzienne), zaprowadziła mnie na zaplecze. O nic nie pytając, dała mi szklankę wody i jakieś krople uspokajające, zaofiarowała też chęć pomocy. Poprosiłam o jakieś okrycie (była zima!) i pieniądze na tramwaj. Dostałam. Wsiadłam do tramwaju, chcąc dojechać do domu. Kiedy tramwaj dojeżdżał do ulicy Młynarskiej – wpadł jeden z gazeciarzy (cudowni, niepowtarzalni chłopcy z czasów wojny!) i krzyknął: „Wysiadajcie w biegu, bo gestapo za rogiem łapie!". Wyskoczyłam razem z wszystkimi i potłuczona z trudem dowlokłam się do swego domu.

Radości i szczęścia z mojego powrotu oraz spotkania z Mamą – nie da się opisać. Ale po godzinie przyszła jedna z moich łączniczek i powiedziała: – Możesz tu spać tylko jedną noc, a od jutra musisz się ukrywać. – Po kilku dniach Żegota dała mi dokumenty na nazwisko Dąbrowska Klara.

*
**

Maria Palester. Fot. powojenna

Akcję ratowania siostry Jolanty zorganizował Julian Grobelny przy udziale Marii Palester[92]. Jego wcześniejsze starania o uwolnienie pani Ireny nie przyniosły rezultatu. To Marii udało się dotrzeć do jednego ze znajomych, nazywał się Władysław Pozowski, który pochodził z Poznańskiego, znał świetnie język niemiecki i umiał to wykorzystać. Wszystko było dokładnie zaplanowane. Paczki dolarów w plecaku Małgorzaty Palester (ukryte pod makaronem i kaszą!), którą prowadziła matka (Maria kierowała w Wydziale Opieki pomocą dożywiania niemowląt), zostały dostarczone w umówione miejsce. I przyjęte. Akcja udała się. Przekupiony gestapowiec w dokumentach „rozstrzelał" Irenę Sendlerową. Zapłacił za to własnym życiem. Gdy sprawa się wydała, on i jego koledzy, którzy też w tym zdarzeniu mieli jakiś udział, zostali za zdradę Trzeciej Rzeszy wysłani na front wschodni.

---

[92] Maria Szulisławska-Palester (1897–1991), romanistka. Jej mąż Henryk (zginął w tragicznym wypadku, 19 listopada 1944 r., miał 75 lat) był lekarzem. Mieszkali przy ulicy Łowickiej 53 m 8. Mieli dwoje dzieci, starszego syna Krzysztofa (zginął w Powstaniu Warszawskim) i córkę Małgorzatę (obecnie jest lekarzem, mieszka w Warszawie). W swoim mieszkaniu ukrywali w różnym czasie dwanaście osób pochodzenia żydowskiego. To ona (co w warunkach konspiracyjnych wcale nie było łatwe!) – dzięki pomocy Andrzeja Klimowicza (działacza Stronnictwa Demokratycznego jeszcze sprzed wojny), który porozumiał się z Emilią Hiżową (1895–1970), także działaczką Stronnictwa Demokratycznego, która w RPŻ prowadziła referat mieszkaniowy i później lekarski – dotarła wprost do prezydium Żegoty.

Dla niej samej był to powrót do innego już świata. Musiała zerwać kontakty z Zarządem Miejskim Warszawy. Wróciła do pracy konspiracyjnej. Działała jak dawniej, tyle że – jak jej podopieczni – ukrywając się. Oficjalnie podano informację o jej rozstrzelaniu. Czytała ją nawet w ogłoszeniach, które pojawiły się na ulicach Warszawy. Informowały też o tym uliczne „szczekaczki". Prawda wyszła na jaw dopiero po kilku tygodniach[93]. Jej

Małgorzata Palester. Fot. powojenna

samej władze konspiracyjne zabroniły nocować w mieszkaniu. W dzień gestapo nie aresztowało. Była więc z Matką do godziny policyjnej, a potem szła nocować do sąsiadki. Ale w końcu bardzo chorą na serce Matkę musiała zabrać z ich mieszkania w wielkiej tajemnicy. Gestapo jednak przyszło zapytać wprost o nią – właśnie Matkę. Wtedy poprosiła o pomoc nieocenionego doktora Majkowskiego, który jako kierownik urzędów sanitarnych dysponował transportem. Dał jej do dyspozycji jeden z wozów sanitarnych, w którym umieściła Matkę. „Zawieziono ją do szpitala przy ulicy Płockiej. Wniesiono na noszach po to, aby wynieść ją po chwili drugim wyjściem. Zawieziono ją do kolejnego szpitala, Dzieciątka Jezus,

---

[93] 1 lutego 1944 żołnierze AK „Pegaz" (wcześniej „Agat", a później „Parasol") wykonali wyrok, który został wydany na Franza Kutscherę, gen. SS i Policji na dysktrykt warszawski. Decyzję o likwidacji Kutschery (który rozwinął w Warszawie akcję terroru, polegającego m.in. na publicznych egzekucjach na ulicach Warszawy) podjęło Kierownictwo Walki Podziemnej Polskiego Państwa Podziemnego. Kilka dni po tej słynnej akcji gestapo przyszło do mieszkania Ireny Sendlerowej na Woli.

gdzie powtórzono ten sam wybieg. Stamtąd pojechaliśmy na Kawęczyńską, gdzie w zajezdni tramwajowej pracowała moja zaprzyjaźniona rodzina Wichlińskich. Stefania Wichlińska – moja serdeczna koleżanka z pracy, za aktywną pracę w konspiracji, po aresztowaniu w cukierence na ulicy Trębackiej, przez wiele tygodni była torturowana na gestapo. W bardzo ciężkim stanie, na noszach, rozstrzelana została na terenach przyległych do getta. Mąż jej (inżynier) – Stefan – był pracownikiem zajezdni tramwajowej. Mieli dwoje dzieci, córkę i syna. Zgodził się na ukrywanie mojej Matki i mnie w swoim mieszkaniu przy Kawęczyńskiej 2" – zanotowała pani Irena w swoich wspomnieniach.

Matka poczuła się źle 30 marca 1944 roku. Poprosiła o sprowadzenie zaprzyjaźnionego lekarza. Córka nie powiedziała jej, że doktor Mieczysław Ropek zamieszany był w wystawianie fałszywych aktów zgonu i aresztowany. – Ponieważ w mieszkaniu Wichlińskich nie było telefonu, zeszłam na dół do sklepu – opowiada pani Irena te zdarzenia sprzed sześćdziesięciu lat niezwykle dokładnie, jakby miały miejsce nie tak dawno. – I o dziwo, telefon odebrał doktor Ropek! Oniemiałam. Powiedziałam, co się dzieje z Mamą. Obiecał przyjść natychmiast. Gdy przyszedł, Matka się do niego uśmiechnęła. Doktor wiedział, że to już koniec. Wzięłam Mamę w objęcia. Zdążyła mi jeszcze powiedzieć: „Przysięgnij, że nie będziesz na moim pogrzebie, bo przecież szuka cię gestapo...". To były jej ostatnie słowa.

Zgodnie z obietnicą nie była na pogrzebie. Gestapo pytało o nią w kościele i na cmentarzu na Powązkach. Uzyskali odpowiedź, że córka zmarłej jest w więzieniu na Pawiaku. Któryś z Niemców z wściekłością warknął: – Była, ale znikła!

*
**

Irena Sendlerowa: – Po tym, co przeszłam na Pawiaku, wiem, że nie wolno potępiać tych, którzy nie wytrzymali tortur

Irena Sendlerowa (z prawej) z koleżanką z Pawiaka Heleną Sperkowską,
1977 r.

i zdradzili. W Muzeum Pawiaka jest gablota z narzędziami
tortur. Nie powinno się też zbyt pochopnie oskarżać kogoś
o kolaborację. Jakiś czas przed aresztowaniem zostałam
ostrzeżona przed pewną lekarką, którą podejrzewano
o współpracę z Niemcami. Jakie było moje zdziwienie, gdy
spotkałam się z nią na Pawiaku. Spałyśmy razem na jednym
barłogu, razem pracowałyśmy w więziennej pralni. Byłam
ostrożna. Nie miałam wątpliwości, że jest kapusiem. Parę lat
po wyzwoleniu okazało się, że ona przed wojną studiowała
medycynę w Wiedniu. Mąż jej był oficerem i zginął w obronie
Warszawy. Mieszkała w Śródmieściu, przy ulicy Żurawiej.
W jakiś czas po wkroczeniu Niemców do stolicy, w pobliżu
swojego domu, spotkała dwóch oficerów niemieckich, którzy
przywitali ją niezwykle serdecznie. Byli to jej dawni koledzy
ze studiów. Przerażona (ciekawscy sąsiedzi od razu wyciągnę-
li wnioski), nie wiedząc, co robić w tej niecodziennej sytuacji,
zaprosiła ich do domu, gdyż nie chciała wzbudzać podejrzeń
i komentarzy. Ponieważ zajmowała się pomocą Żydom, doszła
do wniosku, że ta znajomość może się przydać. I tak się stało.
Bywało tak, że w jednym pokoju ukrywała żydowską rodzinę,

a w drugim przyjmowała dawnych kolegów, od których wyciągała różne informacje potrzebne do rozeznania planów Niemców w stosunku do Żydów i Polaków.

Prawdę o jej działalności poznałam po wielu latach, kiedy prosiła mnie o pomoc w poparciu jej starań o pracę. Zanim jej pomogłam, opowiedziałam jej o podejrzeniach, które na niej ciążyły. Wtedy dopiero zwierzyła mi się z tego, co było naprawdę. Z Pawiaka została wywieziona do obozu w Ravensbrück. I tam dotrwała do końca wojny, pomagając współwięźniarkom Żydówkom, które wystawiły jej wspaniałą opinię.

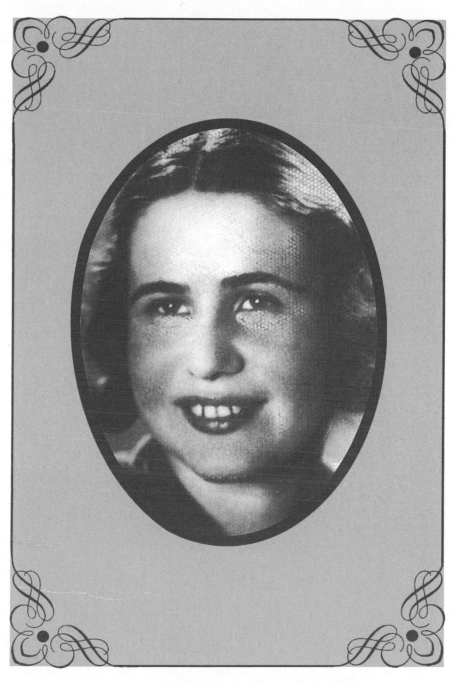

Kwiecień–sierpień 1944

Irena Sendlerowa, 1944 r.

Irena Sendlerowa: – Mąż był w obozie. Po śmierci Mamy zostałam sama i z całą energią oddałam się działalności Rady Pomocy Żydom. Kontynuowałam też pracę w konspiracyjnej komórce PPS. Zajmowałam się między innymi dostarczaniem pieniędzy dla rodzin działaczy, którzy zostali aresztowani. Przewoziłam też lekarstwa dla ludzi ukrywających się w lesie. Mimo zmienionego nazwiska, nie miałam stałego miejsca pobytu. Nocowałam co kilka dni u różnych znajomych, dla swego i tych osób bezpieczeństwa. Miałam ze sobą tylko torbę z przyborami toaletowymi i zmianą bielizny.

Pewnego razu wracała z takiej wyprawy. W Skierniewicach pociąg stanął na dłużej. Niemcy robili dokładną rewizję wszystkich pasażerów, kontrolowano dokumenty i bagaż. Kogoś szukano. Sprawdzający miał spis poszukiwanych osób. – Byłam spokojna, bo miałam dobre dokumenty na inne nazwisko – wspomina. – Pewna siebie spojrzałam przez ramię żandarma. I zamarłam. W wykazie osób poszukiwanych, zobaczyłam: „Irena Sendler”.

W lipcu atmosfera w mieście stawała się coraz bardziej nerwowa. Wyczuwało się powszechne oczekiwanie na coś nadzwyczajnego. – Ja sama w powstanie nie wierzyłam. Uważałam, że walka zbrojna jest bez szans na zwycięstwo. Mimo iż ulice Warszawy pełne były cofających się wojsk niemieckich z frontu wschodniego, w dalszym ciągu czuło się jednak potęgę Niemiec i siłę ich wojska.

– Po ucieczce z więzienia bibułki z nazwiskami dzieci wkładałam do słoika, który zakopywałam. W czasie powstania przełożyłam je ze słoika do butelki i zakopałam, prawie w tym samym miejscu, w ogródku (przy ulicy Lekarskiej 9) u zaprzyjaźnionej łączniczki, aby w razie mojej śmierci odkopała i przekazała komu należy.

Do dziś rośnie stara jabłonka, pod którą Irena Sendlerowa i Jadwiga Piotrowska ukryły butelkę.

*
**

Wybuch powstania zastał Irenę Sendlerową (podobnie jak wielu warszawiaków) na ulicy, w dzielnicy Mokotów. Po pewnym czasie dotarła do mieszkania przyjaciół Marii i Henryka Palestrów przy ulicy Łowickiej 53. Był tam też Stefan Zgrzembski, prawnik, działacz przedwojennego PPS, który wcześniej przebywał w Otwocku i na Pradze. Znali się sprzed wojny, przez kilka lat współpracowali w konspiracji. Pobrali się dwa lata po wojnie.

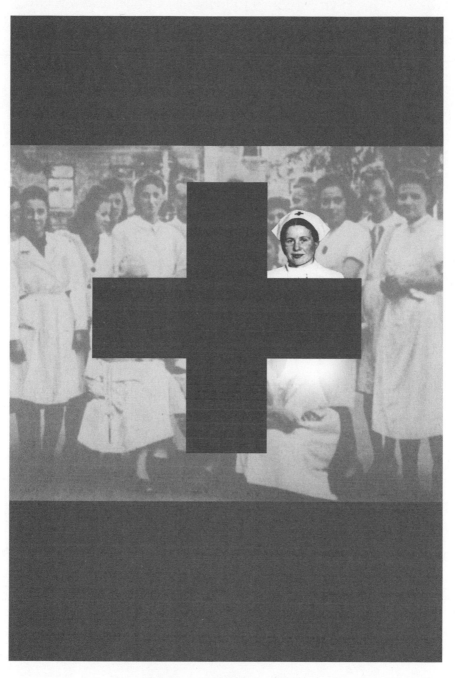

Co robiła siostra Jolanta
przez 63 dni powstania w Warszawie

Mając ukończony sześciomiesięczny kurs dla pielęgniarek, zorganizowany przez Polski Czerwony Krzyż, zgłosiła się do najbliższego punktu sanitarnego, który mieścił się w podwórzu domu, gdzie mieszkali Palestrowie. Wkrótce po rozpoczęciu powstania punkt był pełen rannych. – Na naszych oczach ze wszystkich okolicznych domów wypędzano mieszkańców, tak że podwórze domu przy ulicy Łowickiej 51 zapełniło się ludźmi – opowiada w sierpniu 2003 roku, po pięćdziesięciu dziewięciu latach od tamtych wydarzeń. – Po kilku dniach punkt sanitarny, ze względu na dziesiątki rannych, przekształcił się w duży szpital, w którym ukrywaliśmy pięciu dorosłych Żydów (trzech mężczyzn i dwie kobiety, z wszystkimi utrzymuję do dzisiaj przyjacielskie kontakty![94]). Jako niby ranni mieli zabandażowane twarze. W końcu września, podczas akcji wypędzania wszystkich mieszkańców Warszawy oraz likwidacji punktów sanitarnych, nasza placówka znalazła się w niebezpieczeństwie, bo na kilkudziesięciu rannych mieliśmy tylko jedne nosze. Uniemożliwiało to ewakuację.

Nieoczekiwanie do szefowej naszego prowizorycznego szpitala – doktor Marii Skokowskiej-Rudolf – podszedł jeden z Niemców, który powiedział po polsku: „Chodźcie za mną". Lżej ranni szli o własnych siłach, ciężej rannych umieszczaliśmy

---

[94] Jedna z tych osób – Jaga Rosenholc – mieszka w Kanadzie. Pani Irena wspomina ją jako najodważniejszą z całej grupy. Pod ostrzałem niemieckim przedzierała się przez trzy barykady, aby przynieść wiadro wody.

na tym, co nam wpadło w ręce. Były to drzwi wyrwane z zawiasów, duże miejskie śmietniczki. Dołączyła do nas pewna grupa zdrowych mieszkańców tego domu. Ruszyliśmy za Niemcem. Naprzeciwko tego domu, na tej samej ulicy był niewykończony dom (bez dachu i okien!).

Tam nas ten żołnierz wprowadził, mówiąc:

„Mam ojca Niemca, matka moja jest Polką. Jak zaczęła się wojna, zmobilizowali mnie do wojska. Musiałem matce przysiąc, że w czasie wojny nie tylko nie zabiję żadnego Polaka, ale jak tylko będę mógł, to każdemu pomogę. Dlatego was tu przyprowadziłem, bo wszyscy mieszkańcy Warszawy są kierowani do obozu w Pruszkowie, gdzie dzieją się straszne rzeczy. Chcę, żebyście tego uniknęli, tu was zostawiam. Gdyby Niemcy was odkryli, powiedzcie, że jesteście tu z polecenia majora Patza".

Zajęliśmy dom, w którym nic nie było. Spaliśmy na gołych deskach, a jedliśmy to, co zabrali ze sobą na drogę zdrowi mieszkańcy, którzy przyłączyli się do nas. Żywność szybko się skończyła i przez kilka dni żywiliśmy się tylko pomidorami, które rosły w okolicznych ogródkach. Wśród naszych podopiecznych była kobieta, która pracowała jako gosposia w pobliskim domu. Dom jej państwa został zburzony, ale ocalała piwnica, w której były ogromne zapasy żywności: worki ryżu, mąki, cukru, także wędliny i peklowane w słojach mięso. Poszłam tam z nią. Gdy pakowałyśmy to wszystko, wszedł Niemiec. On się nas przestraszył, a my jego. Z wściekłością rzucił się na mnie z bagnetem. Ranił mnie silnie w nogę. Okazało się, że szuka cywilnego ubrania. Był dezerterem. Powiedział nam, że ma dosyć tej wojny. Pięć lat zabija i nie chce już tego robić więcej. Ma liczną rodzinę, musi dla nich żyć. Chce uciec z tego piekła. To on prosił nas o pomoc!

Towarzysząca mi Marysia Dziedzic oddała mu kompletne ubranie właściciela domu, które znalazła ukryte w piwnicy. Po jego otrzymaniu zostawił nas w spokoju. Gdy wróciłyśmy z workami pełnymi bezcennych zapasów, doktor Skokowska przywitała nas okrzykiem radości, ale przeraził ją widok mojej nogi. W ranę wdało się zakażenie. Parę dni z dużą gorączką walczyłam ze śmiercią. Nie mieliśmy żadnych środków przeciwko zakażeniu. Z wielkim trudem, dzięki ogromnemu wysiłkowi pani doktor, przeżyłam to wszystko.

Warszawa była w dalszym ciągu bombardowana. Jeden z odłamków ranił kobietę, urywając jej prawą rękę. Zaszła konieczność natychmiastowej operacji, aby ją ratować. Doktor Skokowska-

Dr Maria Skokowska-Rudolf.
Fot. powojenna

-Rudolf, specjalistka od gruźlicy dziecięcej, i dr Henryk Palester, specjalista epidemiolog, naradzali się, kto ma zrobić operację, bo żadne z nich nie było chirurgiem i nigdy żadnych operacji nie przeprowadzało. Wybór padł na panią Marię, która była o trzydzieści lat młodsza. Moim zadaniem było pójść do tego domku, w którym wcześniej przebywaliśmy, a który teraz był spalony, i wygotować do operacji zwyczajne noże.

Gdy szłam przez ogród, musnęła mnie kulka, obcinając włosy z jednej strony głowy.

Na prowizorycznym stole z desek ułożyliśmy ranną kobietę. Doktor Skokowska przystąpiła do operacji (bez znieczulenia!). Moim zadaniem było podawanie jej prowizorycznych narzędzi, czyli zwykłych kuchennych noży. Dwie inne „pielęgniarki" odganiały roje much. W pomieszczeniu, w którym odbywała się operacja, przebywało ponad sześćdziesiąt osób. Nagle usłyszeliśmy wrzaski Niemców i szamotanie się z innym lekarzem, który wyszedł do nich ze sztandarem Czerwonego Krzyża. Niemiec wrzeszczał: „Kim wy jesteście, jak żeście się tu znaleźli?". Doktor Palester spokojnie odpowiedział, że jesteśmy z polecenia majora Patza. To zaskoczyło, ale i rozwścieczyło Niemca, który wrzeszcząc, pytał, kto mógł powołać się na niego?! Uderzył doktora, złamał sztandar i z gotowym do strzału „rozpylaczem" wpadł do nas. Operująca doktor Skokowska, spokojnym głosem odrzekła: „Pan pozwoli, że dokończę operację, a potem panu wszystko wyjaśnię". Niemiec opuścił broń i czekał. Po operacji major Patz kazał doktor Skokowskiej iść ze sobą. Towarzyszyło mu czterech innych żołnierzy. A cały nasz zespół, złożony z męża pani doktor, profesora Politechniki Warszawskiej, i ich piętnastoletniego syna, tuląc się do siebie, czekał, kiedy usłyszy strzały. Przez dwie godziny była kompletna cisza. Potem zobaczyliśmy przez otwory okienne, jak czterech żołnierzy niesie dwa duże kosze od bielizny. W jednym był chleb, w drugim różne środki opatrunkowe. Towarzyszyła im żywa doktor Skokowska. Opowiedziała nam, że major Patz zabrał ją na kwaterę, że opowiedziała, w jaki sposób w tym właśnie miejscu się znaleźliśmy, nie wspominając, że ukrył nas tutaj żołnierz niemiecki, a tłumacząc, że stan chorych i brak noszy nie pozwalał na wyjście z Warszawy.

Major Patz przyznał, że gotów był nas wszystkich zabić, ale widok przeprowadzanej operacji w tak niesamowitych warunkach, bohaterstwo i determinacja lekarki zaimponowały mu.

Pamiętam też inne dramatyczne zdarzenie. Pewnego dnia przybiegła do nas, błagając o pomoc, zrozpaczona kobieta. Jakimś cudem przyniosła ze sobą wyciągniętych spod stosu trupów, żyjących jeszcze, swoich bliskich: syna i ojca. Okazało się, że w pobliżu, na ulicy Rakowieckiej, w klasztorze jezuitów, schroniło się bardzo dużo ludzi, których wybuch powstania zastał na działkach na Polu Mokotowskim. Nie mogli już wrócić do domu i schronili się tam właśnie. Pewnego dnia Niemcy podpalili cały dom. Prawie wszyscy zginęli. Ta kobieta, wiedziona pewnie intuicją, usłyszała jęki rannych i wśród stosu spalonych ludzi odnalazła najdroższych jej bliskich. Przerażona szukała dla nich pomocy w naszym prowizorycznym powstańczym szpitaliku.

W połowie września wyrzucono pozostałą ludność, a więc i nas, z miasta. Szliśmy Polem Mokotowskim. Dołączali do nas ludzie z okolicznych domów i ulic, którzy nie mieli z naszym „szpitalem" nic wspólnego. W pewnym momencie usłyszeliśmy krzyk rodzącej kobiety i płacz małego dziecka, które było z matką i starszym braciszkiem[95]. Kilka osób zatrzymało się. Poszukałam w tłumie doktor Skokowskiej. Dwaj mężczyźni wzięli na ręce rodzącą. Z trudem dotarliśmy do rozstajnych dróg: szosy krakowskiej i szosy prowadzącej do Pruszkowa. Konwojujący nas Niemcy już skręcili w kierunku Pruszkowa. Jeden z naszych chorych podszedł do nich. Długo z nimi rozmawiał. Dał dużą sumę pieniędzy, abyśmy mogli się znaleźć na szosie prowadzącej do Okęcia. Zgodzili się. Dotarliśmy do miejsca, gdzie znajdowała się fabryka marmolady, której dyrektorem był Niemiec. Zobaczywszy tłum chorych, kalek, płaczące dzieci, kazał pracownikom wynieść pojemniki marmolady, chleba, mleka dla dzieci. Dał też samochody, aby tych, którzy nie mogli iść, zawieźć do wyznaczonego przez konwojujących miejsca. Gmina umieściła nas w barakach. Zajęliśmy się rozlokowaniem chorych. Baraki były brudne, zawszone, pełne różnego robactwa. Wcześniej trzymano tam więźniów radzieckich. Rodzącą kobietę odesłano do pobliskiego szpitala. Na drugi dzień gmina przeniosła nas do budynku spółdzielni mieszkaniowej, który został całkowicie opuszczony przez zamieszkałą tam ludność, która bała się bliskości wojującej Warszawy. Bardzo się nami wtedy

---

[95] Pani Moszyńska odnalazła panią Irenę po kilkudziesięciu latach dzięki artykułowi w „Gazecie Wyborczej". Przypomniała dramatyczne okoliczności ich poznania, opowiedziała dalsze losy dwojga dzieci.

zajął ksiądz z pobliskiej parafii, organizując posiłki – zupę i chleb[96].

Pamiętam ostatnią wojenną Wigilię. Siedzieliśmy wszyscy przy skromnej kolacji, gdy świąteczny nastrój przerwało walenie do drzwi. Przyszedł kompletnie pijany ranny Niemiec. Nie pytaliśmy, dlaczego jest ranny. Doktor Skokowska i ja zajęłyśmy się nim. Po opatrzeniu jego ran Stefan Zgrzembski wyprowadził go daleko od naszego domu. A my zabraliśmy się do zacierania śladów jego obecności – trzeba było wyszorować zakrwawioną podłogę.

---

[96] „Powstańczy Punkt Ratowniczo-Sanitarny nr 2 przy ulicy Fałata 4 został 14 września 1944 r. wraz z rannymi i chorymi w liczbie ok. 150 osób popędzony w drodze karnej na zachód. Dzięki przypadkowemu zbiegowi okoliczności lekarzom Punktu udało się przeprowadzić wszystkich zamiast na Dworzec Zachodni – na Okęcie. Baraki, w których poprzednio katowano Żydów, a następnie jeńców radzieckich, były pierwszym zaczątkiem Szpitala Czerwonego Krzyża nr 2 (późniejszego Domu Dziecka Warszawy), którego celem było wówczas wyrwanie jak największej liczby ludzi z szeregów nieszczęśliwych ofiar pędzonych do Pruszkowa. Dla pomieszczenia stale wzrastającej liczby podopiecznych, jak również w celu ratowania budynku przed Niemcami – Gmina Okęcie z końcem września 1944 r. przydzieliła wysiedleńcom warszawskim lokal przy ul. Bandurskiego 21. W listopadzie zaczęły napływać do Domu dzieci samotne, ofiary dramatu stolicy, wycofywane stopniowo przez Polskie Władze Opiekuńcze ze wsi, gdzie niejednokrotnie miały warunki jak najgorsze. W styczniu i w lutym 1945 zaczęły napływać dzieci najmłodsze zagubione przez rodziców podczas powstania, a przygarnięte przez ludzi obcych, którzy zaczęli się ich pozbywać. Wreszcie napłynęła tragiczna fala dzieci powracających z obozów niemieckich, które były świadkami gwałtów, morderstw masowych, egzekucji zbiorowych, które wciąż mówiły o krematoriach. W sierpniu 1945 pozostało w Domu 120 dzieci w wieku 3–18 lat". Inf. z przemówienia Marii Szulisławskiej-Palester, kierowniczki Domu Dziecka Warszawy, „Opiekun Społeczny" nr 3–4, czerwiec–lipiec 1946, s. 71–73.

Warszawa wolna!

Irena Sendlerowa w 1945 roku. Ilustr. R. Szaybo

Irena Sendlerowa: – Po wyzwoleniu Warszawy 17 stycznia 1945 roku (pamiętam, że o godzinie 15. na Okęcie weszło wojsko radzieckie i nasza armia!) szpital przekształcony został w Dom Dziecka. Pewnego dnia do naszego Domu przywieziono dzieci z Oświęcimia. Były to bardzo małe dzieci. Miały może 3–4 lata. W obozie były razem z matkami. Ale te matki tuż przed wyzwoleniem obozu przez Armię Czerwoną, zostały... spalone. Dzieci o tym wiedziały. Ich już nie zdążono spalić. Wejście wojsk radzieckich na teren obozu uratowało dzieci.

Cały personel naszego Domu otoczył te nieszczęśliwe istoty najczulszą i najserdeczniejszą opieką. Wymagały nie tylko pomocy przy zabiegach higienicznych (wszystkie były zaatakowane przez wszy!), odpowiedniego pożywienia (były wycieńczone głodem i warunkami życia w obozie), ale przede wszystkim wsparcia moralnego, emocjonalnego. Silna poobozowa nerwica nie pozwalała im spać spokojnie. W nocy budziły się z krzykiem. Trzeba było każde dziecko przytulić, uśpić. Jedna dziewczynka zapytała mnie kiedyś: „Czy mamusię bardzo bolało, jak ją palili". Byłam wstrząśnięta, ale nie mogłam tego dziecku po sobie pokazać. Spokojnie odpowiedziałam: „Nie, nie bolało, bo aniołek wziął ją zaraz do nieba". Po kilku dniach ta sama dziewczynka poprosiła mnie, abym narysowała jej... aniołka. Narysowałam, ale było to jedno z najcięższych moich przeżyć w tamtym okresie.

Mieliśmy straszny głód w tym szpitalu. Przetrwać ten trudny czas pomógł nam przypadek. Spotkałam w kolejce dojazdowej, która kursowała między Milanówkiem a Opaczą,

Dr Maria Skokowska-Rudolf, Irena Sendlerowa, Irenka Wojdowska, 1945 r.

maleńkim osiedlem oddalonym o kilka kilometrów od Okęcia, panią Dziatkę (Władysławę) Michałowiczową – synową profesora Mieczysława Michałowicza. Była przez swojego teścia, którego dom był zawsze otwarty dla potrzebujących pomocy Żydów, związana z Żegotą. Gdy mnie zobaczyła, poinformowała szybko, że zarówno władze Wydziału Opieki, RGO, jak i część prezydium Żegoty mieszczą się w Milanówku. Zgłosiłam się tam i otrzymałam od razu pomoc dla naszych podopiecznych od Adolfa Bermana i Marka Arczyńskiego. Dzisiaj nie pamiętam już sumy, ale wiem, że wtedy była to duża kwota, która pozwoliła przetrwać najtrudniejszy, zimowy przecież, okres. Ostatni raz miałam kontakt z Żegotą, jako organizacją nielegalną, 17 stycznia 1945 rano. Po wejściu wojsk radzieckich natychmiast nastąpiła zmiana pieniędzy i cały szpital – liczący wówczas około trzystu chorych i kilkadziesiąt osób personelu lekarsko-pielęgniarskiego i pomocniczego – znowu nie miał co jeść. W końcu stycznia zostałam wydelegowana do Lublina, do nowego rządu. Uzyskałam tam pomoc nowego Ministerstwa Zdrowia. Dano mi sto tysięcy złotych w nowej walucie, cały samochód ciężarowy jedzenia i lekarstw. Kiedy byłam tych kilka dni w Lublinie, dowiedziałam się, że tam w szpitalu wojskowym leży ciężko chory Leon

Feiner[97], wiceprezes Żegoty. Okazało się, że ma raka płuc, co przed nim ukrywano. Myślał, że ma zapalenie płuc. Odwiedziłam go. Powiedział mi wtedy: „Jolanto, przeżyliśmy już właściwie wojnę, dotrzymamy słowa i będziesz miała pomnik w Izraelu".

* *

Wkrótce ówczesne władze nowo powstałej Rady Narodowej Miasta Warszawy wezwały Irenę Sendlerową do pracy w Wydziale Zdrowia i Opieki Społecznej. – Najpierw przez kilka tygodni odmawiałam wyjazdu do Warszawy – opowiada pani Irena. – Z grupą bliskich mi ludzi łączyła mnie wspólnota doświadczeń powstańczych. Nie wyobrażałam sobie ani rozstania z personelem, ani z dziećmi, dla których byłam pielęgniarką, opiekunką i wychowawczynią. Uległam w końcu, dlatego że pierwszy prezydent miasta – Marian Spychalski[98], obiecał mi jak najprędzej budowę nowego Domu Dziecka. Bo tu, na Okęciu, zaczęli wracać do swego domu jego dawni mieszkańcy.

Mój wielki żal z powodu opuszczenia dzieci był złagodzony świadomością, że zostawiam je pod dobrą opieką Marii Palester. Na ogólnym zebraniu personelu ustaliliśmy, że to ona powinna zostać kierowniczką Domu Dziecka. Po tragicznej stracie męża (doktora Henryka Palestra, wybitnego działacza Armii Krajowej) i syna, który zginął w walkach powstańczych, była bardzo załamana. Znając ją, wiedziałam, że ten ogromny ból po stracie najbliższych może pomóc jej ukoić tylko praca dla dobra dzieci.

---

[97] Leon Feiner (1888–1945), prawnik, adwokat krakowski, członek Bundu i jego reprezentant wobec polskiego podziemia. Od stycznia 1943 do lipca 1944 wiceprezes RPŻ, od listopada (lub grudnia 1944) ostatni prezes.
[98] Marian Spychalski (1906–1980), działacz ruchu robotniczego, marszałek Polski, architekt, 1945 prezydent Warszawy.

15 marca 1945 r. przyjechałam do Warszawy. Zostałam zastępcą naczelnika Wydziału Opieki i Zdrowia, przy ulicy Bagatela 10. Po miesiącu byłam już naczelnikiem tego wydziału. Praca była ciekawa, ale nadzwyczaj trudna. Tysiące wypędzonych ludzi wracało do swojego miasta. A raczej do tego, co z niego zostało. Cała Warszawa leżała w gruzach. Domy spalone. Brak było światła, kanalizacji, wody. Ci, którzy tu docierali (często pieszo!), nie mieli żadnych możliwości bytowania. Wydział Opieki Społecznej musiał dostarczać minimum środków do życia. Zadania zdawały się być nie do zrealizowania, ale zapał dawnych i nowych pracowników, doświadczenie niektórych pomagały pokonywać trudności. Pracowaliśmy często dzień i noc, o głodzie i chłodzie, mieszkając tak jak inni ludzie powracający do Warszawy, w piwnicach, często w towarzystwie szczurów. Pierwsze moje pobory za miesiąc pracy to był bochenek chleba. Pomocą służyli nam okoliczni chłopi, którzy przywozili żywność. W krótkim czasie zorganizowano dziesięć ośrodków opieki społecznej[99]. Powstały pogotowia opiekuńcze dla dzieci ulicy, często sierot wojennych, które otaczano opieką wychowawczą, ubierano, dawano im trzy posiłki dziennie. Taka sama pomoc była organizowana dla osób dorosłych, które zgłaszały się w różnym stanie zdrowia, po tragicznych wojennych przeżyciach. Wielu trzeba było znaleźć lokum do zamieszkania, jakieś zajęcie. Odrębnym problemem był los ludzi starych, często niedołężnych i samotnych, którzy w wyniku wojny stracili rodziny. Byli nie tylko chorzy, ale i w stanie całkowitego załamania nerwowego po przeżyciach wojennych. Dla nich też trzeba było zorganizować życie w nowych warunkach. Trafiali najczęściej do przedwojennego domu starców w Górze Kalwarii lub do zorganizowanego przez nas nowego zakładu w Lesznowoli.

---

[99] Przed wojną było dziesięć ośrodków opieki społecznej, w czasie wojny – dwanaście. Po wojnie – dziesięć ośrodków współdziałania społecznego. Autorką tej nazwy była Wanda Weltstaub-Wawrzyńska, absolwentka tego studium i Wydziału Pedagogicznego Wolnej Wszechnicy Polskiej.

Wielką tragedią tamtych czasów były młode dziewczęta powracające z obozów koncentracyjnych bądź z obozów pracy przymusowej w Niemczech, które nie miały żadnej rodziny w Warszawie. Mieszkały w gruzach, stąd nazywano je „gruzinkami". Żyły z prostytucji. Dla pracowników opieki społecznej była to pilna konieczność zlikwidowania tego haniebnego problemu.

W Henrykowie pod Warszawą znajdował się zakład dla dziewcząt upadłych, który prowadziły siostry zakonne już przed wojną. Dyrektorem była siostra Benigna[100], mająca za sobą niespotykaną osobistą tragedię życiową.

W czasie działań wojennych Rosjanie wypędzili wszystkich z tego zakładu, co się z nimi stało, nikt nie wiedział. Dom stał pusty. Nasz wydział opieki społecznej w Warszawie przejął ten dom z pięknym ogrodem i zorganizowaliśmy tam nowy zakład dla „gruzinek". Postanowiono, że ten dom będzie całkowicie otwarty, ale tak zorganizowany, żeby dziewczęta nie chciały uciekać. Naszym zadaniem było zwrócić im względnie normalną młodość, pokochać je i otoczyć wielką czułością. Na miejscu była szkoła, która pomagała im uzupełnić braki w podstawowym wykształceniu. Wojna zabrała im najlepsze lata. Osierociła i zdeprawowała. Pobyt w naszym zakładzie był dla nich ogromną szansą na powrót do normalnego życia. Drogą do tego celu była nauka i praca. Poza lekcjami w szkole i zajęciami w ogrodzie zaproponowano im zainteresowanie się jakimiś warsztatami pracy. Utworzono więc: ogrodniczy

---

[100] Siostra Benigna, czyli Stanisława Umińska (1901–1977), aktorka. W szpitalu w Paryżu w 1924 r. zastrzeliła swego narzeczonego (Jana Żyznowskiego, malarza, powieściopisarza, krytyka), który umierał na raka wątroby. W 1925 r. została uniewinniona przez sąd francuski. Po powrocie do Polski porzuciła teatr, zaczęła pracować w szpitalach. Wstąpiła do Zgromadzenia Sióstr Benedyktynek Samarytanek, przyjęła imię zakonne Benigna. W 1936 r. złożyła śluby wieczyste. W latach 1939–1945 była przełożoną zakładu dla wykolejonych dziewcząt w Henrykowie. [Inf. za: *Słownik biograficzny teatru polskiego*, Warszawa 1994].

(kwiatowy, owocowy i warzywny), zabawkarski, bieliźniany i krawiecki. Ustalono też w kuchni dyżury, ale z zaleceniem, aby z żadnej z nich nie zrobiono tylko kucharki. Zajęto się też ich stanem zdrowia. Wspaniały zespół był bardzo oddany pracy i stworzył dobrą atmosferę i czułą opiekę. Dziewczęta nie uciekały. Rozumiały, co dla nich zrobiliśmy, i były bardzo wdzięczne. Do czasu odejścia przeze mnie ze stanowiska naczelnika, czyli do 15 marca 1950 roku (pięć lat pracy!), tylko jedna z dziewcząt opuściła dom. Pamiętam, jak po urodzeniu mojej córeczki (w 1947 roku) trzy dziewczęta przywiozły mi w podarunku małą doniczkę z palemką, owocem swojej pracy, i koszyk pomidorów z własnego ogrodu. Palemka rosła i była bardzo duża. Żyła do 1987 roku, czyli 40 lat, co było zdaniem ogrodników wielką rzadkością.

Po moim odejściu bardzo szybko moi zastępcy doprowadzili do zniszczenia domu w Henrykowie. Utworzono tam dom dla starców.

Spełnione powołanie.
Powojenne losy uratowanych
żydowskich dzieci

Teresa Prekerowa w cytowanej już wielokrotnie książce poświęconej działalności konspiracyjnej Rady Pomocy Żydom (Żegota) ogłosiła opracowane w marcu 1979 roku oświadczenie czterech najbardziej aktywnych opiekunek dzieci żydowskich, które jest znakomitym podsumowaniem wyników i starań podejmowanych w tym zakresie w latach 1939–1945. Autorkami oświadczenia były: Irena Sendlerowa, Jadwiga Piotrowska, Izabela Kuczkowska i Wanda Drozdowska-Rogowiczowa. Pozwalam sobie na pełny przedruk tego bezcennego dokumentu:

My niżej podpisane stwierdzamy, że w czasie wojny 1939–1945, pracując w Wydziale Opieki Społecznej i w jego agendach – Ośrodkach Zdrowia i Opieki – byłyśmy jednocześnie zaangażowanymi działaczkami w Radzie Pomocy Żydom Żegota (nie znając wówczas ani dokładnej nazwy organizacji, ani jej składu osobowego). Z tego tytułu brałyśmy udział w ratowaniu dzieci żydowskich przed zagładą, mając ścisły kontakt z Ireną Sendlerową, ówczesną kierowniczką referatu opieki nad dzieckiem w tejże Żegocie. Jej relacje, dotyczące liczby uratowanych dzieci, całkowicie potwierdzamy. Liczbę tę określamy (dziś, po prawie czterdziestu latach, trudno dokładnie ustalić) na ok. 2500 dzieci, którym Żegota w różnorodny sposób udzielała pomocy. I tak:

1. Około 500 dzieci zostało umieszczonych za pośrednictwem Wydziału Opieki Społecznej w zakładach prowadzonych przez zgromadzenia zakonne (Jan Dobraczyński, Jadwiga Piotrowska).

2. Około 200 dzieci umieszczono w Pogotowiu Opiekuńczym Miejskim w Domu ks. Boduena (Maria Krasnodębska i Stanisława Zybertówna).

3. Około 500 dzieci umieszczonych zostało w zakładach RGO [Rada Główna Opiekuńcza] (Aleksandra Dargielowa).

4. Młodzież w wieku 15–16 lat – około 100 osób zostało skierowanych do lasów do partyzantki (Andrzej Klimowicz, Jadwiga Koszutska, Jadwiga Bilwin oraz sam prezes Grobelny).

5. Około 1300 dzieci znalazło pomoc i opiekę w tzw. rodzinach zastępczych. Tutaj działali najbardziej aktywnie: Grobelna Helena, żona prezesa Żegoty, Maria Palester i jej córka Małgorzata Palester, Papuziński Stanisław, Zofia Wędrychowska, Kuczkowska Izabela i jej matka Trzaskalska Kazimiera, Kukulska Maria, Drozdowska-Rogowiczowa Maria, Ferster Wincenty, Grabowska Janina, Waldowa Joanna, Bilwin Jadwiga, Koszutska Jadwiga, Schultz Irena, Franciszkiewicz Lucyna, Małuszyńska Helena.

W tej liczbie znajdowały się dzieci, którym:

1. Bezpośrednio Żegota wynajdowała rodziny (opiekunów), udzielając im stałych pieniężnych dotacji, dokumentów, odzieży, paczek żywnościowych itp.

2. Była taka grupa dzieci, która potrzebowała tylko doraźnej pomocy, czy to w postaci dokumentu-meldunku, metryki, czy np. tylko pomocy lekarskiej lub w razie zagrożenia przez szmalcowników musiała natychmiast zmieniać dotychczasowe miejsce zamieszkania, lub trzeba było dać okup.

3. Była też pewna liczba rodzin, która przyjmowała dzieci zupełnie bezinteresownie; nasza pomoc jako organizacji ograniczała się przeważnie do dostarczenia metryk.

4. Wreszcie ostatnia grupa – to rodziny, które same przez swoje osobiste kontakty wyprowadzały dzieci z getta lub brały je z ulicy (dotyczy to dzieci żebrzących po domach prywatnych). Te rodziny z własnej inicjatywy podejmowały trud całkowitej opieki nad dziećmi. Tej kategorii czasem tylko trzeba było pomóc w formie opieki lekarskiej lub leków, a nawet za-

chodziła nieraz potrzeba umieszczenia dziecka w szpitalu. Tutaj pomagali nam bardzo dr Majkowski Juliusz, dr Ropek Mieczysław, dr Franio Zofia, prof. Andrzej Trojanowski, dr Hanna Kołodziejska oraz pielęgniarka Szeszko Helena.

Uważamy ponadto, że uratowanych dzieci z warszawskiego getta było dużo więcej niż ta liczba, którą podajemy, bo były przecież różne, czasem bardzo nawet zaskakujące drogi pomocy – poza Żegotą.

*
**

W okresie sierpień–grudzień 1944 roku zabezpieczona przez Irenę Sendlerową lista dzieci uległa zniszczeniu tylko w 25 procentach. Współpracujące z nią łączniczki te braki w krótkim czasie uzupełniły. Po wyzwoleniu rozszyfrowany spis, już kompletny, został przekazany Adolfowi Bermanowi[101], który w latach 1947–1949 był przewodniczącym Centralnego Komitetu Żydów w Polsce. Dlaczego? Ponieważ różni działacze tego komitetu odbierali dzieci od opiekunów i zwracali zgłaszającym się po nie rodzinom. Gdy rodzin nie było, dzieci umieszczano tymczasowo w żydowskich sierocińcach[102], a później znaczną ich część przewieziono do Palestyny,

---

[101] Adolf Berman (1906–1978), dr psychologii. Aktywista Poalej-Syjon-Lewicy. W getcie był dyrektorem Centosu. Z polecenia partii przeszedł we wrześniu 1942 na stronę aryjską. Współpracował z Żegotą, był sekretarzem tej organizacji. Po wojnie przewodniczący Centralnego Komitetu Żydów w Polsce. Od 1950 mieszkał w Izraelu. Był autorem prac dokumentacyjnych i wspomnień.

[102] „Żydowskie Domy Dziecka powstawały w wyzwolonej Polsce roku 1945 jak grzyby po deszczu. Według danych Żydowskiego Instytutu Historycznego (ŻIH) do grudnia 1945 uruchomiono DD w Krakowie, Częstochowie, Lublinie, w Zatrzebiu, Otwocku, Przyborowie, w Helenówku k. Łodzi, w Przemyślu, Warszawie, Chorzowie, Toruniu, Ostrowcu, Staszowie, Radomsku, Garwolinie, Krzeszowie, Pietrolesiu, Katowicach, Kielcach. Dzieci były w olbrzymiej większości w wieku od lat 4 do 16, w wyjątkowych

potem Izraela. Irena Sendlerowa uważa, że z przekazanej listy ok. 2000 warszawskich dzieci znaczną większość udało się po wojnie odnaleźć.

*
* *

Niestety nie obyło się bez problemów natury psychologicznej. Wbrew życzeniu i zaleceniu pani Ireny dzieci często były zabierane nagle, bez uprzedniego przygotowania ich samych lub ich opiekunów. – To były wielkie dramaty małych bohaterów! – wspomina jeszcze dziś, po tylu latach, głęboko wzruszona. – Po dzieci zaczęły się zgłaszać matki lub krewni. Jedne powitania były piękne i szczęśliwe. Ale niektóre – bardzo trudne! Dla obu stron. Bo część młodszych dzieci nie pamiętała swojej wojennej przeszłości. Także przybrani rodzice cierpieli. Trudno im było rozstać się z dziećmi, czasem po kilku przecież latach! Znając losy Żydów, myśleli, że wszyscy bliscy dziecka zginęli. Dla jego dobra nie mówili mu o pochodzeniu. I tu nagle zdarzała się taka niespodzianka. Trzeba było wszystko powiedzieć. A najtrudniej powiedzieć prawdę dziecku. Czasem dochodziło do spraw sądowych[103].

---

przypadkach nieco młodsze lub nieco starsze. Często były chore, niedożywione, ze schorzeniami płuc (gruźlica), skóry, zawszone, niekiedy z niegojącymi się ranami na kończynach, zapaleniami oczu, uszu, z opóźnieniami 4–6 lat w nauce, dziesięcioletni analfabeci. A nade wszystko wystraszone, nieufne, gotowe do ucieczki" – pisze w swojej znakomitej książce *Powroty* Maria Thau (Weczer), Kraków 2002. Zdaniem pani Ireny dzieci w takim złym stanie nie trafiały do tych domów z polskich rodzin, ale z różnych innych miejsc osobnego ukrywania się.

[103] Z listu Ireny Sendlerowej do Kai Ploss (pani dyrektor Amerykańskiego Centrum Kultury Polskiej w Waszyngtonie, 30 sierpnia 2003 r.): „Uzgodniłam z przewodniczącym Bermanem, że odbieranie dzieci z zakładów sióstr zakonnych i od osób prywatnych musi się odbywać w sposób spokojny i bardzo taktowny, po odpowiednim przygotowaniu dzieci, dla których niejednokrotnie była to trzecia część dramatu w ich krótkim życiu. Pierwsza część dramatu – oderwanie dzieci od rodziny i najbliższych, zmiana tożsamości.

Zdarzały się wypadki, że przedstawiciele Centralnego Komitetu Żydów w Polsce gubili trop dziecka. Wychowani w polskich rodzinach, późno (lub nigdy!) poznawali swoją prawdziwą historię. Wszystkie żydowskie dzieci, które przeżyły koszmar wojny po obu stronach muru getta, są jej ofiarami mimo upływu lat. Okrutne doświadczenie na zawsze pozostawiło swoje piętno w ich psychice i zaważyło na późniejszym życiu. Najmłodsze z ocalonych dzieci mają dzisiaj ok. 60 lat, najstarsze – 78. Wszyscy bez względu na płeć, wiek i miejsce obecnego zamieszkania łączy jedno: trauma. Zjednoczeni w powstałym na początku lat 90. Stowarzyszeniu Dzieci Holocaustu uczą się żyć z ciężarem pamięci. Wspierają się. Są sobie bliscy i czują się sobie potrzebni. Ci, którzy mają podobne doświadczenia – a jeszcze się z nimi nie zjednoczyli, cierpią bardziej.

Nakładem Stowarzyszenia Dzieci Holocaustu w Warszawie wyszły dwa (trzeci jest w druku) tomy relacji, wspomnień, wydane pod wspólnym tytułem *Dzieci Holocaustu mówią*. Jest to wstrząsająca lektura i zarazem najokrutniejszy dokument pamięci. Tym trudniejszy w odbiorze, że choć

Druga część dramatu – zabieranie dzieci z punktów opiekuńczych. Trzecia część dramatu – zaraz po wojnie odbieranie ich z zakładów lub od rodzin, do których były już przywiązane. Ponieważ byłam wtedy naczelnikiem Wydziału Opieki Społecznej na miasto Warszawę, wyznaczyłam najlepszą swoją inspektorkę, prosząc jednocześnie Bermana, aby ten ze swojego personelu wyznaczył też osobę kochającą dzieci, aby te dwie osoby wspólnie podjęły się odbierania dzieci i przekazywania ich do zakładów żydowskich. Ta kolejna zmiana w życiu dzieci uratowanych przed śmiercią zawsze była bardzo ciężka, a czasem nawet tragiczna. Dzieci, przyzwyczajone do nowych rodzin, wychowawców czy sióstr w zakładach, ogromnie przeżywały to kolejne rozstanie, szczególnie wtedy, gdy wiadomo było, że nikt z ich najbliższych nie ocalał. Rozstanie z dziećmi było też ogromnym przeżyciem dla rodzin, u których dzieci przebywały przez kilka lat i które często uważały je za swoje. [...]

Lista dzieci uratowanych z getta warszawskiego, którą podajemy, to nazwiska osób, z których większością do dzisiaj utrzymuję kontakty – z dwóch

pisany po latach w miarę „normalnego" życia, nie stracił nic na dramatyczności opisywanych zdarzeń. Okazuje się jednak, że przed własną pamięcią nie ma ucieczki. Jej ból można tylko złagodzić, swoimi przeżyciami dzieląc się z innymi. Temu służą warsztaty terapeutyczne, spotkania we własnym gronie ocalonych z Holocaustu dzieci. Czy zdają sobie sprawę z cudu, jakim było ich ocalenie? Pewnie tak. Ale nie wszyscy tak do końca to cudowne ocalenie przyjęli i się z nim pogodzili. Niektórzy, nie umiejąc sobie poradzić z koszmarem wspomnień, mają żal, że przeżyli. Że przeżyli samotni. Opuszczeni, oddani

---

zakładów prowadzonych przez siostry zakonne oraz dzieci naszych przyjaciół lub współpracowników sprzed wojny.

Turkowice – zakład prowadzony przez siostry zakonne Służebniczki Najświętszej Marii Panny:

1. Stacha Janowska, żyje w Stanach Zjednoczonych, lekarka, przedwojenne nazwisko Hadasa Anichimowicz;

2. Joanna S., żyje w Polsce, wyszła za mąż za Polaka, ma dzieci, zmieniła całkowicie środowisko, jest katoliczką;

3. Stefa Rybczyńska, wyemigrowała;

4. Katarzyna Meloch, nazwisko okupacyjne Irena Dąbrowska, mieszka w Warszawie, literatka;

5. Joanna Mieczyk, mieszka w Izraelu jako Ilana Nachsoni;

6. Fredzia Rotbard, nazwisko okupacyjne – Kowalska, mieszka w Izraelu;

7. Feliksa B., nie żyje, mieszkała w Polsce;

8. Ludwik, Zdzisław B., żyje w Polsce;

9. „Zetem", mieszka w Polsce, nie ujawnia swego żydowskiego pochodzenia;

10. Chaim Sternbach, nazwisko wojenne Stefan Borzęcki (lub Borzeński), mieszka w Izraelu;

11. Andrzej Nowicki (Wengebauer), mieszka w USA.

Chotomów – siostry Rodziny Marii Panny (centrala była w Warszawie przy ulicy Hożej):

1. Joanna Majerczyk, mieszka w Londynie;

2. Dziewczynka „X", nie chce podawać nazwiska, zmieniła środowisko;

3. Ida G., imię zmienione, mieszka w Izraelu;

4. Anna Paprocka, bohaterka opowiadania Jana Dobraczyńskiego *Ewa*;

przez najbliższych. Z tymi problemami, przez lata tłumiony-
mi, zwracali się także do Ireny Sendlerowej, która wciąż powtarza, że to nie jej zawdzięczają życie. Ale determinacji i odwadze własnych matek i ojców, babć i dziadków, którzy umieli
się z nimi rozstać. Pokonać miłość zatrzymania – miłością oddania. Dzisiaj, po ponad 60 latach, wiedzą o sobie więcej. Nie
zawsze jednak chcą, aby inni, często ich dzieci i wnuki, poznali o nich całą okrutną prawdę. Tak przez te wszystkie lata
uciekają od wspomnień. Chociaż bywa, że przeszłość ich od-
najduje w najbardziej dziwnych miejscach. Po kilkudziesięciu

---

5. Halina W.

6. Jadwiga Cz.

7. Irena i Anna Monatówny, nazwisko wojenne Michalskie;

8. Janina L.

9. Danuta R.

Na życzenie niektórych uratowanych osób nie podajemy ich pełnych
lub prawdziwych nazwisk. Osoby te po tragicznych wydarzeniach z lat wojny chciały rozpocząć nowe życie, zmieniły środowisko, często przeszły na
katolicyzm, założyły rodziny, które czasem nie wiedzą nawet o ich tragicznym losie i żydowskim pochodzeniu.

Lista dzieci przyjaciół i znajomych Ireny Sendlerowej:

1. Michał Głowiński (ur. 1934 r.), nazwisko w czasie wojny Piotrow-
ski, mieszka w Warszawie, pisarz, eseista, wybitny krytyk i historyk literatury, profesor w Instytucie Badań Literackich Polskiej Akademii
Nauk;

2. Piotr Zettinger (kuzyn Michała Głowińskiego), nazwisko przedwojenne Zysman, syn znanego adwokata, inżynier, mieszka w Szwecji;

3. Irenka Wojdowska, mieszka w Szczecinie;

4. Bogdan Wojdowski, brat Irenki, pisarz, nie żyje (zm. w 1994 r.);

5. Elżbieta Ficowska, pedagog, autorka dla dzieci, przewodnicząca
SDH w Polsce, mieszka w Warszawie;

6. Ala Grynberg, mieszka w USA;

7. Margarita Turkow, córka działacza społecznego na terenie getta,
mieszka w Izraelu;

8. Teresa Körner, lekarz stomatolog, mieszka w Izraelu;

9. Regina Epsztein, córka dziennikarza działającego na terenie getta,
lekarka, mieszka w USA.

latach, gdzieś w Izraelu, Australii, w Kanadzie, w Stanach Zjednoczonych, ale bywa, że i bliżej – w Europie, ktoś ich szuka. Kuzyn, daleki krewny. Zdarzają się cudowne spotkania ciotecznych braci i sióstr. Nie zawsze chcą o tym opowiadać. Po co? – pytają niektórzy. – Każda historia jest inna.

W roku 1945 „wynurzali się znikąd, mniejsi lub więksi, ale podobni do siebie: wychudzeni, obdarci, niekiedy bez butów, skudlone włosy, starzy-maleńcy, o szarej skórze i otępiałym spojrzeniu. To ci, którzy wyszli spod ziemi, z kanałów, z kryjówek, z nor bez światła dziennego lub z ruin, takich jak na terenie byłego getta warszawskiego. Byli też inni, o zdrowym wyglądzie – ci ze wsi lub z partyzantki. Ale wszyscy bez wyjątku mieli coś wspólnego w wyglądzie i w zachowaniu: unikali patrzenia w oczy, mieli w wyrazie twarzy i w sposobie trzymania ramion jakby stałą gotowość do ucieczki, utajony strach, gotowość do odwrotu do nor, do ruin, do lochów; tam jeszcze wciąż było ich miejsce, tam przynależeli, a nie do tych prosto trzymających się ludzi, rozkrzyczanych, pewnych siebie dzieci. Dzieci wręcz unikali: bali się ich inności, ich normalności. Mówiono o nich: wracają do światła lub inaczej, mniej życzliwie: wyłażą z nor, jak szczurzęta" – pisze Maria Thau (Weczer) w poruszającej książce *Powroty*.

„Nad życiem jednego żydowskiego dziecka czuwać musiało wiele osób, reprezentujących czasem niejedną organizację czy instytucję" – pisała Teresa Prekerowa. Dodać trzeba, że były to organizacje czy instytucje, które w czasach pokoju nie współpracowały ze sobą. Zjednoczyły się dopiero w obliczu Zagłady.

W imię ratowania najbardziej zagrożonych – Żydów.

* * *

Dla Ireny Sendlerowej akcja pomocy Żydom, której była wierną i oddaną uczestniczką, nigdy się nie skończyła. Trwa nadal dzięki kontaktom z uratowanymi, ich dziećmi i wnukami. Piszą do niej z całego świata. Pamiętają. Jest ostatnią, która wie, kim byli, zanim przekroczyli mur warszawskiego getta. Czasem znała ich rodziców, dziadków, czasem rodzeństwo. Jest jedyną, która może tym starszym już dzisiaj ludziom odpowiedzieć na pytanie „a jak wyglądała moja mama?, kim był tata?, czy miała(e)m brata, siostrę...?".

Nie można uciec od samego siebie – dlatego wracają z dalekich stron do miejsc, które zapamiętali na zawsze. Boją się tych powrotów i pragną ich. Po kilkudziesięciu latach podejmują próbę zmierzenia się ze swoją przeszłością. Z przeszłością, którą starali się wymazać z własnej pamięci. Zdarza się, że wracając do miejsc, ledwie obecnych we własnej pamięci, szukają osób, które mogłyby im pomóc ustalić szczegóły, odnaleźć ślady domu, ulicy. Bywa, że dzięki kontaktom ze Stowarzyszeniem Dzieci Holocaustu trafiają wprost do pani Ireny. Tak było np. w przypadku córki Achillesa Rosenkranca. Córka po ponad sześćdziesięciu latach postanowiła odszukać grób ojca na Cmentarzu Żydowskim w Warszawie. Achilles Rosenkranc, wybitny specjalista od prawa skarbowego, zmarł na tyfus w warszawskim getcie w 1942 roku. Nikt z rodziny nie był na jego pogrzebie. Wśród zaledwie kilku żegnających go osób znalazła się Irena Sendlerowa, która na trumnie złożyła przyniesioną za pazuchą gałązkę białego bzu. I tylko ona mogła pomóc w ustaleniu miejsca pochówku. Tylko dzięki jej pamięci córka mogła po tylu latach ukoić ból wspomnień, wyciszyć wyrzut sumienia[104].

Bezcenna lista Ireny Sendlerowej pozwoliła wielu osieroconym dzieciom odnaleźć dalszych krewnych. Listę zabrał do Izraela Adolf Berman. Do dziś krąży tam w odpisach po wielu prywatnych domach.

Irena Sendlerowa: – Wiem, że życie tych dzieci uratowanych zawsze jest bardzo skomplikowane. Każde z nich przeżyło swój

---

[104] O Achillesie Rosenkrancu (1876–1942) pisała w „Gazecie Wyborczej" 16 lutego 2004 r. pani Aniela Uziembło.

indywidualny dramat ocalenia. Wychowanie u obcych osób, ich rodzin lub w zakładach dawało im dach nad głową, utrzymanie, opiekę, możliwość nauki. To bardzo dużo. Ale one już nigdy nie były u siebie w domu, ze swoimi rodzicami, wśród swoich bliskich. Często tkwiła w nich bolesna świadomość, że może gdyby w getcie zostali razem, to zdarzyłby się cud i rodzice, rodzeństwo też by przeżyli. Przez te wszystkie powojenne lata tli się w ich sercach niegasnąca iskierka nadziei. Wiele z nich, mimo licznych poszukiwań na całym świecie, do dziś nie zna swoich korzeni. Nic nie wiedzą o swoich najbliższych: dziadkach, krewnych, a nawet rodzicach, rodzeństwie. Cierpią na pamięć rozłąki. Dramat tamtych czasów dotyczył wszystkich. Zarówno dzieci uratowanych, jak i ich matek oddających je w obce ręce. A także matek przybranych, które przyjęły te dzieci i podjęły się trudu ich wychowania.

Te ostatnie często nie były właściwie traktowane przez przyjęte dzieci, mimo że same traktowały je jak najlepiej, niejednokrotnie lepiej od swoich!

Nierzadko dzieci, do których odnosiło się z wielką czułością, chcąc wszelkimi siłami i sposobami zapewnić im to, co by miały w domu rodzinnym, mimo tej czułości i troski nosiły w sobie ból i żal, że na miejscu tej przybranej matki nie ma ich rodzonej. Zdarzało się, że ból i żal przeradzał się w bunt i pretensje – dlaczego ty żyjesz, a moja matka zginęła? Na tak postawione pytania trudno było znaleźć dobrą, taktowną odpowiedź, która łagodziłaby konflikt sumienia.

Niejednokrotnie widziałam takie zachowania, sama też to przeżywałam, kiedy ze strony dziecka, które nie tylko traktowałam jak własną córkę, ale z całą świadomością starałam się okazać więcej uczucia niż własnym dzieciom, spotykałam się nie tylko z niechęcią, ale nawet z wrogością. Mimo ukończonych studiów pedagogicznych i wielu lat pracy z dziećmi i młodzieżą nie rozumiałam takiego zachowania. Byłam wobec niego bezradna. Po prostu współczesna pedagogika i psychologia nie znała takich problemów. Problemów z dziećmi, które przeżyły Holocaust.

Tyle lat po wojnie. Odbudowano domy, ulice. Do zrujnowanych miast wróciło życie. A w sercach uratowanych dzieci wciąż jest rozpacz, żal, tęsknota. Wykształcili się, rozjechali po świecie, wielu osiągnęło wspaniałe sukcesy zawodowe, założyli własne rodziny. Dzisiaj są już dziadkami. A tak naprawdę do końca życia pozostaną „dziećmi", które szukają swojej przeszłości. Szukają i uciekają. Przed wspomnieniami, które z wiekiem stają się bardziej wyraziste. Dokuczają jak choroba. Choroba pamięci, na którą nie wynaleziono dotąd skutecznego lekarstwa. Czy ktoś ich rozumie? Tylko oni sami. Bo nikt inny nie miał takich doświadczeń, które nie odchodzą wraz z upływem czasu. Są w nich. Elżbieta Ficowska opowiada:
– W naszym Stowarzyszeniu jest prawie osiemset osób o podobnych życiorysach. Te życiorysy różnią się w zależności od wieku dzieci ratowanych z takim poświęceniem przez współpracowników Ireny Sendlerowej i przez nią samą. Jest grupa, nieduża stosunkowo, moich rówieśników, tych, którzy urodzili się w czasie wojny i którzy niczego nie pamiętają. Oni mają „czarną dziurę" w pamięci. Nic o sobie nie wiedzą. Np. dziecko znalezione gdzieś pod płotem, bez żadnej informacji, kim ono jest. Ci ludzie dowiadują się często od swoich przybranych rodziców, że oni nie byli ich rodzicami biologicznymi. I taki człowiek (często dzisiaj sześćdziesięcioparoletni) zostaje sam. Nie ma nikogo, kogo mógłby zapytać: kim jestem? Jak to się stało, że ocalałem… Mnie na szczęście to ominęło. Nie mam pamięci tamtych dni i tamtych lat. Nie doświadczyłam tego świadomie i myślę, że może dobrze, bo nie zostało wrażenie tego wszystkiego strasznego, co się wtedy działo. To jest dla mnie jak film, jak przeczytana książka, nie boli mnie mówienie o tym. Natomiast wiem, po prostu wszystko wiem… W 1942 roku zostałam wywieziona na wozie pełnym cegieł, który wyjeżdżał z getta na stronę aryjską. Między cegłami umieszczono skrzynkę drewnianą, która miała otwory.

Łyżeczka Elżbiety Ficowskiej

Włożono do niej, uśpione luminalem, niemowlę, wówczas chyba sześciomiesięczne, z łyżeczką srebrną na szczęście. Na tej łyżeczce było moje imię wygrawerowane i data urodzenia. Wcześniej, także dzięki kontaktom pani Ireny, wyprowadzono z getta kilkuletnią moją siostrę cioteczną. Trafiłam do pogotowia opiekuńczego zaprzyjaźnionej z Ireną Sendlerową Stanisławy Bussoldowej, położnej, która przychodziła do getta odbierać porody. Miałam u niej zostać kilka tygodni, zostałam na zawsze. Postanowiła mnie zatrzymać. Ponieważ nikt z mojej rodziny nie ocalał, nigdzie mnie nie oddała. Wiem od niej, że moja prawdziwa mama kilka razy opuściła getto, aby mnie zobaczyć. Telefonowała, aby usłyszeć mój głos. Miała dobry wygląd, mogła się uratować, ale nie chciała zostawić swoich rodziców, moich dziadków. Nie mam nawet ich fotografii. Szukam ich przez całe dorosłe życie, w Polsce i w Izraelu. Dla mnie będą zawsze niezaspokojoną tęsknotą. Niespełnieniem mimo poznanego szczęścia rodzinnego.

*
**

Kilka osób zgodziło się na rozmowę ze mną, ale chcą, nawet w tej książce, zachować anonimowość.

Helena K., dziennikarka: – Z Warszawy wyjechałam w ostatniej chwili, w grudniu 1939 roku. Przez Berlin dotarłam do Bukaresztu. Miałam dobry wygląd i dobre dokumenty. Ocalałam. W warszawskim getcie zginęli ojciec i młodszy brat. Przez lata nie mogłam o nich myśleć. Uciekałam przed wspomnieniami z dzieciństwa i młodości spędzonej w Warszawie. Po wojnie zamieszkałam w Londynie. Odważyłam się tu wrócić dopiero w 1993 roku. Byłam na uroczystościach związanych z 50. rocznicą powstania w getcie. Stałam wśród tłumu ludzi i płakałam przez wiele godzin. To był mój powrót do przeszłości, powrót do historii, przed którą uciekłam. Poszłam też wtedy na Cmentarz Żydowski odszukać grób matki, która zmarła przed wojną. Towarzysząca mi w tej wyprawie przyjaciółka, dziecko Holocaustu, powiedziała z zazdrością: – Jaka ty musisz być szczęśliwa, masz grób matki. Ja nie mam nic.

*
**

Jerzy K., prawnik: – Nie wiem dokładnie, ile mam lat. Gdy wybuchła wojna, miałem może cztery lata, a może pięć. Pamiętam tylko, że mieszkaliśmy we Lwowie. Ojciec zmarł na serce, jak weszli Rosjanie we wrześniu 1939 roku. Z matką i jej młodszym bratem wyjechaliśmy najpierw do Krakowa, potem do Warszawy, gdzie mieszkał inny brat matki. Ale minęliśmy się. On, nie wiedząc nic o naszym przyjeździe, pojechał w tym samym czasie do Lwowa. Trochę się tułaliśmy. Ja z matką zamieszkałem w getcie. Wujek, który z nami wyjechał ze Lwowa, związał się z jakąś konspiracyjną organizacją. Ukrywał się w okolicach Warszawy. Matka przez pewien czas utrzymywała z nim kontakt. Latem 1942 roku było strasznie gorąco. Przez całe dnie siedziałem ukryty na strychu wśród pierzyn i poduszek. Musiałem być cicho. Matka pracowała w jakiejś stołówce, skąd raz dziennie przynosiła mi garnuszek zupy. Pewnego razu powiedziała, że ktoś po mnie przyjdzie. I tak było. Wywołał mnie po imieniu. Wyszedłem z getta, jak było ciemno. Matki już więcej nie widziałem. Byłem u pewnej polskiej rodziny, ale nie mogłem wytrzymać tego życia w ukryciu. Uciekłem. Nie znałem Warszawy, więc nie wiedziałem, gdzie jestem. Stałem pod latarnią i płakałem. Ktoś się zatrzymał i zabrał mnie do domu. Potem trafiłem do sierocińca prowadzonego przez zakonnice. Przed powstaniem zostaliśmy wywiezieni do Otwocka. Po wojnie zostałem uznany za sierotę wojenną. Tułałem się po różnych domach na terenie całej Polski. Przez wiele lat nie wiedziałem, kim jestem. Miałem odtworzoną metrykę na inne nazwisko. Nikt mnie nie szukał. I ja nikogo nie szukałem. W 1958 roku, już po studiach w Poznaniu, przyjechałem do Warszawy. I tu spotkałem kogoś, kto mnie rozpoznał. Znał moje prawdziwe nazwisko i moich rodziców. Powoli uczyłem się swojej przeszłości. Poznawałem swoje dawne życie. Ale to nie dało mi spokoju. Przez ponad 50 lat ciągle szukam czegoś o sobie. I gdy po jakimś czasie pojawia się jakiś ślad, okruch pamięci, wspomnienie – to wcale nie odczuwam ulgi. Przeciwnie, jest mi coraz trudniej z tym żyć. Z tą nieznajomością całej prawdy o sobie i z tymi pozbieranymi wiadomościami, które tę prawdę powoli przede mną odkrywają. Czasem żałuję, że podjąłem trop i poszukiwania. Może lepiej byłoby, gdybym dalej nic o sobie nie wiedział? Gdy opowiedziałem jedynemu synowi o sobie, usłyszałem: – Tata, ja nie chcę nic o tym wszystkim wiedzieć. – Jego słowa sprawiły mi ból. Przeczytałem artykuł o Irenie Sendlerowej. I od tamtej pory wciąż o niej myślę. Czy to ona zorganizowała moje wyjście z getta? Czy znała moją matkę? Wiem, ile ma lat i gdzie mieszka, ale nie mam odwagi przyjechać do niej i zadać tych pytań. Może lepiej nie wiedzieć?

*
**

Jolanta G., bibliotekarka, mieszka pod Warszawą. Urodzona w 1947 roku: – Rodzice ukrywali się w czasie wojny w okolicy Warszawy. I tak się poznali. Ojciec zmarł w 1953 roku. Matka była dużo od niego młodsza, zmarła dziesięć lat temu. Przez wiele lat myślałam, że nie mam nikogo z dalszej rodziny. Dziadkowie zginęli w czasie wojny. Ale w latach 60. pojawił się starszy ode mnie o dwanaście lat kuzyn. Był synem rodzonej siostry mojego ojca. Matka przyjęła go nieufnie. On bardzo starał się z nami zaprzyjaźnić. Opowiadał o wujku, który po wojnie zamieszkał w Londynie. Ten wujek przez wiele lat nie utrzymywał z nami kontaktu, dla naszego bezpieczeństwa, tak mówiła mama. Jerzy, pewnie z powodu chłodnego przyjęcia przez moją mamę, zniknął z naszego życia na wiele lat tak samo nagle, jak nagle się pojawił. Powrócił już po śmierci mojej mamy. Chce podtrzymać kontakt. Podkreśla, że przecież jesteśmy ciotecznym rodzeństwem. Jego matka i mój ojciec bardzo się kochali, razem ucickli ze Lwowa, gdzie została ich matka, nasza babcia. Ale nas wszystko dzieli. Bagaż życiowych doświadczeń. On jest taki nerwowy... Nie umiemy się porozumieć mimo podejmowanych prób. W czasie rzadkich naszych spotkań ciągle mi powtarza, że ja to miałam szczęśliwe dzieciństwo. Normalny dom, oboje rodziców. Tak, mówię mu, ale ja nic o swoich rodzicach nie wiedziałam. Mama przez wszystkie lata nic mi o sobie nie mówiła, żyła po śmierci ojca w ciągłym lęku, że jest obserwowana, myślała, że coś jej grozi. Każdy list z zagranicy przyjmowany był z obawą. O rodzinie ojca, jej wojennych losach poznałam prawdę po wielu latach. Zostały jakieś listy, dokumenty, do których nigdy nie zaglądałam. Chociaż jestem już z pokolenia powojennego, to czuję w sobie odziedziczony dramat wojennych doświadczeń obojga rodziców.

***

– Nie było mi łatwo odnaleźć się po wojnie, mówi pani Basia, nauczycielka. – Miałam pięć lat, gdy wybuchła wojna. Mieszkaliśmy w małym miasteczku, rodzice postanowili się mną i starszym bratem podzielić. Ja poszłam z mamą do getta, ojciec ze starszym bratem i swoim bratem wyjechali do dalszej rodziny na wieś, a potem, gdy było coraz mniej bezpiecznie, do lasu. Nikt poza mną nie przeżył wojny. Gdy to zrozumiałam, długo nie mogłam cieszyć się życiem. Wciąż na nich czekałam. Właściwie czekam cały czas. Najgorsze są święta, okres życzeń, prezentów, spotkań. Miałam dwa nieudane małżeństwa. Problemy z własnymi dziećmi, których nie rozumiałam. Może niepotrzebnie wychodziłam za mąż, zakładałam rodzinę. Dzisiaj jestem sama. Ale mam dwie koleżanki o podobnej jak moja biografii. I w ich towarzystwie czuję się najlepiej. One też nie były szczęśliwe w dorosłym, dojrzałym życiu. Rozumiemy się bez słów. Chociaż nigdy nie rozmawiamy o tym, co przeszłyśmy. Łączy nas pewna tajemnica wojennych przeżyć, o których się nigdy z nikim nie rozmawia. Czytałam w jakimś piśmie naukowym, że osoby uratowane z Holocaustu cierpią na posttraumatyczny syndrom stresu. To prawda. Myślę, że każde z nas – dzieci Holocaustu – jest naznaczone przeżyciami wojennymi. Jako pedagog rozumiem, że wiele naszych życiowych problemów ma swój początek w naszej wojennej przeszłości. Cierpię na silną nerwicę, która wzmaga się z wiekiem. Coraz częściej wracają do mnie senne koszmary. Nie czytam w ogóle literatury wojennej – wspomnień, pamiętników. Nie oglądam wojennych filmów. A komedie wojenne są dla mnie czymś nieetycznym, żenującym.

***

Pana Stanisława poznałam kilka lat temu w Londynie. Znałam jego historię, przypomniałam sobie o nim podczas pracy nad tą książką. Zadzwoniłam z prośbą, aby opowiedział o sobie raz jeszcze.

– Uciekłem z Polski po 1956 roku – usłyszałam – jak tylko powstała możliwość uczestniczenia w wycieczce „Batorym" do Danii. Wszyscy mieliśmy zbiorowy paszport. Statek nie wpływał do portu. Stał na redzie. Dopływaliśmy do brzegu motorówkami. Z wycieczki, w której uczestniczyłem, wróciła może połowa. Mnie było łatwiej, miałem stryja w Londynie. Zawiadomiłem go, gdzie jestem, i po kilku tygodniach przyjechał do mnie. Kilka miesięcy trwało, zanim mogłem dostać się oficjalnie do Anglii.

– Po co była panu ta ryzykowna ucieczka – zapytałam.
– Widzi pani – powiedział – człowiek nie może być sam. A ja po wojnie zostałem sam jak palec. Zginęli dziadkowie, rodzice, dwie siostry. Ja ocalałem na wsi. Pracowałem u młynarza. Z rodzeństwa miałem najmniejsze szanse na przeżycie. Siostry były ładnymi blondynkami. Ja – czarny. Niestety, podobny byłem do ojca, który miał bardzo semickie rysy. Dlatego wysłano mnie na wieś. Wszyscy poszli do getta, tylko mnie zabrali znajomi rodziców. Ale w 1942 roku, gdy już wiedziano o Treblince, sami zaczęli się bać. Przekazali mnie innym. Następnie, po kilku miesiącach, też zasugerowali, że najlepiej będzie mi u młynarza. I tam doczekałem wyzwolenia. Wojna się skończyła. A ja byłem siedemnastoletnim zdrowym, dobrze odżywionym, wysportowanym (jeździłem dużo na rowerze) chłopakiem. Wiedziałem o powstaniu w Warszawie. Od zimy 1943 roku nie miałem już żadnych wiadomości o najbliższych. Długo nie mogłem uwierzyć, że tylko ja ocalałem. Pisałem listy do PCK, łudziłem się nadzieją, że może ktoś z rodziny trafił do obozu, na roboty. W 1954 roku dostałem wiadomość, że brat ojca, którego wojna zastała we Lwowie, z Rosji wydostał się dzięki armii generała Andersa, mieszka w Londynie. Mimo że skończył przed wojną prawo, pracował

w restauracji, potem na stacji kolejki podziemnej. Ożenił się z Angielką. Nie mieli dzieci. Gdy dowiedział się, że żyję, pomógł mi wyjechać. On to wszystko obmyślił. Przeczytałem artykuł w londyńskim „Tygodniu Polskim" o Irenie Sendlerowej. I pomyślałem, dlaczego dobry Bóg nie skierował jej do domu moich rodziców? Może któraś z moich sióstr też by przeżyła? Przez te wszystkie lata, wciąż zadaję sobie pytanie, dlaczego tylko ja żyję?

*
**

„Czas Zagłady się spełnił, ale przecież wciąż istniał w każdym, kto ocalał. Istniał tym bardziej, że dopiero po jego zakończeniu można było dokonać bilansu strat, a więc milczącego apelu zamordowanych – pisał Michał Głowiński w *Czarnych sezonach*, w innym miejscu dodał: – Czas odbiera nadzieję, ale ran nie goi"[105].

---

[105] Michał Głowiński, *Czarne sezony*, ss. 174 i 181.

*Pani naczelnik,
czyli powojenna praca zawodowa
i społeczna*

Irena Sendlerowa w samochodzie Wydziału Opieki Społecznej, 1 maja 1948; minister Aleksander Pacho dekoruje Irenę Sendlerową medalem „Za zasługi w służbie zdrowia", Dzień Nauczyciela 1958. Ilustr. R. Szaybo

Irena Sendlerowa: – W przedwojennej Polsce władze Warszawy, realizując nakazy eksmisji dla niepłacących komornego, urządziły dwa siedliska tragicznej egzystencji ludzi. Jedno to baraki w Annopolu, a drugie w dawnej fabryce obuwia, w tzw. Polusie na Pradze. Były to wielkie hale fabryczne, w których mieściło się kilkadziesiąt osób, mających wspólną kuchnię i wspólną ubikację. Awantury, bijatyki zatruwały życie. Postanowiliśmy to zlikwidować i w miejsce tej hańby tamtego okresu urządzić kilka instytucji społecznych. Wyznaczyłam do tego dwie pracownice, bardzo dzielne, ofiarne w pracy społecznej, którym poleciłam – w porozumieniu z władzami wojewódzkimi na terenie Polski zachodniej, gdzie po opuszczeniu tych terenów przez Niemców całe bloki mieszkalne stały puste – wywieźć mieszkańców „Polusa”, zapewniając im dobre warunki mieszkaniowe i pracę. A w „Polusie” po wielkim remoncie urządziliśmy: żłobek, dom rozdzielczy dla starców bezdomnych, szkołę dla pracowników społecznych z piękną biblioteką oraz kilka mieszkań dla naszych pracowników. Jednocześnie zorganizowaliśmy tam centralny magazyn odzieży UNRRY[106].

---

[106] UNRRA – (ang. United Nations Relief and Rehabilitation Administration) Organizacja Narodów Zjednoczonych do spraw Pomocy i Odbudowy, utworzona w 1943 w Atlantic City, z inicjatywy USA, Wlk. Brytanii, ZSRR i Chin. Zadaniem tej organizacji było przyjście z pomocą, po zakończeniu działań wojennych, krajom alianckim najbardziej dotkniętym wojną, m.in. Polsce.

Praca Wydziału Opieki Społecznej w ówczesnych czasach była niesłychanie trudna. Wszyscy, którzy wracali do zrujnowanej Warszawy, byli naszymi podopiecznymi. Realizacja zadań przebiegała w dwóch kierunkach. Z jednej strony trzeba było dorywczo udzielać pomocy, aby zgnębieni i zmaltretowani przeżyciami wojennymi mieszkańcy Warszawy mogli otrzymać trochę żywności w postaci obiadów, paczek z suchym jedzeniem, odzież i pomoc w uzyskaniu jakiegokolwiek miejsca do zamieszkania. Z drugiej – o wiele trudniejszym zadaniem było stworzenie jakiejś koncepcji na działalność opieki społecznej w zmienionych warunkach ustrojowych. Na konsultacje i po pomoc w realizacji tych zadań jeździłam do Łodzi, do profesor Heleny Radlińskiej, ponieważ nie czułam się dostatecznie przygotowana do wypełniania tych zadań.

O ile na początku, po zakończeniu wojny, władze partyjne nie mieszały się do zagadnień opieki społecznej, bardziej angażowały się w upolitycznienie społeczeństwa, to po pięciu latach zaczęto się nami bardzo interesować. I polecono mi skasować wszystkie (a było ich dziesięć!) Ośrodki Współdziałania Społecznego (nazwę wymyśliła Wanda Wawrzyńska), bo dalszą pomoc mają załatwiać starostwa. Następnie zarządzono rozdział opieki społecznej na trzy resorty. Sprawy dzieci w wieku od 0 do 3 lat miały przejść do Ministerstwa Zdrowia, sprawy dzieci i młodzieży od 3 do 18 lat do Ministerstwa Oświaty, a Ministerstwo Opieki Społecznej miało tylko interesować się starcami i osobami niedołężnymi.

Na podstawie moich wieloletnich doświadczeń uważałam, że opieka społeczna powinna się zajmować rodziną całkowitą, o ile oczywiście choroby, wypadki losowe lub inna patologia tego wymagają. Albowiem życie codzienne i wszystkie zagadnienia związane z bytowaniem są wspólne dla całej rodziny. Wydane zarządzenia w moim rozumieniu były bezsensowne. Podjęłam walkę, chcąc przekonać władze, że wyżej wymienione zmiany pogorszą raczej sytuację osób wymagających pomocy. A nam, pracownikom opieki społecznej, uniemożliwią skuteczną dla nich pomoc. Przegrałam tę walkę. Wobec tego po pięciu latach pracy, 15 marca 1950 roku, opuściłam Wydział Opieki Społecznej. Myślałam, że może w organizacjach społecznych znajdę zrozumienie. I rozpoczęłam pracę w Wydziale Socjalnym w Związku Inwalidów Wojennych. Tam jednak koncentrowano się na pomocy dla osób poszkodowanych przez wojnę. Nie znalazłam więc możliwości pomocy dla szerszego ogółu.

Opuściłam tę pracę, łudząc się, że może w Lidze Kobiet zorganizuję taki wydział socjalny i uda mi się realizować to, co było potrzebą chwili. Tam jednak polityka wzięła górę nad potrzebami!

Wobec tego, w 1952 roku, zaczęłam pracować w Ministerstwie Oświaty, gdzie zostałam naczelnikiem nadzoru pedagogicznego. Praca okazała się bardzo ciekawa, ale wymagała częstych wyjazdów w teren, co ogromnie komplikowało moje życie rodzinne. Były to czasy, gdy miałam dwoje małych dzieci, bardzo chorowitych.

W roku 1954 zostałam wicedyrektorem do spraw pedagogicznych w Liceum Felczerskim, szkole wieczorowej. To była dla mnie wygodna decyzja, którą podyktowało życie. Miałam w ciągu dnia więcej czasu dla swoich najbliższych. Od tego roku pracowałam przez kilka lat w różnych szkołach medycznych: pielęgniarskich (ze specjalizacją pielęgniarki pediatrycznej), dla położnych, dla laborantów medycznych. W szkołach tych przeważał wyraźnie profil zawodowy (medyczny) z prawie całkowitym pominięciem pedagogicznego stosunku do młodzieży. W porozumieniu z Działem Szkolnictwa Medycznego w Wydziale Zdrowia i dzięki bardzo przychylnemu nastawieniu kierownictwa tego działu udało mi się położyć większy nacisk na pedagogizację młodzieży. To było ważne, ponieważ nauczycielami byli lekarze i pielęgniarki – dobrzy fachowcy w swoich dziedzinach, którzy tak naprawdę pojęcia nie mieli o tym, jak uczyć. Trzeba było ich do tego dopiero przygotować.

Pierwszego października 1958 roku ówczesny wiceminister zdrowia, dr Aleksander Pacho, powołał mnie na stanowisko dyrektora Departamentu Średnich Szkół Medycznych w Ministerstwie Zdrowia. Pracowałam na tym stanowisku do roku 1962. W tym roku zostałam wicedyrektorem do spraw pedagogicznych w Studium Kształcenia Techników Dentystycznych i Farmaceutycznych.

W 1967 roku przeszłam na „wymuszoną", wcześniejszą emeryturę. Miałam przecież dopiero 57 lat! Posądzono mnie bowiem, że po wygraniu przez Izrael jednej z wojen ze światem arabskim radośnie triumfowałam w pokoju nauczycielskim. Były to czasy wzmożonej nietolerancji dla Żydów. Nie chcąc rozstać się z młodzieżą, z którą praca dawała mi przez całe życie wiele radości, zadowolenia i satysfakcji, podjęłam pracę w bibliotece szkolnej, gdzie pracowałam do roku 1984.

W sumie, w latach 1932–1984, przepracowałam 52 lata!

Poza pracą zawodową w każdym okresie swego życia byłam bardzo zaangażowana w pracę społeczną. W szkole średniej aktywnie udzielałam się w harcerstwie, wyjeżdżałam na obozy, na których zdobywałam różne stopnie sprawności. Zaangażowanie w harcerstwo dało mi dużo dobrego, bo zasady tej organizacji miały pozytywny wpływ na kształtowanie postaw i charakterów. Uczono nas tam rozróżniania dobra od zła, opieki nad chorymi, osobami starszymi. Te doświadczenia procentowały w moim dalszym życiu.

W czasie studiów uniwersyteckich wstąpiłam do Związku Młodzieży Demokratycznej. W tej organizacji walczyliśmy między innymi z niesprawiedliwymi decyzjami władz uczelni, wprowadzającymi tzw. getto ławkowe oraz ograniczenia w przyjmowaniu na studia młodzieży pochodzenia chłopskiego. Pracując zawodowo w Obywatelskim Komitecie Pomocy Społecznej i potem w Wydziale Opieki Społecznej i jego agendach, należałam do Polskiej Partii Socjalistycznej (PPS). Zajmowałam się rozwożeniem po różnych fabrykach prasy naszej partii, ulotek, odezw i innych materiałów propagandowych.

Do PPS[107] należałam też w czasie wojny. Byłam wówczas odpowiedzialna za dostarczanie pomocy materialnej rodzinom więzionych działaczy oraz przywożenie lekarstw i środków opatrunkowych dla ludzi w lesie.

Po wojnie – w roku 1948 – decyzją ówczesnych władz partyjnych Polskiej Partii Robotniczej (PPR) nastąpiło wcielenie PPS do PPR. Powstała Polska Zjednoczona Partia Robotnicza (PZPR). W ten sposób znalazłam się niezamierzenie w nowej partii. Po krótkim czasie zorientowałam się, że ta partia nie ma nic wspólnego z przedwojenną PPS, która na swych sztandarach głosiła hasła: „Niepodległość" i „Sprawiedliwość". Przed wojną „socjalizm" oznaczał nie tyle doktrynę czy program polityczny, ile pewien rodzaj wrażliwości społecznej i sprzeciw wobec kultu pieniądza. I to mi bardzo odpowiadało. Gdy po 1948 roku okazało się być inaczej, złożyłam legitymację partyjną, mając z tego powodu wiele przykrości. „Przykrości" towarzyszyły mi przez wiele, wiele powojennych lat! Gdy pracowałam jeszcze w Wydziale Opieki Społecznej Zarządu Miasta, były na mnie donosy, że ukrywam wśród pracowników aktywnych działaczy Armii Krajowej. Wielokrotnie wzywano mnie do Urzędu Bezpieczeństwa. Grożono mi nieustannie. A byłam wtedy w siódmym miesiącu ciąży. Dziecko urodziło się za wcześnie, było bardzo słabe. Żyło kilka tygodni. Stan medycyny był wówczas taki, że synka nie uratowano. Była to moja ogromna tragedia.

Cudem w tych okropnych stalinowskich czasach uniknęłam aresztowania i poważnych konsekwencji. Zawdzięczałam to jednej z wielu przeze mnie uratowanych osób – Żydówce Irenie M.P. Ona po wojnie została żoną pułkownika P., szefa

---

[107] W czasie wojny Irena Sendlerowa była członkiem PPS-WRN, ale dzięki swoim dawnym przedwojennym kontaktom, w zakresie konspiracyjnej pomocy Żydom, współpracowała z wieloma koleżankami i kolegami, którzy należeli do RPPS (Robotniczej Partii Polskich Socjalistów). Te znajomości, konspiracyjna współpraca miały dla niej tragiczne konsekwencje i do dzisiaj są powodem wielu nieporozumień, a nawet przekłamań.

Urzędu Bezpieczeństwa w Warszawie. Ja o tym nie wiedziałam, bo losy Ireny po Powstaniu Warszawskim nie były mi znane. Po wielu latach dopiero, kiedy jej mąż zmarł, ona mnie odnalazła i powiedziała: – Ty uratowałaś mi życie w latach okupacji, a ja tobie po wojnie... Był już nakaz aresztowania ciebie, co wówczas równało się wyrokowi śmierci. Pewnego dnia mój mąż był chory. Przyszli do niego podwładni pracownicy w celu omówienia pilnych i ważnych spraw. Wchodząc do pokoju z kawą, usłyszałam końcowe zdanie męża: „wobec tych dowodów trzeba aresztować Irenę Sendlerową". Po wyjściu tych osób opowiedziałam mężowi historię swego ukrywania się w czasie wojny i twoją rolę w uratowaniu mi życia. Ze łzami w oczach wybłagałam u niego cofnięcie decyzji aresztowania. Mąż mnie kochał, mieliśmy dwójkę małych dzieci, gdy poznał prawdę – zrozumiał, że nie można tego zrobić.

*
**

Irena Sendlerowa: – Będąc naczelnikiem Wydziału Opieki Społecznej, zorganizowałam wydawnictwo pt. „Opiekun Społeczny" (miesięcznik), ukazywał się przez prawie pięć lat.

Przez wiele lat byłam członkiem komisji rewizyjnej Polskiego Czerwonego Krzyża (PCK) Zarządu Głównego oraz jednym z założycieli Ligi do Walki z Rasizmem, do której to organizacji przystąpiło wielu działaczy dawnej Żegoty, ale krótko ta organizacja działała, bo z polecenia władz partyjnych została zlikwidowana.

Byłam też (krótko) członkiem zarządu warszawskiego Towarzystwa Przyjaciół Dzieci (TPD). Należałam również do Towarzystwa Szkoły Świeckiej oraz Związku Nauczycielstwa Polskiego. Przez dwie kadencje byłam radną w Stołecznej Radzie Narodowej – przewodniczącą Komisji Zdrowia.

W roku 1980, gdy powstała „Solidarność", zachwycona jej ideałami, wypisałam się ze Związku Nauczycielstwa Polskiego i wstąpiłam do Związku Zawodowego „Solidarność", pocią-

Irena Sendlerowa z rodziną: (od lewej) Janina Zgrzembska (córka),
Iwona Zgrzembska (synowa), Agnieszka Zgrzembska (wnuczka),
Adam Zgrzembski (syn). Uroczystość odznaczenia Krzyżem Komandorskim
Orderu Odrodzenia Polski, 1997 r.

gając za sobą personel szkoły, w której pracowałam. Członkiem nowej organizacji byłam do czasu zakończenia pracy zawodowej.

Od początku istnienia organizacji Otwarta Rzeczpospolita – Stowarzyszenie Przeciw Antysemityzmowi i Ksenofobii jestem jej członkiem. Od wielu lat należę też do Związku Inwalidów Wojennych i Związku Kombatantów.

Za moją wieloletnią pracę społeczną otrzymałam wiele odznaczeń[108], wśród których największe znaczenie ma dla mnie

---

[108] We wrześniu 1997 r. Irena Sendlerowa została udekorowana Krzyżem Komandorskim Orderu Odrodzenia Polski, a 11 listopada 2001 r. w „uznaniu zasług w niesieniu pomocy potrzebującym" otrzymała Krzyż Komandorski z Gwiazdą Orderu Odrodzenia Polski. 16 czerwca 2002 r. w imieniu Ireny Sendlerowej Order Ecce Homo (przyznawany tym, którzy swą niekoniunkturalną działalnością dowodzą prawdziwości słów *Człowiek to brzmi dumnie*) odebrała córka Janina Zgrzembska.

medal „Sprawiedliwy wśród Narodów Świata" przyznany mi 15 grudnia 1965 roku przez Instytut Yad Vashem w Jerozolimie.

*
**

Swoje drzewko w Alei Sprawiedliwych Irena Sendlerowa mogła zasadzić dopiero w 1983 roku, gdyż przez kilkanaście lat, mimo zaproszeń z Izraela, władze odmawiały wydania jej paszportu. Spotkała się wówczas z ratowanymi przez siebie dziećmi, wtedy już matkami i babciami. Niemal wszyscy zajmowali odpowiedzialne stanowiska, byli profesorami, lekarzami, adwokatami, artystami. Przyjmowali ją gorąco i serdecznie. Podobnie jak młodzież izraelska na licznych spotkaniach.

איךנה סנדכר
IRENA SENDLER
POLAND   פולין

Wdzięczna pamięć

Irena Sendlerowa sadzi drzewko w Yad Vashem, 1983 r.;
Janina Zgrzembska przy drzewku mamy, 1988 r.;
drzewko Ireny Sendlerowej ma już dwadzieścia lat! Ilustr. R. Szaybo

Irenę Sendlerową bardzo boli brak pamięci o ludziach najbardziej zasłużonych dla sprawy ratowania Żydów w czasie okupacji. Do nich zalicza Juliana Grobelnego i jego żonę Helenę. Poświęciła im piękne wspomnienie, które 18 kwietnia 2003 roku, w specjalnym dodatku, opublikowała „Gazeta Wyborcza".

Czytamy w nim:

W związku z minioną w grudniu ub.r. 60. rocznicą rozpoczęcia działalności Rady Pomocy Żydom Żegota i 60. rocznicą powstania w getcie warszawskim pragnę napisać wspomnienie o naczelnej postaci tej instytucji – jej przewodniczącym Julianie Grobelnym, pseudonim Trojan, i jego żonie Helenie, pseudonim Halina. Byli oni przez długie lata wybitnymi działaczami PPS na terenie Łodzi. Julian pracował w opiece społecznej. Zaraz po wybuchu drugiej wojny światowej, gdy Niemcy wkroczyli do Łodzi, oboje znaleźli się od razu na liście wrogów III Rzeszy. Musieli natychmiast opuścić rodzinne miasto. Zamieszkali w swoim małym domku w Cegłowie, niedaleko Mińska Mazowieckiego. Stąd kontynuowali działalność w polskiej lewicy w ramach podziemnego PPS. Kiedy Julian Grobelny został przewodniczącym Żegoty, on i jego żona przeważnie przebywali w Warszawie, mieszkając u zaprzyjaźnionych osób. Dla bezpieczeństwa swojego i tych, u których przebywali, miejsca pobytu zmieniali co jedną lub dwie noce.

Zawiłe drogi konspiracyjnego życia zaprowadziły mnie któregoś popołudnia w grudniu 1942 r. do bramy domu przy

Żurawiej 24, na trzecie piętro. Na umówione hasło drzwi się otworzyły i stanęłam przed obliczem Trojana. Poznanie go było spowodowane chęcią nawiązania kontaktu. Działając w komórce pięcio-, a później dziesięcioosobowej w Wydziale Opieki Społecznej i Zdrowia Zarządu Miasta – ratowaliśmy Żydów. Mieliśmy jednak coraz większe trudności w zdobywaniu środków materialnych dla prześladowanych. Niemcy już w połowie października 1939 r. wydali zarządzenie o usunięciu z pracy wszystkich pracowników pochodzenia żydowskiego i cofnięciu pomocy biednej ludności żydowskiej, która na mocy ustawy z 1923 r. mogła otrzymywać pomoc z opieki społecznej tak samo jak Polacy.

Chodziliśmy do getta i staraliśmy się wyprowadzać jak najwięcej dzieci, bo sytuacja z dnia na dzień się pogarszała. Pracując w tym wydziale m.in. z koleżanką Stefanią Wichlińską, łączniczką Zofii Kossak-Szczuckiej, dowiedziałam się, że organizująca się Żegota ma fundusze z Delegatury Rządu. Po zapoznaniu się z naszą trzyletnią już działalnością w ratowaniu Żydów Julian Grobelny, który miał zawsze poczucie humoru, odrzekł: „No to, Jolanto (taki miałam pseudonim w komórce PPS), robimy wspólnie dobry interes – wy macie zespół zaufanych ludzi, a my będziemy mieli fundusze niezbędne do ogarnięcia pomocą coraz większej ilości prześladowanych". I tak zaczął się kolejny rozdział mojej pracy w polskim podziemiu. Po miesiącu powierzono mi kierownictwo Referatu Dziecięcego, który przede mną prowadziła Aleksandra Dargielowa. Musiała jednak zrezygnować z tej pracy, ponieważ praca zawodowa w Radzie Głównej Opiekuńczej (RGO) nie pozwalała jej na ogromnie absorbującą pracę w Żegocie.

We wspomnieniach zachowałam Juliana Grobelnego jako wielkiego człowieka i patriotę. Brał czynny udział w trzech powstaniach śląskich. Szanował i zawsze niósł pomoc mniejszościom narodowym, walczył o nadanie im praw i ich respektowanie. Był niezmordowanie pracowity, wymagający najwięcej od siebie, a dopiero potem od podwładnych.

Miał kryształowy charakter. Posiadał rzadko spotykaną cechę u ludzi na wysokich stanowiskach – skromność. Działał w sprawach wielkich i ważnych, a jednocześnie liczył się dla niego każdy człowiek. Potrafił okazać zainteresowanie każdemu potrzebującemu. Bywały wypadki, że alarmował mnie telefonicznie, wzywając do natychmiastowego przybycia na spotkanie. Spieszyłam, przypuszczając, że powierzy mi jakieś ważkie zadanie do spełnienia, bo i to się zdarzało. A okazywało się, że trzeba pilnie i z wyjątkową czułością zająć się jednym dzieckiem żydowskim, na którego oczach zamordowano rodziców. Innym znów razem polecił mi natychmiast pojechać z jakimś zaufanym lekarzem i z lekami do lasu między Otwockiem a Celestynowem, bo tam w dole ze śmieciami ukrywała się matka z niemowlęciem. Żywność donosiła jej nauczycielka z sąsiedniej wioski. Jednak niemowlę było bardzo chore i potrzebna była pomoc lekarska.

Serce Trojana i zaangażowanie w jak najlepsze działanie na powierzonym mu stanowisku przewodniczącego Żegoty zjednywało mu nie tylko sympatię całego otoczenia, ale i podziw.

Pracował bez wytchnienia całe dnie, zarywając często i noce. Miał usposobienie bardzo pogodne, a jednocześnie dziwna moc Jego wnętrza działała na otoczenie ogromnie uspokajająco. W jego towarzystwie mimo ciągłego zagrożenia naokoło, mimo grozy, która była wszędzie, ta jego wewnętrzna siła działała tak, że każdy czuł się bezpiecznie.

Trojan był inicjatorem płomiennych odezw w prasie podziemnej. Zwracał się m.in. do Delegatury Rządu z wielokrotnymi apelami o systematyczne zwalczanie szantaży. Prosił o wydanie zarządzenia grożącego szantażystom karą śmierci. Żądał też, aby Żegota przekazywała sprawy szantażu sądowi specjalnemu. Spowodowało to, że Żegota wydała ulotki, w których wzywano społeczeństwo polskie do udzielania pomocy Żydom. Z pasją walczył z plagą szmalcowników. Mimo odpowiedzialności za całość podległej mu instytucji zarówno on, jak i jego żona Helena mieli pod swoją opieką po kilkanaście osób – Żydów, dawnych kolegów z PPS.

Troszczył się o cały nasz zespól, czego najlepszym przykładem jest jego udział w moim uwolnieniu. Gdy byłam w więzieniu na Pawiaku, kilkakrotnie dostawałam od niego grypsy pocieszające mnie, że Żegota robi wszystko, aby mnie z tego piekła wydobyć. Kiedy zaistniała możliwość przekupienia jednego z gestapowców i wykupienia mnie z więzienia mimo wydanego już na mnie wyroku śmierci – Julian Grobelny z całym zarządem Żegoty bez żadnego wahania wyłożył żądaną sumę.

Kiedy ludzie getta stanęli do walki (w kwietniu 1943), wielką zasługą Trojana było to, że dwoił się i troił w sprawie dostarczenia broni dla walczących.

Jego wrodzony takt i umiejętność współżycia z ludźmi dawały zawsze dobre rezultaty dla harmonijnego współdziałania w Żegocie, mimo że do zarządu wchodzili przedstawiciele wszystkich partii politycznych z wyjątkiem Stronnictwa Narodowego i PPR.

Całą okupację oboje małżonkowie żyli w biedzie. Bywało nawet, że byli głodni. Jako aktyw PPS-u otrzymywali, zresztą jak wszyscy członkowie, małe zasiłki. Do tego dochodziły niewielkie przychody z ogrodu przy domku w Cegłowie. Wszystko to nie starczało na dobre wyżywienie, bo ceny rosły często z dnia na dzień. Nie mając w Warszawie własnego mieszkania, przemieszczając się często z miejsca na miejsce, byli zmuszeni jadać na mieście, na co nie zawsze starczało pieniędzy, a przy czynnej gruźlicy Grobelnego ten stan systematycznie pogarszał jego zdrowie.

Kiedy wiosną 1944 r. został aresztowany w Mińsku Mazowieckim, w swoim nieszczęściu miał trochę szczęścia. Gestapo aresztowało go bowiem nie jako przewodniczącego Żegoty, bo tego nie wiedzieli, ale tylko jako niebezpiecznego działacza polskiej lewicy. Miało to kolosalne znaczenie, bo wiadomo, że gorsze kary, łącznie z karą śmierci, Niemcy wymierzali za jakąkolwiek pomoc Żydom. Mniejsza była kara za przechowywanie w mieszkaniu np. broni niż Żyda.

Całe nasze otoczenie zdawało sobie sprawę z tego, że Trojan przy swojej zaawansowanej chorobie i wojennym wyniszczeniu ani tortur, ani codziennego ciężkiego bytowania w więzieniu nie wytrzyma. Robiono więc wszystko, aby dostarczać mu leki i pożywne jedzenie. Pomagali w tym m.in. lekarze głęboko tkwiący w podziemiu, tacy jak: dr Zofia Franio – kierowniczka poradni przeciwgruźliczej, dr Mieczysław Ropek ze Szpitala Chorób Płucnych przy ulicy Spokojnej 15 w Warszawie i dr Jan Rutkiewicz – członek PPS. Dzięki tym wysiłkom Trojan doczekał końca wojny i mógł opuścić więzienie.

Został pierwszym starostą w Mińsku Mazowieckim, jednak ciężka choroba i systematyczne wyniszczanie organizmu przez ponad pięć lat okupacji sprawiły, że po roku zaszczytnej pracy na nowym stanowisku zakończył żywot (w 1946 r.). Pochowany ze wszystkimi honorami zasłużonego działacza w obecności wielu przyjaciół z PPS i Żegoty, spoczął na cmentarzu w Mińsku. Młodzież szkolna i obywatel Pawlak, miejscowy działacz społeczny, opiekują się jego grobem.

Pani Helena długo nie mogła pogodzić się ze stratą męża. Sprzedała domek w Cegłowie i za część pieniędzy kupiła jednopokojowe mieszkanie w Łodzi. Zaczęła bardzo chorować. Jak wszyscy, którzy otrzymali odznaczenie „Sprawiedliwy wśród Narodów Świata", dostawała z fundacji w Nowym Jorku symboliczną pomoc materialną i leki z Fundacji im. Anny Frank z Bazylei.

Jeździłam wielokrotnie do niej do Łodzi. Wyczerpana przeżyciami wojennymi, kiedy żyła w ciągłym strachu o męża, pani Helena zmarła w 1993 r. W pogrzebie wzięła udział pani mgr Halina Grubowska jako przedstawiciel Żydowskiego Instytutu Historycznego oraz liczni przyjaciele i koledzy z PPS. W pamięci nas wszystkich pani Helena pozostanie na zawsze wierną towarzyszką męża Juliana we wszystkich jego poczynaniach.

Nigdy nie zapomnimy, że całe życie Juliana Grobelnego, Trojana, było nieustanną walką o dobro i sprawiedliwość społeczną dla wszystkich mieszkańców Polski bez względu na przekonania religijne i narodowe.

***

W archiwum Ireny Sendlerowej znajduje się kopia bezcennego dokumentu. Oświadczenie Heleny Grobelnej z 20 kwietnia 1963 roku, następującej treści:

Niniejszym oświadczam, że od mojego męża Juliana Grobelnego, ps. Trojan, prezesa Rady Pomocy Żydom w okresie okupacji, znane mi są następujące fakty:

1) Ob. Irena Sendlerowa, ps. Jolanta, była bliską współpracownicą prezydium RPŻ.

2) Za wyżej wymienioną działalność została aresztowana jesienią 1943 r. przez gestapo, osadzona na Pawiaku i skazana na śmierć.

3) Ponieważ ob. Sendlerowa przechowywała część archiwum RPŻ na terenie swego mieszkania oraz z tytułu organizowania na szeroką skalę akcji ratowania dzieci, była jedyną osobą, która znała na pamięć zaszyfrowane miejsca ukrycia tych dzieci, prezydium RPŻ czyniło usilne starania o uratowanie jej. Starania mego męża i pozostałych członków prezydium doprowadziły do wydostania się ob. Sendlerowej z Pawiaka w dniu wiezienia Jej na rozstrzelanie. Tego dnia megafony okupanta podały listę rozstrzelanych, w tym nazwisko ob. Sendlerowej.

4) Od tego momentu ob. Sendlerowa musiała się posługiwać fałszywymi dokumentami, opuścić swoje mieszkanie i ukrywać się.

Pomimo to kontynuowała zakrojoną na szeroką skalę działalność prowadzoną przez Radę Pomocy Żydom do zakończenia działań wojennych.

Czy pamiętamy? – Będziemy pamiętać!

Amerykańskie dziewczęta w Oświęcimiu 2001 r. Fot. M. Dudziewicz

Michał Dudziewicz zrealizował film dokumentalny *Lista Sendlerowej*[109]. Zdobył nagrody na dwóch festiwalach: w Sztokholmie i w Niepokalanowie.

„W Polsce zawsze łatwiej było mówić o męczennikach niż o bohaterach. Łatwiej mówić o Januszu Korczaku niż o Irenie Sendler, bo ona uświadamia nam, czego nie zrobiliśmy, a można było" – mówi Leszek Kantor, politolog z uniwersytetu w Sztokholmie, organizator Międzynarodowego Festiwalu Filmów Dokumentalnych[110].

Profesor Tomasz Szarota: „Latem [2002 r.] gościłem w domu grupę amerykańskich dziewcząt z Uniontown w stanie Kansas, które napisały o Sendlerowej sztukę teatralną. Rozmawiając z nimi, niewiele mogłem powiedzieć o tym, jak kobieta, dzięki której uratowano w Polsce kilkaset żydowskich dzieci, czczona jest we własnej Ojczyźnie"[111].

*
* *

Profesor Szewach Weiss, ambasador Izraela w Polsce, dziennikarce tygodnika „Wprost" powiedział między innymi: „Ludzie nie rodzą się, żeby być bohaterami. Matki rodzą i wychowują

---

[109] Emisja w 2. programie TVP w kwietniu 2003.

[110] Aleksandra Zawłocka, *Dzieci Sendlerowej*, „Wprost", nr 7, 16 lutego 2003.

[111] Tomasz Szarota, *Cisi bohaterowie*, „Tygodnik Powszechny", nr 51–52, 22–29 grudnia 2002.

Dyplom Michała Dudziewicza za film „Lista Sendlerowej"

dzieci do życia, po prostu. Dlatego nie ma na świecie więk-
szych bohaterów, dzielniejszych ludzi niż Sprawiedliwi wśród
Narodów Świata. To jest egzamin z człowieczeństwa, którego
my, Żydzi, jeszcze nie przeszliśmy"[112].

W rozmowie z Joanną Szwedowską ambasador Weiss wy-
znał też: „Będąc w Polsce, uświadomiłem sobie, że w tych
dwóch krajach, tu i w Izraelu – Holocaust trwa dalej.
W świadomości ludzi, w pamięci, w pamięci dzieci. W proble-

---

[112] Aleksandra Zawłocka, *Dzieci Sendlerowej*, op.cit.

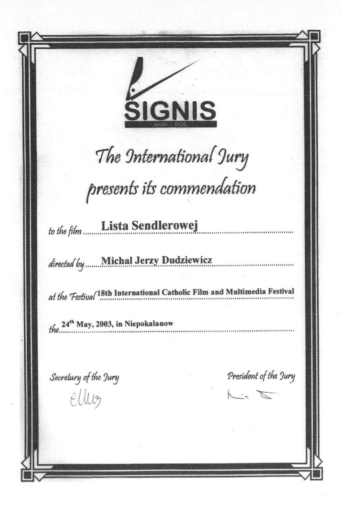

SIGNIS
Unda · OCIC

The International Jury
presents its commendation

to the film .... **Lista Sendlerowej** ....

directed by .... **Michal Jerzy Dudziewicz** ....

at the Festival ^ **18th International Catholic Film and Multimedia Festival** ....

the .... **24th May, 2003, in Niepokalanow** ....

Secretary of the Jury   President of the Jury

mach moralnych, które społeczeństwo musi jakoś rozwiązać. Nadzieja jest w następnych pokoleniach. [...] Spotykam wielu Polaków, którzy opowiadają o tym, jak w czasie wojny ratowali Żydów. Przecież o tym też przez wiele lat w Polsce się nie mówiło. Tak jakby ukrywanie Żydów było wstydliwą sprawą"[113].

---

[113] Cytat pochodzi z opublikowanego w formie książkowej wywiadu-rzeki: *Ziemia i chmury*. Z Szewachem Weissem rozmawia Joanna Szwedowska, Sejny 2002, ss. 107 i 120.

Na zakończenie filmu Michała Dudziewicza, który zarejestrował w nim także pobyt w Polsce czterech amerykańskich uczennic, Irena Sendlerowa mówi: „Dopóki będę żyła, dopóki mi sił starczy, zawsze będę mówiła, że najważniejsze na świecie i w życiu jest Dobro".

Dziewczęta przed powrotem do Stanów Zjednoczonych, żegnając się z bohaterką sztuki, powiedziały: – Będziemy pamiętać![114]

---

[114] Wszyscy, z którymi rozmawiałam podczas pracy nad tą książką, zgodnie podkreślają fakt, że ogólne (międzynarodowe, ale i polskie!) zainteresowanie osobą Ireny Sendlerowej sprowokowane zostało przez grupę amerykańskich uczennic. A następnie przez spopularyzowanie w mediach amerykańskich przyznania jej Nagrody im. Jana Karskiego. Publicznie mówiły o tym także Elżbieta Ficowska, Elżbieta Zielińska-Mundlak (z Caracas) i Renata Skotnicka-Zajdman (z Montrealu) 24 października 2002 r. na spotkaniu Fundacji Dziedzictwa Polsko-Żydowskiego w Montrealu. W sprawozdaniu z tej uroczystości pisano m.in.: „Celem spotkania było uhonorowanie Ireny Sendlerowej. Jest ona żywym symbolem tych wszystkich, którym poświęcony był ten wieczór – członkom Żegoty, tajnej Rady Pomocy Żydom w Polsce, 1942–1945, oraz wszystkim ludziom dobrej woli, którzy z narażeniem życia swojego i swoich rodzin ratowali żydowskich sąsiadów od zagłady. Przykłady życia tych ludzi pozwalają nam wszystkim być dumnymi, że należymy do gatunku ludzkiego".

Dlaczego pamięć wróciła
tak późno

Order Orła Białego i medal Yad Vashem. Fot. R. Szaybo

– Stale o tym myślę, że spotkał mnie prawdziwy cud: obdarzono mnie darem życia – mówi profesor Michał Głowiński, literaturoznawca, autor wspomnień, które nazwał „porządkowaniem doświadczeń i wyzwoleniem"[115].

„To było zjawisko społeczne w Polsce, Izraelu, niemal wszędzie. Uciekało się od tego tematu, o Zagładzie się nie mówiło. Zainteresowanie tematem zaczęło się jakieś dwadzieścia lat temu. Jest coraz mniej tych, którzy przeżyli.

Teraz dopiero ludzie zdają sobie sprawę z tego, co się stało, i chcą o tym mówić i pisać. Podobny proces zachodził i w Polsce, i w Izraelu, i w Ameryce. [...] W domu na wszystko nałożono tłumik, obowiązywała powściągliwość. Zresztą ja o tym bardzo mało opowiadałem także moim kolegom i znajomym. We mnie wciąż był strach. Wyzwoliłem się z niego dopiero po 1989 roku. [...] Przestrzeń getta jest dla mnie tajemnicą, zupełnie nie umiem nad nią zapanować, chociaż oglądałem mapy. [...] Wydaje mi się, że wszystko, co się stało, nie daje się w żaden sposób religijnie uzasadnić. I to niezależnie od rodzaju religii. Trudno o teodyceę, czyli o usprawiedliwienie Boga z ogromu zła na świecie"[116].

„Pieczęć milczenia kładłem na wszystko, co było dla mnie ważne", pisał w jednym z opowiadań w autobiograficznej

---

[115] Profesor Michał Głowiński jest m.in. autorem książek: *Czarne sezony*, *Magdalenka z razowego chleba*, *Historia jednej topoli*.

[116] Wywiad Doroty Szuszkiewicz z prof. M. Głowińskim, *Kolor cierpienia*, „Stolica" (Magazyn „Życia Warszawy"), nr 16, 19 kwietnia 2003.

książce *Historia jednej topoli*[117]. W innym miejscu tej samej książki przywołuje wstrząsające wspomnienia: „doskonale zapamiętałem te zaplombowane pociągi, odjeżdżające w śmierć, byłem świadom, że nie znalazłem się w jednym z nich tylko za sprawą niebywałego zbiegu okoliczności, który po latach bez przesady mogę określić jako istny cud". Cudem było także to, że prawie cała rodzina profesora Głowińskiego ocalała. Wojnę przeżyli dziadkowie i rodzice. Rozdzieleni. Każdy ukrywał się w innym miejscu. Po wyzwoleniu i połączeniu się najbliższych w jednym domu ci z członków rodziny oraz z przyjaciół i znajomych, którzy zginęli, wspominani byli „stosunkowo rzadko i jakby nieśmiało. Każde przywołanie łączyło się z bólem, odnawiało rany, odświeżało potworne przeżycia, aktualizowało to poczucie strat, z którymi nie dane było nikomu się pogodzić – i udowadniało, że od ciężaru tego, co się stało, nie można się uwolnić, ciężaru przygniatającego silniej i boleśniej aniżeli młyńskie kamienie. Nie było sposobu, by go zrzucić z siebie, nosił go każdy, kto tamtego doświadczył, nosi zresztą dalej, jeśli żyje, nosi do dzisiaj, bo wszystko to w człowieka wrosło, stało się jego częścią, a usunąć tej narośli nie można za pomocą żadnego zabiegu czy nawet najbardziej skomplikowanej operacji".

W innej, także autobiograficznej, książce (*Czarne sezony*) Michała Głowińskiego zwracają uwagę bardzo osobiste refleksje: „Myślę, że przebywanie w piwnicy trwa we mnie do dzisiaj", „Nie panuję nad chronologią mojej poniewierki po aryjskiej stronie, nie potrafię precyzyjnie uszeregować wydarzeń w czasie...", „... istniał we mnie sprawnie działający system ostrzegawczy, który włączał się momentalnie, gdy tylko na język nasuwało się coś, co mogłoby – choćby w sposób pośredni – świadczyć o moim pochodzeniu. Głęboko uwewnętrzniłem reguły ukrywania się, byłem ich dobrze świadom, dbałem o to, by się im nie sprzeniewierzać". Autor tych słów

[117] Michał Głowiński, *Historia jednej topoli*, Kraków 2003, ss. 69 i 212.

w chwili wybuchu wojny miał zaledwie pięć lat. Przeżył przeprowadzkę z getta w Pruszkowie do warszawskiej dzielnicy żydowskiej. Był bezpośrednim świadkiem terroru na Umschlagplatzu, pamięta warunki bytowania rodziny po Wielkiej Akcji i ucieczkę wraz z rodzicami w zimowy poranek, w dzień po Nowym Roku 1943.

O grozie jego przeżyć tego okresu najlepiej świadczą słowa: „Przez lata miałem nadzieję, że znajdę opis strachu w wielkiej literaturze, ale nigdzie nań nie natrafiłem, myślę, że go po prostu nie ma". To Michał Głowiński napisał także, że „Irena Sendlerowa w sezonie wielkiego umierania całe swoje życie poświęciła ratowaniu Żydów"[118].

Jadwiga Kotowska, autorka i bohaterka wstrząsającego wspomnienia dziecka, opowiada: „Są rany, które już nie krwawią, a kiedy się to wszystko opowiada, te rany zaczynają krwawić. Jest wtedy ciężko. Wszystko staje przed oczyma. Wszystko się widzi i przeżywa od nowa"[119].

* * *

Przez kilka lat zajmowałam się teatrem polskim na emigracji. Szukając jego śladów, byłam w Londynie, Nowym Jorku, Los Angeles, w Chicago i w Waszyngtonie. Wszędzie spotykałam ludzi, którzy przez wszystkie powojenne lata uciekali przed przeżyciami wojennymi – dosłownie na koniec świata! Uciekali nie tylko przed koszmarami wspomnień. Także przed samym sobą. Ktoś w Kalifornii powiedział mi: – Wie pani, przez cztery lata ukrywano mnie jako dziecko. Ocalałem, ale nie wiem po co. Bo ja przez ponad 50 lat ukrywam się dalej. Aby żyć, musiałem o wszystkim zapomnieć. Najtrudniej było mi zapomnieć o mamie. Nigdy nie chciałem wiedzieć, co się z nią

---

[118] Michał Głowiński, *Czarne sezony*, Kraków 2002, ss. 19, 116, 122, 144, 102.

[119] Jadwiga Kotowska, *Mała szmuglerka*, [w:] *Dzieci Holocaustu mówią*, t. 2, s. 95.

stało, jak zginęła. Zablokowałem sobie to wszystko. I w głowie, i w sercu. Nikt z mojej obecnej rodziny nie zna mojej wojennej historii. Ani żona, ani syn i jego rodzina. Myślałem, może gdybym z Polski nie wyjechał, byłoby mi łatwiej. A tak wszędzie jestem obcy. Więc przyjechałem do Polski. Wszedłem do domu, w którym się urodziłem i mieszkałem do września 1939. To było dziwne uczucie. Dom bardzo zniszczony, ale ocalał z powstania. Dziś to ruina. Ale mieszkają w nim ludzie. Biedni i starzy. Przed wojną kamienica należała do zamożnych właścicieli. Lśniła czystością, w środku pachniała świeżością. I ja ten zapach zapamiętałem! I jeszcze zapach jedynego w świecie domowego rosołu! Nic z tego nie zostało... Ale wróciłem z tej podróży odmieniony, lżejszy. Bo rozliczyłem się ze swoją przeszłością i ze swoją pamięcią. Nawet chciałem o wszystkim żonie i synowi opowiedzieć. Ale zrezygnowałem. To był mój świat, którego nie ma, i nikt, kto tego nie przeżył, nigdy nie zrozumie.

Zrozumiałam swojego rozmówcę (który chce pozostać anonimowy), gdy przeczytałam słowa Szewacha Weissa (który także jest dzieckiem Holocaustu!): „Kiedy w Izraelu tęskniłem do Polski, chciałem wrócić do miejsc swojego dzieciństwa, moje myśli i wspomnienia były smutne. Ale smutek pociąga człowieka. [...] Człowiek ma różne kolory w sobie, w swojej duszy, te kolory to lustra uczucia. [...] Milczenie o Zagładzie jest największym grzechem ludzkości. Przez wiele lat w Izraelu o tym się nie mówiło. I w Polsce też. Ale teraz, w obu naszych krajach, mówi się o tym coraz więcej. To jest zjawisko trzeciego pokolenia. Pierwsze pokolenie – to, które było w samym środku historii, które przeżyło wojnę, którego doświadczeniem życiowym było tragiczne traumatyczne przeżycie – Zagłada, wojna, emigracja, coś, co odmieniło ich życie. Drugie pokolenie, pokolenie ich dzieci, jest tak blisko, że nie zawsze ma odwagę poznać przeszłość, zadawać pytania. Symbolem tutaj mogą być słowa: «o tym się nie mówiło». Drugie pokolenie, tak jak pierwsze, pokolenie ocalonych, próbuje odbudować zwykłe codzienne życie – dom, praca, nauka, normalność. Normalność to obraz życia pierwszego pokolenia przed tragedią. Trzecie pokolenie, pokolenie wnuków, ma już spokojne, zwykłe, ludzkie życie. I wtedy można zadawać pytania i szukać odpowiedzi. I zaczynają badać, opisywać historię pierwszego pokolenia"[120].

Przypomniały mi się słowa kilkunastoletniej wnuczki Ireny Sendlerowej, Agnieszki, która zdziwiona wizytą zagranicznej telewizji zapytała: – Babciu, co ty takiego zrobiłaś, że będziesz sławna? I na to proste pytanie Irena Sendlerowa ma tylko jedną, bardzo krótką odpowiedź: – Robiłam to, co nakazywał mi głos sumienia. Nie mogłabym przeżyć wojny inaczej – dopowiedziała w jednej z wielu naszych rozmów, podczas których licznymi pytaniami poruszałam w niej niezaleczone rany pamięci. Nie mogłam nie zadać innego prostego pytania, którego pani Irena bardzo nie lubi. Czy się bała? – Tak, odpowiedziała. – Bałam się, ale nienawiść i złość były silniejsze od strachu. Innym razem na to samo moje pytanie odpowiedziała: – Byłam jakby pozbawiona jakichkolwiek uczuć. Coś mnie gnało do tej pracy, do tego wysiłku. To było silniejsze niż strach. Wiedziałam, że muszę to właśnie robić, tak, a nie inaczej żyć. Miałam chwile słabości, obaw, lęku – jak każdy, ale czy miałam inne wyjście?

Pewnego razu w mojej obecności odmawia kolejnej prośbie o wywiad. Osoba prosząca używa argumentu, że jest przecież ostatnim świadkiem tamtych zdarzeń, jej świadectwo prawdy jest potrzebne dla historii, dla świata. – Dla świata? – dziwi się pani Irena. – A czy świat mi pomagał, jak dzieci ratowałam? – pyta z goryczą w głosie. – Jak szłam ulicą i płakałam z poczucia bezsilności.

Bałam się nie o siebie, ale o ratowane dzieci. Często myślałam, jaki będzie ich dalszy los. Ciągle zadawałam sobie pytanie,

---

[120] *Ziemia i chmury*. Z Szewachem Weissem rozmawia Joanna Szwedowska, Sejny 2002, s. 123.

czy zrobiłam wszystko, aby zapewnić im bezpieczeństwo. Wiedziałam, że ten koszmar wojennych przeżyć na pewno będzie miał wpływ na ich przyszłe życie. Każdy, kto przeżył wojnę, cierpi na pewien rodzaj nerwicy.

**

Antoni Marianowicz w książce *Życie surowo wzbronione* ujawnił: „[Pewien] rodzaj lęku został mi do dzisiaj – na przykład nie mogę siedzieć w kawiarni tyłem do drzwi wejściowych. Są to irracjonalne lęki, prawdopodobnie zrodzone w tamtych czasach, [kiedy] każde ocalenie Żyda graniczyło z cudem. I pozostawały po tym liczne urazy. […] Kto sam tego nie przeżywał, nie powinien być sędzią w takich sprawach".

Zaprzyjaźniona z Ireną Sendlerową Magdalena Grodzka-Gużkowska w książce *Szczęściara* napisała między innymi: „Księgarnie w Polsce zalane są dzisiaj wspomnieniami o czasie Zagłady. Dlaczego, po tylu latach? – to pytanie dla psychologów i socjologów". Autorka w wieku 78 lat odważyła się „wypowiedzieć głośno wspomnienia, które nigdy jej nie opuściły". W czasie wojny miała kilkanaście lat. W maju 1942 roku zdała w Warszawie konspiracyjną maturę. Marzyła o studiach medycznych. Działała w konspiracji. Była poszukiwana przez gestapo. Od Jagi Piotrowskiej (najlepszej łączniczki pani Ireny!) dostawała „małe, ale specjalne zadania". Była „jedną z tych osób, które wystawiały na słońce szare żydowskie dzieci, wyciągnięte po miesiącach ukrywania się w ciemnych zakamarkach. Takie szare na ulicy. Wszyscy wiedzieli. Przewoziłam je z miejsca A w miejsce B. Podrzucałam jedzenie. I uczyłam, jak nie pokazać Niemcom i szmalcownikom, że jest się Żydem"[121].

---

[121] Magdalena Grodzka-Gużkowska, *Szczęściara*, Kraków 2003, s. 130–131.

Pani Magda wywoziła blade, anemiczne dzieci nad Wisłę, na słońcu kazała im się bawić, pływać w wodzie. Po kilku takich wyprawach dzieci odzyskiwały zdrowy normalny wygląd. To było ważne dla ich dalszego życia. W miarę bezpiecznego życia. Aby żyć, nie mogły różnić się od swoich polskich rówieśników. Ktoś o tym wszystkim myślał, pamiętał, organizował. Kto? Oczywiście Irena Sendlerowa.

*
**

Natan Gross w artykule *Irena i Jan*, który ukazał się w Tel Awiwie w tygodniku „Nowiny-Kurier" napisał:

„Irena Sendlerowa to wspaniała kobieta, o której mówiono, że jest najjaśniejszą gwiazdą na czarnym niebie okupacji w Polsce. Nagrodę imienia Jana Karskiego, którą otrzymała, można by nazwać – nagrodą sumienia. Moim zdaniem Irena Sendlerowa i Jan Karski to dwa wielkie nazwiska zasługujące na wieczną pamięć narodu żydowskiego".

W jednej z ostatnich naszych rozmów tuż przed oddaniem maszynopisu do wydawnictwa pani Irena powiedziała:
– Analizując kontakty z uratowanymi dziećmi, można śmiało stwierdzić, że ich życie mija w stałym rozdwojeniu. Przeżyte tragiczne chwile w okresie dzieciństwa, utrata najbliższej rodziny: rodziców, dziadków, rodzeństwa – mimo wielkich wysiłków zarówno zakonnic, zakładów, w których dzieci były, jak również osób prywatnych, które z narażeniem życia robiły wszystko, aby osłodzić im los przerwanego dzieciństwa – pozostawiły trwały ślad. Tkwi w nich żal za dramat dzieciństwa i niepogodzenie się z utratą najbliższych, i stałe uczucie rozdwojenia swojej tożsamości. Mimo wieloletnich starań wielu dzieciom nie udało się odnaleźć swoich korzeni. Przez wszystkie dojrzałe lata szukają najmniejszych śladów swoich rodzin i swojego pochodzenia – często bez skutku. I ta anonimowość męczy je bez przerwy i zatruwa ustabilizowane często życie. Ten stan da się

zaobserwować u wszystkich, którzy przeżyli piekło zbrodni hitlerowskich, i mimo obecnie bardzo często udanego życia (zdobycie wymarzonego wykształcenia, stabilizacji rodzinnej i zawodowej) – sprawia – ogólnie biorąc – że są to ludzie, u których dramat wojny ciągnie się do dzisiaj.

Powojenne życie rodzinne

Z rodzinnego albumu: Irena Sendlerowa, Stefan Zgrzembski, Janulka i Adaś.
Ilustr. R. Szaybo

Irena Sendlerowa: – Dziadkowie ze strony Ojca zmarli przed pierwszą wojną światową. Ja ich nie znałam. Babcia ze strony Matki zmarła kilka miesięcy po moim urodzeniu i też jej nie znałam. Natomiast dziadek Ksawery Grzybowski zmarł w roku 1923, kiedy miałam 13 lat. Bardzo przeżyłam jego odejście, ponieważ od czasu kiedy wrócił z Rosji (już po śmierci mojego Taty w 1917), zastępował mi ojca.

Janina Zgrzembska: – Rodzice znali się przed wojną. Ojciec skończył prawo na Uniwersytecie Warszawskim, a po wojnie historię na Uniwersytecie Jagiellońskim. Był działaczem PPS, poznali się pewnie w organizacji. W czasie wojny przebywał na Pradze i w Otwocku. Miał pseudonim konspiracyjny „Adam". Mama jakoś mu pomagała. Pobrali się wkrótce, jak tu tylko było możliwe. Mieszkaliśmy przy Belwederskiej. Pamiętam, że ojciec dużo pisał na maszynie, czytał. Uczył w szkole historii. Kochał Warszawę, do dziś wspominam, jak mnie zaledwie trzy-, czteroletnią prowadził na długie spacery po mieście, opowiadał o domach, ulicach, placach. Wtedy mnie to męczyło i nudziło. Małżeństwo rodziców się nie ułożyło. Różne pewnie były tego powody. Wina zapewne leżała po obu stronach, normalnie, jak w życiu. Rozstali się, gdy miałam 14 lat, a mój brat 10. Ojciec wkrótce zmarł na wylew, miał 49 lat.

W domu, zawsze otwartym dla potrzebujących pomocy, pełno było obcych. Młodych i starszych. Dla mnie wtedy starych ludzi. Wszelkie pytania, kim są ci ludzie, mama ucinała krótką odpowiedzią: moja łączniczka lub mój znajomy z czasu wojny. Potem już nie pytałam. Dom był zadbany, była gosposia, która pilnowała codziennych domowych spraw. Ale my z bratem ciągle czekaliśmy na mamę. A ona zawsze miała czas dla innych. Praca. Po pracy zebrania, konferencje, odwiedziny w różnych instytucjach społecznych. Gdy miałam trzy lata, poprosiłam, aby zabrała mnie do domu dziecka, dokąd stale jeździła. Zdziwiona zapytała, dlaczego? Bo wtedy będę widziała cię częściej – odpowiedziałam. Zostawiałam na stole karteczki, że w mojej szkole też jest zebranie dla rodziców. Marzyłam, aby mama (zamiast gosposi!) poszła ze mną 1 września do szkoły. Uprawiała „pedagogikę telefoniczną". Dzwoniła z pracy i pytała, czy wszystko w porządku. Wydawała polecenia, co mamy zjeść, zrobić.

W roku 1965 mama dostała medal Yad Vashem. Miałam już 18 lat, więc rozumiałam, za co go otrzymała. W marcu 1968 czuła się bardzo źle. Miała stan przedzawałowy. Ale wstała. Powiedziała: „Znowu biją Żydów, trzeba założyć drugą Żegotę!". Dała nam z bratem po 100 złotych. „To dla klawisza, jak was zatrzymają, żeby ktoś mnie zawiadomił". Studiowałam, brat się uczył jeszcze w szkole. Było naprawdę ciężko.

Ale były też niespodzianki. Któregoś roku dostaliśmy paczkę z delikatesami. Z Ameryki. Nadawcą był nieznany nam Frank Morgens[122], uratowany z Holocaustu. Uratowała go inna osoba (pani Wala Żak), ale dowiedział się o mamie

---

[122] Frank Morgens (Mieczysław Morgenstern), ur. w 1911 w Łodzi, od 1948 mieszka w Nowym Jorku. Ogłosił wspomnienia z okresu okupacji *Lata na skraju przepaści*, Warszawa 1994. Napisał w nich m.in.: „Nie jestem pewien, czy ludzie, którzy tego [Holocaustu] nie doświadczyli, umieją sobie wyobrazić, co to znaczy znaleźć się na granicy własnej egzystencji i patrzeć w twarz śmierci dzień i noc, rok za rokiem. Nieubłagany, ciągnący się latami głód duszy i ciała, kiedy nieliczne dobre chwile są źródłem sił i woli życia, pozostanie dla nich abstrakcją. [...] W moim głębokim przekonaniu my, którzyśmy przeżyli Holocaust, mamy wieczny dług wdzięczności w stosunku do tych, którzy mieli odwagę pomóc mimo grożącej im śmierci. Mamy obowiązek zapewnienia ich, że mimo minionych 50 lat ich bohaterstwo nie pójdzie w zapomnienie" (ss. 206, 208).

Frank Morgens

i chciał w ten sposób okazać wdzięczność. Żyje do dzisiaj w Nowym Jorku. Poznaliśmy się w Izraelu. Na przesłanej fotografii napisał mamie dedykację:

„... by Ci było lżej, wiedząc, że masz we mnie przyjaciela".

Przyjaciół mama miała (i ma!) wielu. W Polsce, w Izraelu, w Szwecji, Danii, Kanadzie, Wenezueli. Wszędzie, gdzie są Żydzi, którzy ocaleli z Holocaustu. Piszą listy, przesyłają książki, odwiedzają mamę. Gdy pojechałam do Izraela pierwszy raz, w 1988 roku, drzewko mamy miało już 5 lat, dzisiaj ma 20! Wszędzie mnie witano i zapraszano. Goszczono. Dopiero wtedy tak naprawdę zrozumiałam, co ona zrobiła. W Izraelu mam przyjaciół, którzy mnie jako córkę Ireny Sendlerowej przyjęli do swoich rodzin. Byłam dumna i szczęśliwa. Mama opowiadała, jak podczas czterotygodniowego pobytu w Izraelu przeżyła niezwykłą przygodę. W którąś sobotę ktoś ją obwoził po Jerozolimie samochodem. Zagadali się i wjechali do dzielnicy, w której mieszkają ortodoksi. W pewnym momencie ich samochód został obrzucony kamieniami. Znajomy dodał gazu i powiedział ze śmiechem: „To ty w czasie wojny ratowałaś Żydów, a oni cię teraz ukamienują".

Irena Sendlerowa: – Myślę czasem, że byłam złą córką, złą matką i niedobrą żoną. Miałam dwa nieudane małżeństwa. Brak mojej stałej obecności w domu, duże zaangażowanie w pracę zawodową i społeczną miały na moje życie rodzinne zdecydowanie ujemny wpływ.

W czasie wojny wiedziałam, że tym, co robię w sprawie ratowania Żydów, narażam także ciężko chorą na serce Matkę. W razie wpadki (która w końcu nastąpiła), to ona była narażona na śmierć z braku opieki. Ale moja Matka nigdy nie powiedziała: „Nie rób tego! Nie ryzykuj, uważaj na siebie". Wiedziała, że działam w słusznej sprawie, i milcząco popierała to, co robiłam. Miałam jej przyzwolenie i moralne wsparcie. Po moim aresztowaniu opiekę nad nią przejęły moje koleżanki z organizacji. Wiedziałam, że mogę na nie liczyć. Świadomość tego dodawała mi sił. Nie załamałam się. Później przeżyłam bardzo śmierć Matki i niemożność uczestniczenia w pogrzebie. Po wojnie długo chodziłam na jej grób codziennie.

Dzisiaj wiem, że jeżeli jest się matką, łączenie pracy zawodowej i społecznej z życiem rodzinnym jest nie do pogodzenia. Zawsze cierpią z tego powodu dzieci.

Wiem, że moje dzieci ciągle na mnie czekały, powiedziały mi o tym po latach.

Po wojnie mimo wielu zawodowych i społecznych obowiązków odważyłam się urodzić troje dzieci. Dopiero po trzydziestym roku życia dojrzałam do tej decyzji. Córka – po mojej matce – Janina, urodziła się 31 marca 1947 roku. Pierwszy syn – Andrzej – 9 listopada 1949 roku. Niestety, przez moje przejścia (ciągłe przesłuchania w Urzędzie Bezpieczeństwa) urodził się za wcześnie. Żył tylko 11 dni. Drugi syn – Adam, przyszedł na świat 25 marca 1951 roku.

Mam świadomość, że moja okupacyjna działalność w poważny sposób zaważyła na karierze zawodowej moich dzieci. Gdy Jankę mimo pomyślnie zdanego egzaminu i zakwalifikowania na pierwszy rok studiów polonistycznych po kilku dniach, w tajemniczych okolicznościach, skreślono z listy stu-

dentów, zapytała: – Mamo, coś ty w życiu zrobiła złego?
– W rezultacie skończyła studia zaoczne. Syna po kilku latach
spotkało to samo. Do dzisiaj pamiętam jego oczy – pełne rozpaczy, bezsilności, poczucia krzywdy. I to pytanie: „Mamo,
dlaczego?". Też skończył studia zaoczne (bibliotekoznawstwo
we Wrocławiu).

Pamiętam, jak mi powiedział, że w dzieciństwie o mało szy-
by nie wybił, bo czekał na mnie godzinami, wypatrując przez
okno. Kiedyś znajoma spytała Adasia (miał wtedy 4–5 lat), który z zapałem coś opowiadał, dlaczego tego nie powie mamie?
On na to: – Bo mamie można mówić do pięt. Jak ja mówię, mama wychodzi. – Adam odszedł nagle, w nocy, 23 września
1999 roku. Nie mogę się z tym pogodzić. Wciąż o nim myślę.

*
**

– Poza własnymi dziećmi miałam dwie starsze od nich wycho-
wanki. Jest to osobna historia. Jeszcze w czasie wojny,
w okresie eksterminacji Żydów i mojej działalności ratowania
ludności żydowskiej, zaszła kiedyś potrzeba zajęcia się szczególnie serdecznie i opiekuńczo dwiema dziewczynkami, wyjątkowo boleśnie dotkniętymi przez los okupacyjny. Jedna
– Teresa – miała wtedy 12 lat i mieszkała z rodzicami i młodszą siostrzyczką w Cegłowie (powiat Mińsk Mazowiecki). Do-
świadczyła wstrząsającego przeżycia, bo na jej oczach zabito
tatusia i siostrzyczkę. Ona z matką, przy pomocy Juliana Grobelnego, udały się do Warszawy, gdzie matkę umieszczono
u jakiejś rodziny na Pradze, a małą Tereskę u zaprzyjaźnionego działacza PPS. Była tam jednak krótko, bo człowiek ten
(Szymon Zaremba), ścigany przez gestapo, musiał z Polski
uciekać. Skontaktował się przedtem z Grobelnym, prosząc o zajęcie się dziewczynką. Parę dni, pod wielkim strachem, była
u mnie w domu. Dłużej nie mogła zostać, ponieważ z racji mojej
pracy byłam wiecznie narażona na ewentualne przyjście gestapo. Po paru dniach umieściłam ją w jednym z zorganizowanych

przeze mnie punktów pogotowia opiekuńczego u rodziny (Zofia Wędrychowska i Stanisław Papuziński)[123], przy ulicy Mątwickiej 3 na Ochocie, która miała czworo własnych dzieci i zawsze z wielką miłością i serdecznością przyjmowała skierowane przeze mnie żydowskie dzieci.

Po paru miesiącach zaszły tragiczne okoliczności w tej rodzinie. 21 lutego 1944 roku gestapo wpadło do domu, kiedy dwaj synowie Papuzińskiego organizowali zbiórkę harcerską nauki strzelania. Gestapowiec, widząc to, oddał kilka strzałów, a sam uciekł po odsiecz. Ranił jednego z chłopców bardzo ciężko – kolegę syna tych państwa. Pani Zofia poleciła Teresce, jako najstarszej, uciekać wraz z dziećmi do znajomych na ulicę Kruczą, a sama zajęła się rannym chłopcem. Wkrótce przyjechało kilkunastu gestapowców i wzięli rannego chłopca i panią Zofię do tzw. budy. „Na szczęście" chłopiec zmarł w samochodzie, a panią Zofię zawieziono najpierw w aleję Szucha, a potem na Pawiak i po kilku dniach została rozstrzelana (26 kwietnia 1944 roku). A ja w ciągu najbliższych dni wszystkie dzieci tej rodziny – ich własne (czworo) i przebywające u nich dzieci żydowskie (też czworo) – umieściłam na koloniach pod Garwolinem. Kierowniczką kolonii była Ola Majewska, późniejsza pani profesor na Uniwersytecie Łódzkim.

Dzieci przebywały tam do końca wojny. Odebrałam dzieci Papuzińskich, troje żydowskich oraz Tereskę i umieściłam na Okęciu w domu przekształconym ze szpitala powstańczego. Gdy 15 marca 1945 roku wróciłam do Warszawy, Teresa była już ze mną. Chodziła do szkoły, zdała maturę, skończyła stomatologię. Wyszła za mąż i w 1956 wyjechała do Izraela. Tam urodziła dwoje dzieci. Ze mną jest w stałym kontakcie kore-

---

[123] Obszerne wspomnienie poświęcone Zofii Wędrychowskiej (1901–1944) i Stanisławowi Papuzińskiemu (1903–1982) Irena Sendlerowa ogłosiła 26 listopada 1999 r. w „Gazecie Wyborczej" („Gazeta Stołeczna" dodatek nekrologi i wspomnienia).

spondencyjnym. Będąc z synami w Polsce, odwiedziła mnie, a ja będąc w Izraelu (w 1983 roku), mieszkałam u niej.

Drugą dziewczynką, którą się zajmowałam jak córką – była Irenka. Rodzice jej byli przed wojną bogatymi kupcami i handlowali z jakimś Polakiem, kiedy poszli do getta. Za dużą sumę pieniędzy ten Polak obiecał zająć się dziećmi po aryjskiej stronie. Krętymi drogami dowiedziała się o losie tych dzieci jedna z moich łączniczek. Ona sama zajęła się chłopcem, a dziewczynka trafiła do mnie. Rodzice niestety zginęli w getcie.

Pracując w szpitalu powstańczym, przedstawiałam ją jako córkę. Opiekowałam się nią, dopóki jej ciotka – siostra matki – nie wróciła ze Związku Radzieckiego w połowie lat 50. Irenka mieszkała z nami. Chodziła do szkoły. Po skończeniu technikum wyjechała na obóz, poznała tam kogoś, kogo wkrótce poślubiła. Wyjechali razem do Szczecina. Tam skończyła studia zaoczne na Akademii Rolniczej. Jej córka jest lekarzem – onkologiem, mieszka w Warszawie.

Jedna z moich wychowanek (Tereska) napisała do mnie po latach: „Wiesz, dlaczego byłam dla ciebie taka niedobra, opryskliwa, nieposłuszna? Bo twoja dobroć targała moje serce rozpaczą. Myślałam wtedy – kto ci dał prawo zastąpić mi moją matkę?".

W pamięci świadka

Irena Sendlerowa, lata trzydzieste

Jerzy Korczak, historyk, miał 16 lat, kiedy poznał Jolantę w połowie 1943 roku w mieszkaniu przy ulicy Markowskiej 15, na warszawskiej Pradze. Zapamiętał, że „tam, w brzydkiej kamienicy, ukrywał się Stefan Zgrzembski, jej przyszły mąż i bliski współpracownik. [...] Jego aż nosiło, rwał się do działania, kipiał energią. Dużo zdrowia i nerwów kosztowało panią Irenę, aby wyznaczać mu zadania, w których był przydatny, nie wystawiając nosa poza cztery ściany. Pomagał więc przy rozdziale zapomóg, sortował dokumenty, główkował, w jaki sposób i gdzie lokować coraz większą liczbę podopiecznych Jolanty. [...] Ludzie z kręgu pani Ireny, którzy objęli nade mną kuratelę, po prostu kazali mi się uczyć. Miejscem edukacji miały być komplety gimnazjalne w Otwocku. Zapewniano mieszkanie, wikt i opierunek".

Panią Irenę zapamiętał, że była „drobna, niewysoka, o krótkich, gładko zaczesanych włosach, zawsze skromnie ubrana, idealnie wtopiona w pejzaż okupacyjnej warszawskiej ulicy. Tylko ci, co zetknęli się z nią bliżej, mogli w jej wyglądzie dopatrzyć się jakichś cech szczególnych. Na pewno oczy. Duże, jasne, zawsze z uwagą wpatrzone w rozmówcę. Od jej właściwej decyzji zależało wszystko – ukrycie zaszczutej istoty, dobrze dobrane papiery, mądrze wymyślony życiorys. Ratowała nie tylko przemycane z getta żydowskie dzieci. Ocalanie dzieci to było jej właściwe, wyznaczone w konspiracji zadanie. Lecz raz po raz ratować trzeba było także dorosłych, naznaczonych piętnem złego pochodzenia. A ona, bez względu na trudności, pomocy nie odmawiała nigdy. Była urodzonym społecznikiem, nie tylko z powołania. Jako pracownica Wydziału Opieki Społecznej w zarządzie miasta stołecznego Warszawy poznała setki pogmatwanych życiorysów i dramatów"[124].

---

[124] Jerzy Korczak, *Oswajanie strachu*, „Tygodnik Powszechny" nr 33, 17 sierpnia 2003.

Głosy uratowanych dzieci

Ilustr. R. Szaybo

Ten rozdział powstał z inspiracji pani Ireny. Poprosiła kilkoro najbliższych, z licznego grona uratowanych przez nią „dzieci", aby napisały o niej, o sobie. O tamtych czasach. Tamtych przeżyciach. Co czuły wtedy, co pamiętają dzisiaj. Jak przeszłość wpłynęła na ich późniejsze losy. Forma wypowiedzi, jej objętość były dowolne. Okazało się, że pisanie o tym, co przeżyły, co czują w głębi serca do Ireny Sendlerowej, wcale nie było zadaniem łatwym. Poruszyło zagojone przez czas rany. Ale bez ich osobistej refleksji, czułej pamięci, świadectwa ogromnej wdzięczności i przywiązania do pani Ireny ta książka byłaby niedokończona.

*
* *

Teresa Körner (Izrael)

Urodziłam się 14 lutego 1929 roku w Cegłowie jako Chaja Estera Sztajn. Metrykę na nazwisko okupacyjne Teresa Tucholska wyrobiła mi Irena Sendlerowa. Uratowali mnie Irena i Julian Grobelny, który był zaprzyjaźniony z moim ojcem. Oddali mnie do swoich przyjaciół Zofii i Stanisława Papuzińskich, z którymi dzieliłam los okupacyjny. Po wojnie Irena mnie odnalazła i byłam w jej domu przez pierwsze lata, aż do skończenia szkoły średniej. Z Ireną i jej rodziną dzieliłam powojenną ciasnotę mieszkania, brak chleba i opału na zimę. Denerwowała mnie nadopiekuńczość Ireny, która chciała zastąpić mi matkę. Po skończeniu szkoły średniej chciałam być

Teresa Körner z synem

wśród rówieśników. Studiując stomatologię, przeniosłam się do bursy. Od wielu lat mieszkam w Izraelu, ale z Ireną jestem w stałym kontakcie. Była moim gościem w Newe Monson w 1983, kiedy przyjechała zasadzić swoje drzewko w Yad Vashem. Gościłam też u siebie córkę Ireny. Gdy przyjeżdżam do Polski (sama bądź z synami), zawsze odwiedzam Irenę. Pamiętam o Jej urodzinach i imieninach.

**

Irena Wojdowska (Szczecin)

Irenę Sendlerową poznałam latem 1943 roku na Pradze. Znalazłam się tam za Jej pośrednictwem. Pobyt mój, jak przypuszczam, był finansowany z funduszy Żegoty. Był to punkt, w którym ukrywali się ludzie prześladowani przez okupanta. Poprzednio ukrywałam się wraz z bratem Bogdanem u Jadwigi Bilwin i Jadwigi Koszutskiej, na osiedlu Koło, przy ulicy Obozowej na warszawskiej Woli. Przez to małe (jednopokojowe) mieszkanko przewinęło się moc ukrywających się Żydów, lewicowców i takich, którzy czekali na kontakt z partyzantką. Ten punkt azylu został pewnego wiosennego dnia w 1943 roku „spalony". Odkryli go warszawscy szmalcownicy wraz z granatową policją. Przyszli w biały dzień, za osobą, którą śledzili. Odkryli kilku niemeldowanych i „niepożądanych" lokatorów. Wtedy zostałam rozdzielona z bratem Bog-

danem[125] na prawie rok.
Według przygotowanych dla
nas dokumentów byliśmy
rodzeństwem przyrodnim.
Ale obojgu nam wiele razy je
zmieniano. Bardzo za sobą
tęskniliśmy, tym bardziej że
kontakt był niemożliwy ze
względu na nasze i innych
osób bezpieczeństwo. Wy-
słano mnie na kolonie dla
sierot pod Warszawę. Przebywałam tam około dwóch
tygodni, a następnie znalazłam się na Pradze. Nie znałam miejsca pobytu brata
i pozostałych osób z Obozo-

Irena Wojdowska

wej ani ich dalszego losu. W moim nowym miejscu ukrycia
znalazłam się z nowymi dokumentami i nowym wymyślonym
życiorysem. Miałam ich tyle, w okresie okupacji, że pamiętam
tylko ostatnie przybrane nazwisko. Na Pradze poznałam działacza PPS pana Stefana. Chyba mnie polubił. Stefan też mnie
uczył. To był bardzo mądry i dobry człowiek. Był znajomym
Ireny. Nazwisk ich wtedy nie znałam. Okupacja nauczyła mnie,
że dzieci nie należy obciążać niepotrzebnymi wiadomościami.
Czasami przychodziła do tego mieszkania na Pradze pani Irena. Wraz z nią zjawiał się optymizm i powiew wolności. Była
bardzo energiczna, pogodna i życzliwa. Jesienią 1943 roku
urwał się z nią kontakt i zapanował smutek i przygnębienie. Do
dziś pamiętam, mimo że nie pytałam o powody, że wyczuwałam

---

[125] Bogdan Wojdowski (1930–1994), prozaik, krytyk teatralny i literacki.
Autor głośnej powieści wspomnieniowej *Chleb rzucony umarłym* (1971),
w której przedstawił przejmującą relację o ludziach zamkniętych w warszawskim getcie i ich codziennym życiu.

coś złego. Część domowników przeniosła się do Otwocka. Ja tam dojeżdżałam przez całą zimę. Woziłam (w ciężkich kamiennych garnkach) ugotowane przez panią Marię Kukulską potrawy. Do stacji kolei elektrycznej, jak też od stacji w Otwocku, przebywałam szmat drogi, z dużymi, jak na moje siły i wiek, ciężarami. Nikomu się nie skarżyłam. Tylko w czasie jazdy pociągiem marzyłam, żeby ktoś wyszedł po mnie na stację w Otwocku i ulżył w dźwiganiu. Mimo że miałam wtedy 11 lat, rozumiałam sytuację. Pamiętam, jak po długim okresie przygnębienia nastąpił nastrój niebywałej radości, graniczący z euforią. Wtedy właśnie dowiedziałam się, że Irena była uwięziona i została zwolniona. Szczegóły poznałam po wojnie. Irena dobrze znała moje przybrane ciotki. Jak się okazało, ściśle współpracowała z Jadwigą Bilwin, która w czasie okupacji oficjalnie pracowała w Ośrodku Pomocy Społecznej na Woli. Wiosną 1944 roku wróciłam na Obozową.

Następne moje spotkanie z Ireną Sendlerową było nieoczekiwane. Zimą 1945 roku przyjechała Irena do Lublina z misją zdobycia funduszy od Tymczasowego Rządu dla Ośrodka Opieki na Okęciu w Warszawie. Tam również między innymi pracował Stefan Zgrzembski. Spotkanie było bardzo radosne, bo nie wiedzieliśmy, kto ze znajomych przeżył powstanie w Warszawie. Wtedy pierwszy raz w życiu musiałam podjąć samodzielnie ważną decyzję. Irena zaproponowała, abym wróciła z nią do Warszawy na Okęcie. Musiałam wybierać, czy zostawić brata i obie Jadwigi, czy też zrealizować plan poszukiwania rodziców. W Warszawie było to bardziej możliwe. Chciałam wierzyć, że rodzice żyją i się odnajdą. Zdarzały się takie wypadki, o tym się powszechnie mówiło. Wracali ludzie z obozów, z tułaczki, z zagranicy. Ja również na to liczyłam. Chciałam też podjąć normalną naukę, bo nigdy nie byłam w szkole. Moja edukacja miała się rozpocząć 1 września 1939 roku. Chciałam też ulżyć obu moim opiekunkom. Zdecydowałam się na wyjazd. Na Okęciu było mi dobrze. Irena i Stefan traktowali mnie jak własne dziecko. Warunki lokalowe były ciężkie jak wtedy w Warszawie. Mieszkałam z Ireną wraz z dwiema rodzinami w jednym pokoju. Spałam z Ireną w jednym łóżku, a w czasie choroby Irena otaczała mnie niebywałą czułością i opieką. Tam też się uczyłam i miałam towarzystwo rówieśników. Po likwidacji Ośrodka na Okęciu przenieśliśmy się do zrujnowanej Warszawy. Zajmowaliśmy opustoszałe mieszkanie, które po powrocie prawowitych właścicieli musieliśmy opuścić. Mieszkaliśmy więc na ruinach. Pierwsze mieszkanie w domu przy ulicy Siennej było wśród ruin. Tam też chodziłam z Ireną po deski na opał (wyciągane z gruzów) i po wodę do studni, pozostałych z okresu powstania. Po uzdatnieniu takiej wody używało się wtedy również do spożycia (po przegotowaniu). Żyliśmy wtedy bardzo biednie, ale do tego byłam przyzwyczajona. Bardzo dobrze wspominam ten i następny okres obcowania z Ireną. Dużo rozmawiałyśmy i otrzymałam od niej bardzo dużo życzliwości i uwagi. Te rozmowy na wszystkie tematy bardzo mnie wzbogaciły. Nasz stosunek w tym okresie można nazwać rozwijającą się głęboką przyjaźnią.

Ostatnie nasze mieszkanie „na dziko", tzn. bez przydziału, zajmowaliśmy wraz z dwiema czy trzema rodzinami w alei Jedności Narodowej, na odcinku między ul. Wawelską a Koszykową. Pamiętam, że dwa razy musieliśmy się przenosić, z tych samych co poprzednio powodów. Tam mieszkając, rozpoczęłam naukę w gimnazjum im. Słowackiego przy ulicy Wawelskiej. Uprzednio na Siennej ukończyłam z powodzeniem szóstą klasę szkoły podstawowej.

Pamiętam incydent z księdzem w pierwszej klasie gimnazjum. To był wyjątkowo, jak na tamte czasy, wykształcony wykładowca. Posiadał ukończone dwa fakultety. Oprócz teologii wykładał również filozofię. Zanim Irena załatwiła mi oficjalnie zwolnienie z nauki tego przedmiotu, chodziłam na lekcje religii. Ksiądz zaczął rozliczać z niedzielnego uczestnictwa w nabożeństwach w kościele. Aby zmusić uczniów do chodzenia do kościoła (lekcje jego odbywały się w poniedziałki), stawiał oceny niedostateczne, jeżeli uczeń nie był w kościele. Raz skłamałam, bałam się dwójki, a Irena nie miała czasu załatwić tej sprawy z dyrektorką szkoły. Ponieważ ja nalegałam, a nie lubiłam kłamać, Irena sprawę załatwiła, tak że nie musiałam uczestniczyć w lekcjach religii. Również ksiądz wspaniałomyślnie zaproponował mi, że mogę w nich nie uczestniczyć, i tak się stało. Był on skrajnym prawicowcem, ja na lekcjach nie wytrzymywałam i wdawałam się z nim w dyskusję, którą on oczywiście wygrywał, był bowiem erudytą, świetnym oratorem. W ostateczności stwierdził, że przeszkadzam mu w prowadzeniu lekcji, i w ten sposób miałam wolną godzinę. Tę sprawę opisuję szerzej na prośbę Ireny, gdyż ona nie pamiętała tego wydarzenia. Ja tych „wolnych godzin" nie marnowałam. Pamiętam, że brałam udział, jako wolny słuchacz, w lekcjach botaniki (dla klasy trzeciej), prowadzonych w ogrodzie szkoły, i bardzo wiele się wtedy nauczyłam.

Gdy wróciły do Warszawy z Lublina moje okupacyjne opiekunki – Jadwiga Bilwin i Jadwiga Koszutska – pomieszkiwałam z nimi na zmianę u różnych okupacyjnych znajomych, którzy mieli własne mieszkania. Ja na razie kończyłam edukację. Rodzice się nie odnaleźli, a brat przebywał w tym czasie w „Orlinku" w Karpaczu.

Z Ireną i jej rodziną nadal miałam kontakt, chociaż nie tak często. Obie byłyśmy bardzo zajęte.

Z Warszawy wyjechałam po maturze, latem 1952 roku, do Szczecina. Właśnie w Szczecinie spotkałyśmy się z Ireną, chyba to było w roku 1960. Irena ze swoimi dziećmi wracała z urlopu. Zatrzymała się u mnie. Po ułożeniu naszych dzieci do snu zwyczajowo już rozpoczęły się nasze nocne rozmowy. Trwały do białego rana, a mimo to odczuwałyśmy niedosyt! Mój mąż dziwił się, o czym można tak długo rozmawiać. Wtedy właśnie, po raz pierwszy, powiedziałam Irenie, że historia jej życia mogłaby stanowić kanwę sensacyjnej powieści.

Nadal utrzymujemy kontakty, tak często, jak to jest możliwe. Utrzymuję też kontakt z Janką, jej córką.

Irena była, i jest nadal, kimś bardzo ważnym w moim życiu. Szczycę się tą bliskością, z tego, że rozumiemy się w pół słowa, chociaż nie zawsze i nie we wszystkim się zgadzałyśmy. Zdaję sobie sprawę, że Irena dla wielu osób jest autorytetem, i z tego bardzo się cieszę. Dużo dobrego uczyniła dla wielu ludzi, ale mimo swoich tragedii, chorób i wieku nadal jest ciepła i otwarta. Nadal cieszy się bystrością umysłu i świetną pamięcią. Chciałabym jak najdłużej zajmować cząstkę jej serca i uwagi. Dla mnie jest osobą niezwykłą. Miałam w swoim życiu, mimo zawirowań wojennych, szczęście spotkania wartościowych ludzi, którym bardzo wiele zawdzięczam.

Spisałam tylko część wspomnień dotyczących mojej znajomości z Ireną w ciągu sześćdziesięciu, bogatych w wydarzenia, lat. Chciałabym, żeby trwały jak najdłużej. Jeżeli Irena choć w części podziela moje spojrzenie na nasze stosunki, będę szczęśliwa. Jej też zostawiam ostateczną ocenę. Cieszę się, że historia jej bogatego życia doczeka się publikacji.

*
**

Michał Głowiński (Warszawa)

Gdybym pisał o pani Irenie Sendlerowej hasło do encyklopedii i miał Ją określić słowami krótkimi i najprostszymi, powiedziałbym: Wielka Działaczka Społeczna, myślę bowiem, że w nich wyraża się istota Jej życia i wszystkich trudów, jakie w ciągu dziesięcioleci podejmowała.

Wywodzi się z demokratycznej lewicy, odgrywającej od drugiej połowy XIX wieku ogromną rolę w polskim życiu, a przede wszystkim z tej jej części, której przedstawiciele dużo bardziej niż polityką zajmowali się pracą na rzecz biednych, upokorzonych i upośledzonych.

Pani Irena była działaczką społeczną od swych najwcześniejszych lat, pracowała w organizacjach i instytucjach niosących pomoc bezrobotnym w czasie swych studiów na

Michał Głowiński

Uniwersytecie Warszawskim. I już wtedy, w latach trzydziestych, czynnie zaangażowała się w walkę z tymi, którzy na polskich uczelniach wszczynali burdy antysemickie.

Jej niezwykła, przynosząca tak imponujące rezultaty działalność w czasie Zagłady stanowi prostą konsekwencję tego, w czym wyrosła i co robiła w latach poprzedzających. Tutaj stawka się zwiększyła, bo chodziło o ratowanie ludzkiego życia. Irena Sendlerowa pospieszyła z pomocą od samego początku, a gdy nastał czas wywożenia Żydów z warszawskiego getta do obozu zagłady w Treblince, zainicjowała wielką akcję ratowania. Dzięki jej oddaniu i poświęceniu, dzięki nadludzkiej odwadze i mistrzowsko opanowanej sztuce konspirowania, udało się Jej uchronić przed niechybną śmiercią ponad 2500 istnień ludzkich. Jest to czyn porównywalny z tym, co dla ratowania Żydów uczynili dwaj inni słynni działacze: konsul japoński w Kownie, Ushikara, oraz wielki Szwed, Raoul Wallenberg. Wszyscy troje są z rodu tych moralnych olbrzymów, którzy ratowali świat, chroniąc przed śmiercią tysiące osób.

Pani Irena, walcząc o życie tylu żydowskich dzieci, nie mogła działać w pojedynkę. Była członkiem Żegoty, skupiła wokół siebie zespół kilkunastu wspaniałych, nadzwyczaj dzielnych i ofiarnych kobiet. I tu trzeba podkreślić imponujące talenty pani Ireny, o których czasem się zapomina: dysponuje ona nadzwyczajnymi zdolnościami organizacyjnymi; albowiem aby ratować dzieci w tak strasznej sytuacji, nie wystarczały dobre chęci, trzeba było zorganizować pracę, przemyśleć metody działania itp. Jako inspiratorka i kierowniczka akcji ratowniczej wszystkiego tego dokonała.

Piszę o Pani Irenie z poczuciem wielkiej wdzięczności, jestem bowiem świadom, że dzięki Niej przeżyłem czas Zagłady. Należę do tych, którym uratowała życie. Wyszedłem z getta razem z rodzicami w styczniu 1943 roku[126]. To ona właśnie skierowała mnie do prowadzonego przez siostry zakonne ze Zgromadzenia Służebniczek Najświętszej Marii Panny sierocińca, znajdującego się na wschodnich krańcach Polski, w Turkowicach. Skierowała wówczas, gdy w Warszawie nie było już dla mnie ratunku. Tam dotrwałem do momentu wyzwolenia. Trudno o większą wdzięczność niż ta, jaką się czuje wobec osoby, która sprawiła, że należy się do nielicznego grona ocalonych. Jestem zresztą wdzięczny podwójnie: Irena Sendlerowa uratowała również życie mojej matce, znajdując jej w czasie, gdy palił się grunt pod nogami, pracę służącej w domu pewnej nauczycielki w podwarszawskim Otwocku (matka moja zmarła w grudniu 1986 roku). Mówi się o uratowanych dzieciach, nie wolno jednak zapominać o tym, że Irena Sendlerowa ratowała również osoby dorosłe, znajomych i nieznajomych. Nie potrafię podać liczb, wiem jednak, że to kolejny powód do chwały tej niezwykłej bohaterskiej kobiety.

Pani Irena nie była dla mnie nigdy Wielką Nieznajomą, osobą, o której mówi się ze czcią, ale się jej nie widziało. Znam ją od lat ponad sześćdziesięciu, czyli od dzieciństwa, tak się bowiem złożyło, że już przed wojną zaprzyjaźniona była z częścią mojej rodziny. W czasie niektórych swych

---

[126] Okoliczności opuszczenia getta, ukrywania się wraz rodzicami, potem tylko z matką, a następnie samotnie w kilku różnych zakładach opiekuńczych prowadzonych przez siostry zakonne opisał autor wspomnienia w książce *Czarne sezony*, która miała już trzy wydania polskie i trzy zagraniczne.

pobytów w getcie nas odwiedzała. Było to zawsze wielkie wydarzenie. Pamiętam, że moja babka mówiła, iż z przybyciem Pani Ireny wchodzi do mieszkania uśmiech. Pani Irena Sendlerowa darzy świat wszystkim: swoim aktywnym stosunkiem do życia i energią, swoją mądrością i dobrocią, swoją życzliwością i gotowością nieustannego pomagania tym, którzy znaleźli się w opresji. A także uśmiechem, choć w Jej trudnym i wspaniałym życiu nie zawsze było o uśmiech łatwo.

*
**

Piotr (Zysman) Zettinger (Szwecja)

O czasach wojennych nie chcę pisać, ponieważ wciąż jest to krwawiąca rana, o której lepiej nie wspominać. Działalność Ireny Sendlerowej opisywali już inni bardzo szczegółowo. Ograniczę się więc tylko do tego, że wiem i pamiętam, jak pani Irena zaopiekowała się mną po mojej ucieczce w ciemności kanałami z getta warszawskiego, gdy ktoś z bliskich mi przyprowadził mnie w nocy do jej mieszkania. Miałem wtedy cztery lata. Nie byłem sam. Razem ze mną wyprowadzono dwuletnią kuzynkę. Pani Irena znalazła dla mnie miejsce, gdzie mogłem się schronić, czy raczej miejsca, bo musiałem je wielokrotnie zmieniać. Znam to z relacji innych osób, bo pani Irena sama o sobie nigdy nie lubi opowiadać. Robiła, jej zdaniem, przecież tylko to, co każdy człowiek powinien robić.

Pragnę wspomnieć, już z czasów powojennych, o jednym zdarzeniu, które znakomicie charakteryzuje osobowość pani Ireny. Któregoś dnia, późną wiosną 1968 roku, pani Irena zaprosiła mnie do siebie, do mieszkania na placu Na Rozdrożu. Tym, co się wokół nas wówczas działo, była nie mniej przerażona niż ja (słynne przemówienie Władysława Gomułki przeciwko Żydom!). „Skontaktowałam się już z moimi przyja-

ciółkami z okupacji. Jeśli
sytuacja się pogorszy i trzeba będzie działać, jesteśmy
gotowe. Może pan i pańska
rodzina na nas liczyć". Głęboko mi te słowa zapadły
w pamięć i pomogły prze-
trwać.

Pani Irena była dla mnie,
jak dla wielu innych, dobrą
wróżką. Jeszcze chcę przy-
toczyć kilka zdań jednego
z redaktorów czołowej sztok-
holmskiej „Dagens Nyheter".
Pan Nuri Kino, który w grudniu 2002 roku odwiedził Irenę
Sendlerową w Warszawie,

Piotr (Zysman) Zettinger

w lutym 2003 roku opublikował piękny artykuł o jej działalności w czasie wojny. Twierdzi on, że ta wizyta zmieniła całe jego życie i poglądy na świat i ludzi. Mówił mi, że po raz pierwszy w swojej karierze dziennikarskiej spotkał osobę, z której
tak po prostu promieniuje dobroć i wola niesienia bezintere-
sownej pomocy potrzebującym.

Bardzo dobrze redaktor Nuri Kino odczytał charakter Ireny Sendlerowej.

Cztery lata temu pisała do mnie, że ma takie smutne życie.
Odpisałem, że ukojeniem dla niej musi być świadomość uratowania od śmierci tylu nas, żydowskich dzieci.

Z opowiadań rodzinnych wiem, że w latach 30. XX wieku,
wielkiego wówczas bezrobocia w Polsce, razem z moim ojcem,
Józefem Zysmanem, adwokatem, z którym była ogromnie zaprzyjaźniona, pracowała w Obywatelskim Komitecie Społecznym, ratując biedotę warszawską przed eksmisjami.

*
**

Katarzyna Meloch (Warszawa)

Irenę Sendlerową, w łańcuchu mego ocalenia, widzę na wierz-
chołku piramidy moich pogettowych ratowników. Gdy zabrakło mojej mamy, babci Michaliny, wujka Jacka – to ona, szefowa
referatu dziecięcego Żegoty, tworząc struktury tej podziemnej organizacji, sprawiła, że stało się możliwe moje ocalenie.
Po raz drugi ratowała mnie w latach 90., gdy doznałam odrzu-
cenia w najbliższym, bo rodzinnym kręgu. Nie mogłam z tym
żyć. Irena pocieszała mnie dzień po dniu, godzina po godzinie.
Przekazywała mi cząstkę swego hartu ducha. Jej przyjaźń
wspierała mnie i wtedy, gdy trzeba było komuś bardzo bli-
skiemu podać nie tylko rękę. Ten proces ratowania mnie
przez Irenę w różnych trudnych życiowych sytuacjach trwa
cały czas. W dalszym ciągu zwierzam jej się z trosk, których
życie mi nie szczędzi. Wspiera mnie jak dawniej.

W okresie okupacji oczywiście nie miałam pojęcia o istnieniu Żegoty. I nie znałam Ireny Sendlerowej. Nie wiedziałam,
że starania o moje ocalenie są cząstką dużego projektu, w którym chodziło o uratowanie jak najwięcej dzieci żydowskich.
Nie miałam pojęcia o tym, że „pani Wisia" podejmuje kroki
niezbędne, a zarazem w pewnym sensie rutynowe. Tak sobie
dziś tłumaczę zdobycie w kościele na Targówku autentycznej
metryki Irki Dąbrowskiej dla Kasi Meloch, skierowanie prze-
mianowanej dziewczynki do Pogotowia Opiekuńczego dla
Dzieci w Warszawie, czyli do Domu ks. Boduena. Wszystko po
to, bym mogła legalnie być skierowana do zakładu dla dzieci
– placówki prowadzonej przez siostry zakonne.

Drugiego marca 1946 roku, niecały rok po wojnie, w poradni psychologicznej dla dzieci, pisałam: „Moim życzeniem
jest przejść do drugiej klasy. Dlatego że gdybym nie zdała,
miałabym zmarnowany cały rok i na nic byłaby moja praca.
Poza tym spaliłabym się żywcem ze wstydu. Lecz właściwie
nie jest to mym pierwszym życzeniem. Jest ono takie: chciałabym bardzo, aby odnaleźli mi się rodzice. Jest to najwięk-

szym moim życzeniem. Trzecim moim życzeniem jest,
abym mogła się odwdzięczyć
wszystkim, którzy dla mnie
coś dobrego zrobili, ponieważ
uważam to sobie za obowiązek". Miałam wtedy trzyna-
ście lat.

Ojciec mój, Maksymilian
Meloch, zginął prawdopo-
dobnie w pierwszych dniach
wojny niemiecko-sowieckiej
w 1941 roku[127]. Matka, Wanda Meloch, była pierwszą
i najważniejszą z osób, które
mnie ratowały. Miałam dzie-
więć lat, gdy w Białymstoku

Katarzyna Meloch

areszotowali ją i stracili Niemcy. Wiedziała, że zginie. Nie była
w stanie podjąć walki z przeznaczeniem. Potrafiła jednak
przelać we mnie swoją wiarę w ocalenie córki. Miała pomysł
na ratowanie dziecka. Dniami i nocami w Białymstoku uczyła
mnie na pamięć adresu swego brata, Jacka Goldmana, w warszawskim getcie: „Elektoralna 12". Nie wolno mi było zapomnieć. Budziła mnie po nocach i sprawdzała, czy pamiętam.
Zapamiętałam na zawsze. Gdy zostałam bez niej, już w biało-
stockim getcie, w żydowskim domu dziecka, udało mi się
„przez okazję" przesłać wiadomość do Jacka. I ten list sprawił,
że warszawska rodzina drogą nielegalną sprowadziła mnie do
Warszawy, do getta. Wanda Meloch dwakroć dała mi życie. Po
raz pierwszy, gdy mnie urodziła, po raz drugi – wymyślając

---

[127] „W Białymstoku masowe egzekucje rozpoczęły się 27 czerwca 1941 r.,
a ponowione zostały 3 i 11 lipca. W tych dniach zgładzono ponad 6 tys. Żydów", inf. z książki Teresy Prekerowej *Zarys dziejów Żydów w Polsce w latach 1939–1945*, Warszawa 1992, s. 84.

scenariusz mego ocalenia. Przenosząc się do Warszawy, uniknęłam losu dzieci białostockiego getta. Zostały one wywiezione do pokazowego getta w czeskim Teresinie, stamtąd do Oświęcimia, na zagładę (wiem o tym od Chajki Grossman).

Babcia Michalina, matka mojej mamy, powitała mnie w Warszawie wołaniem: „Dziecko, gdzie twoi rodzice?". Nie powiedziałam jej prawdy. Jacek nie pozwolił, ale mogła się jej domyślać. Od kiedy zaczęły się w warszawskim getcie tzw. akcje, tj. od lipca 1942 roku, mieliśmy własną rodzinną kryjówkę. Jacek, więcej niż wuj, opiekun niezawodny, przedwojenny taternik, znalazł komórkę pod kominem w jednym z częściowo wypalonych gmachów dawnego szpitala Św. Ducha, na Elektoralnej. Był upalny dzień lipcowy. Nie pamiętam, po co ani dlaczego opuściłam kryjówkę. Złapali mnie żydowscy policjanci, by zawieźć na Umschlagplatz. Czułam, że Umschlag to śmierć. Zapłakałam głośno. Mój płacz usłyszała babcia Michalina i zeszła z bezpiecznego schronienia w sam środek obławy. Zagadała jednego z policjantów, jednocześnie dając mi znak, bym uciekała. Uciekłam do pobliskiej apteki, tam żona Jacka, farmaceutka, Eugenia Sigalin, schowała mnie w magazynie aptecznym wśród olbrzymich pudeł. Babcia została zamiast mnie zabrana na Umschlagplatz. Włączyła się w łańcuch mojego ocalenia. Zresztą wróciła do nas na Elektoralną. Była matką pracownika gettowego szpitala. To ją tym razem uratowało. Mogła już wtedy wraz z transportem zginąć w Treblince. Ja z Umschlagplatzu bym nie wróciła, a przecież jeszcze w Białymstoku postanowiłam przeżyć. Tego oczekiwała ode mnie matka w ostatnich godzinach swego życia.

Lato 1942 roku było gorące. Słońce prażyło niemiłosiernie, kiedy zostałam wyprowadzona na aryjską stronę. Z getta wyszłam całkiem legalnie. Nie trzeba było przekupywać policjantów ani szukać dziury w murze. Prawdopodobnie Ala Gołąb-Grynberg, pielęgniarka mająca przepustkę na aryjską stronę, wyprowadziła mnie z getta. Była ona znajomą Jacka i polskiej przyjaciółki mojej matki, Jadwigi Deneki[128]. Jacek oddał mnie pod jej opiekę niedaleko jednej z bram getta. Rozstał się ze mną, jakbyśmy mieli się zobaczyć za kilka godzin, za parę dni. Ale zniknął z mego życia na zawsze. Nie zobaczyłam go więcej. Zginął bez wieści podczas wyprawy do partyzantki. Zginął jak wszyscy prawie, których kochałam.

Za murem getta w bramie jednego z domów czekała na mnie Barbara Wardzianka, jeszcze jedna pielęgniarka w łańcuchu mego ocalenia. Basia – tak wolno mi było ją nazywać – znała moich rodziców i Jacka z zakopiańskich szlaków. Poczułam się pewnie, gdy ta trzydziestoletnia wówczas kobieta energicznie wzięła mnie za rękę. Pojechałyśmy tramwajem na warszawskie Koło, na ulicę Obozową 76, do mieszkania Jadwigi Deneki. Teraz ta dawna uczennica mojej matki miała mój los wziąć w swoje ręce.

Jadwiga Sałek, jeszcze nie Denekowa, na fotografii zachowanej z legitymacji szkolnej ma twarz poważną nad wiek. Krótkie włosy, starannie ułożone w fale. Korale na wiotkiej dziewczęcej szyi, nienaganny biały kołnierzyk. Poznałam ją już inną, dorosłą. Uczyła mnie modlitw, wtajemniczała w chrześcijańskie obyczaje. Zdobyła autentyczną metrykę kościelną dziewczynki polskiej, starszej ode mnie o rok, Ireny Dąbrowskiej – córki Anny z domu Gąski, ochrzczonej w latach trzydziestych w kościele na Targówku.

Jadwiga Deneka, dla mnie „pani Wisia", była tylko sześć lat młodsza od mojej mamy. Mama uczyła ją łaciny w łódzkim gimnazjum. Z czasem nauczycielka i uczennica zaprzyjaźniły się serdecznie. Jadwiga była człowiekiem lewicy, podobnie jak Wanda, jak większość przedwojennych przyjaciół rodziców; spolonizowanych Żydów i Polaków. Powiem, za Andrzejem

---

[128] Jadwiga Deneka została aresztowana i przewieziona na Pawiak 27 listopada 1943 r., rozstrzelana 8 stycznia 1944 r. Informację tę podaje Regina Domańska, autorka książki *Pawiak – więzienie gestapo*, Warszawa 1978, ss. 379, 401.

Wajdą: „to byli romantyczni szaleńcy!". Kiedy w 1986 roku brat Jadwigi starał się, aby Yad Vashem przyznał jej medal „Sprawiedliwy wśród Narodów Świata", w czym sekundowałam mu nienadaremnie, dowiedziałam się, że pani Wisia w 1939 roku straciła córeczkę. Wtedy dopiero, w Żydowskim Instytucie Historycznym, przeczytałam o ocalonych przez nią Żydach, powojennych Izraelczykach. O ratowanych przez nią członkach mojej najbliższej rodziny wiedziałam od czasów okupacji.

Na Obozowej nie siedziałam schowana w szafie ani za szafą. Byłam tam razem z babcią Michaliną, która wcześniej opuściła getto. Mimo niebezpieczeństwa chodziłyśmy na działkę pani Wisi, spacerowałyśmy po niedalekim lasku.

Jestem córką historyka. Nie wystarczy mi to, co zapamiętałam. Cóż mogła wiedzieć dziewięcioletnia czy dziesięcioletnia dziewczynka? Od czasu, gdy jestem dorosła, chciwie słucham relacji uczestników i świadków tamtych wydarzeń. Czytam relacje składane dla Yad Vashem w Żydowskim Instytucie Historycznym. Znam książkę wspomnieniową Jana Dobraczyńskiego[129] *Tylko w jednym życiu*. Dobraczyński

[129] Jan Dobraczyński (1910–1994), pisarz, publicysta, działacz społeczny. W autobiograficznej książce *Tylko w jednym życiu* (Warszawa 1970), na s. 181–182 znajdujemy taki oto opis zakładu w Turkowicach: „Zakład mieścił się w budynkach zbudowanych przed pierwszą wojną z przeznaczeniem na prawosławny, rosyjski klasztor. Budynków było kilka: były to masywne budowle zbudowane w charakterystycznym stylu. W 1920 r. w Turkowicach powstał zakład wychowawczy dla dzieci, a jego przełożoną została siostra Stanisława (Aniela Polechajłło). W 1935 r. przejąłem zakład pod zarząd Związku Międzykomunalnego. Zakład turkowicki liczył kilkaset dzieci". W innym miejscu tej samej książki Dobraczyński pisał: „Aby posiadać świadectwo pracy, zostałem w 1941 r. urzędnikiem Wydziału Opieki Społecznej Zarządu Miejskiego. Praca w wydziale nie była żadną synekurą. Za śmiesznie niską pensję trzeba było tkwić w biurze dziesięć godzin. Oczywiście dziesięciu godzin nie siedziałem: starałem się być w biurze na początku i na końcu urzędowania. Było to możliwe przy bardzo patriotycznym i bardzo zgranym zespole. [...] Zarząd Miejski formalnie nie

był kierownikiem tzw. referatu spraw specjalnych Wydziału Opieki Społecznej Zarządu Miejskiego Warszawy. Tu poznała go Irena Sendlerowa. Wspominając akcje umieszczania żydowskich dzieci w sierocińcach i zakładach dla dzieci, pisał kilkadziesiąt lat temu: „Mój wkład w tę akcję był minimalny. Nie ja szukałem tych dzieci, nie ja je przewoziłem, nie ja sporządzałem fałszywe wywiady. Jaga Piotrowska lub inna z opiekunek wydziałowych wchodziła do mego gabinetu i dawała mi do podpisania papierek, który podpisywałem, najczęściej go wcale nie czytając. Jedynie z opowiadań opiekunek wiedziałem, że moje panie dokonywały niezwykłych czynów, wydobywając dzieci z jakichś nor, szmuglując je z getta, przechowując w swoim domu i osobiście dowożąc do zakładu. […] Wiele dzieci miało wygląd typowo semicki. Opiekunki wymyślały dla nich cudaczne przebrania i wymyślno fryzury. Każda z nich przetrzymywała tygodniami dzieci u siebie".

Moja obecność w turkowickim zakładzie stała się możliwa dzięki tej właśnie akcji. Autor *Najeźdźców* podpisywał swoim nazwiskiem fałszywe wywiady dotyczące dzieci żydowskich.

---

miał prawa udzielać pomocy ludności żydowskiej. Poszczególni opiekunowie społeczni obchodzili ten przepis, sporządzając fałszywy wywiad społeczny. W ten sposób niektórzy przybrani rodzice otrzymywali zasiłek na żydowskie dziecko. Także mała grupka tych dzieci dostała się, pod fałszywymi nazwiskami, do zakładów opiekuńczych. Ale problem narastał. Liczba dzieci żydowskich, dla których trzeba było organizować pomoc, rosła z każdym dniem. Sporadyczne akcje poszczególnych opiekunek mogły spowodować nieprzewidzianą w skutkach i rozmiarach katastrofę, gdyby Niemcy odkryli, że fałszowane są wywiady społeczne. Z tą sprawą przyszły do mnie pewnego dnia moje panie – tzn. opiekunki społeczne pracujące w wydziale. Cała ich grupa – że wymienię tylko Irenę Sendlerową, Jagę Piotrowską, Nonnę Jastrzębską, Halinę Kozłowską, Janinę Barczakową, Halinę Szablakównę – już od pewnego czasu na własną rękę prowadziły akcję wydobywania dzieci żydowskich z getta i umieszczania ich w tym lub tamtym zakładzie opiekuńczym. […] Ale ich możliwości były już na wyczerpaniu", ss. 229, 239.

Katarzyna Meloch w Turkowicach,
8 czerwca 1943 r.

Kto wie, być może i ten dotyczący Ireny Dąbrowskiej, córki Anny Gąski. Brałby zatem udział w dziele ratowania także i mnie... Skazana jestem na domysły.

Nieliczne ogniwa łańcucha ocalenia były dla ratowanego dziecka widoczne. O niektórych usłyszałam po latach. O innych – nie będę wiedziała nigdy. Każde ogniwo było konieczne. Łańcuch ani na chwilę nie został przerwany.

Zimą 1942/1943 przyszedł zapewne do Turkowic kolejny zaszyfrowany sygnał w niewinnym na pozór liście. W ten sposób Irena Sendlerowa zawiadamiała siostry zakonne, że trzeba zabrać do Turkowic żydowskie dzieci (albo jedno z nich!). Siostry ów szyfr odczytywały bezbłędnie. Po takim liście siostra Irena (Antonina Manaszczuk) ruszała do Warszawy. Przywiozła także i mnie. Na naszym szlaku czaiły się różne niebezpieczeństwa. Spędzić trzeba było noc w poczekalni dworcowej w Lublinie lub Rejowcu. Zaglądano w twarze podróżnym, szczególnie dzieciom. Ale nasza podróż przeszła bezpiecznie. Za drzwiami turkowickiego domu dziewcząt, z plakatem „Żydzi wszy, tyfus plamisty!" żyły spokojnie uratowane z Holocaustu żydowskie dziewczynki. W bajkowym krajobrazie Zamojszczyzny plakat, znak nienawiści, wydał mi się nierzeczywisty. Nie zlękłam się go wcale.

Jadwiga Deneka była łączniczką Ireny Sendlerowej. Nigdy się chyba nie dowiem, czy moja opiekunka została łączniczką Ireny za zgodą władz partyjnych RPPS, partii nie-

uznającej rządu londyńskiego, czy wyłącznie z potrzeby
własnego sumienia.

W miarę upływu lat coraz
więcej myślę o pani Wisi.
Jestem świadoma, że gdyby
nie była socjalistką spod
znaku lewego skrzydła PPS,
gdyby nie znalazła się w or-
bicie Żegoty i tak by ratowała nas, prześladowanych.
Nie widziałam jej od chwili,
gdy oddała mnie do Domu
ks. Boduena w Warszawie,
ale ona nie przestała czuwać
nade mną. Zajmowała się
mną także wtedy, gdy znalazłam się w Turkowicach.
Przysyłała mi paczki do zakładu i dostawałam od niej

Świadectwo ukończenia Szkoły
Powszechnej w Turkowicach
dla Dąbrowskiej Ireny
(Katarzyny Meloch), 1945 r.

listy. Starała się znać moje potrzeby, a nawet pragnienia. Jako
członek socjalistycznej lewicy coraz głębiej wchodziła w konspirację. Kierowała tzw. techniką – była odpowiedzialna za
druk i kolportaż biuletynu RPPS. Podejmowała niebezpieczne
przedsięwzięcia; ukrywanie Żydów nie tylko w małym warszawskim mieszkaniu – było ich częścią zaledwie. Mogła się
spodziewać, że gestapo prędzej czy później wpadnie na jej trop.
W obawie, że nie wytrzyma tortur, jeśli dojdzie do śledztwa,
zwróciła się do siostry przełożonej z Turkowic z propozycją,
by przenieść mnie do innego zakładu. Siostra przełożona, Stanisława (Aniela Polechajłło), odmówiła stanowczo. Tłumaczyła, że jedynie w Turkowicach może być o mnie spokojna. Ale
„na wszelki wypadek" wykreśliła Irenę Dąbrowską z ewidencji turkowickich dzieci. Odtąd w turkowickim domu ocalenia
przebywałam podwójnie nielegalnie. Dzięki decyzji siostry

przełożonej pozostałam w Turkowicach do końca wojny (o całej sprawie dowiedziałam się dopiero po wyzwoleniu).

Jadwiga Deneka – pseudonim konspiracyjny Kasia – została aresztowana w czasie odbijania na powielaczu „Biuletynu" RPPS, w punkcie kolportażu prasy RPPS, którym kierowała, przy ulicy Nowiniarskiej 16. Był on jednocześnie kryjówką dla grupy Żydów. „Kasia" więziona na Pawiaku przesyłała stamtąd ostrzegawcze grypsy. Torturowana w siedzibie gestapo nikogo nie wydała. Rozstrzelano ją w styczniu 1944 roku wraz z jedenastoma Żydówkami w ruinach warszawskiego getta.

Siostra Stanisława, kobieta wywodząca się z rodziny polskich Tatarów, nie znała lęku. Niebezpieczeństwo traktowała jak wyzwanie. Nadawała ton wszystkiemu, co turkowickie. Jej żelazna energia uczyniła z Turkowic, na długo przed wojną, dom dziecka, niemający sobie równego na Lubelszczyźnie, a nawet wyjątkowy wśród innych zakonnych domów dziecka. W czasach Holocaustu „rzeczpospolita turkowicka" była domem ocalenia dzieci żydowskich. Podobno było nas 36, przeszło kilkanaście procent całej populacji dzieci. Więcej niż pół wieku po wojnie jestem w stanie wymienić trzynaścioro żydowskich dzieci z imienia i nazwiska. Schronić się w Turkowicach, w zakładzie prowadzonym przez siostry służebniczki (starowiejskie)! Nie można było lepiej trafić. Zgromadzenie żeńskie SS Służebniczek założył w XIX wieku człowiek świecki, Edmund Bojanowski, romantyczny poeta, tłumacz Byrona. Ziemianin z Poznańskiego cały swój majątek, wszystkie siły poświęcił ludziom biednym i chorym, przede wszystkim dzieciom.

Pod opieką siostry Ireny, w turkowickim domu dziewcząt była kruczowłosa Stacha, nieco tęga Stefa, śliczna dziewczyna ze Lwowa rodem (jej imienia nie wspomnę), no i ja – wojenna imienniczka siostry Ireny, z którą miała ona specjalne kłopoty. Krążyłam po świetlicy, nie lękając się odwiedzających zakład Niemców, aż siostra Irena musiała mnie upominać, bym nie wchodziła im w oczy. Tak się czułam bezpieczna, tak bardzo tutejsza. Zwykle opieka siostry Ireny nad nami bywała dyskretna. Nic dziwnego, że mogło nam się wydawać, że ten sam los jest nam pisany, co innym dziewczynkom z naszej grupy, które nic nie miały do ukrycia. Potrafiłam zapomnieć o tym, kim byłam, nim opuściłam mury warszawskiego getta, i o tym, że zagraża mi śmiertelne niebezpieczeństwo, a przeze mnie także polskim wychowankom zakładu. Siostra Irena była z nami we dnie i w nocy. Noce spędzała w naszej wspólnej sypialni, odgrodzona od nas tylko klasztorną klauzurą – czuwała.

Inspektor z Lublina, Saturnin Jarmulski, prosił ją, by nie dała nam, dzieciom powierzonym jej opiece, odczuć grozy wojny. (Opowiadał mi o tym w latach 80.). Jej się to – o dziwo – udawało. Potrafiła zarażać swoją pogodą ducha, wciągać do wesołej zabawy, intonować wieczorem pieśni, urządzać przedstawienia.

Gdy ja oddychałam pełną piersią, siostra Irena codziennie była przygotowana na śmierć. Miała jednak przeżyć wszystkie turkowickie zakonnice i w Jerozolimie odebrać medal „Sprawiedliwy wśród Narodów Świata".

Na turkowickim szlaku mego ocalenia znaleźli się także ratownicy drugiego planu. Bez ich udziału ocalenie żydowskich dzieci nie byłoby możliwe. Ratownikiem drugiego planu nazywam Saturnina Jarmulskiego, pana inspektora z Lublina. Znał siostrę przełożoną sprzed wojny. Nie miała przed nim tajemnic. Wiedział od niej o dzieciach żydowskich w naszym zakładzie. Żądał jednego: by żydowscy wychowankowie mieli w porządku aryjskie papiery. Cudem niemal udało mu się zachować dawne swe stanowisko w niemieckiej hierarchii urzędniczej. Udało mu się więcej – zdobył dla Turkowic gwarancje, jakie dawał tytuł *Staatliche* – państwowy.

Ksiądz Stanisław Bajko, jezuita, nazywany ojcem duchowym, swą rolę ojca pojmował także dosłownie. Brał udział w turkowickim dziele, dopuszczając dzieci żydowskie, także te nieochrzczone, do przyjmowania sakramentów. Mówił mi po wojnie w bydgoskim domu oo. jezuitów: „Siostra przełożona tak zdecydowała, Duch Święty Ją natchnął"[130].

O tych ludziach, póki życia starczy, będę pamiętać.

*
*

Elżbieta Ficowska (Warszawa)

Kochana Ireno,

piszę ten list do Ciebie i do książki o Tobie. Do rozdziału *Głosy uratowanych dzieci*. Jak wiesz doskonale, ja wtedy głosu nie miałam ani pamięci tego, co działo się ze mną i wokół mnie. Miałam sześć miesięcy, kochających rodziców i dziadków, którzy za wszelką cenę chcieli mnie uratować. Moja dwudziestokilkuletnia żydowska Mama, Henia Koppel (z domu Rochman), zawierzyła mój los Tobie, a Ty znalazłaś dla mnie moją polską Mamę, Stanisławę Bussoldową[131], która dała mi miłość i bezpieczeństwo.

To dzięki zorganizowanej przez Ciebie akcji wywieziono mnie z getta na aryjską stronę w drewnianej skrzynce, razem

---

[130] Wspomina o tym obszernie Michał Głowiński: „Siostra przełożona postanowiła, że przebywające w Turkowicach dzieci żydowskie zostaną dopuszczone do uczestnictwa we wszystkich praktykach religijnych, a więc będą traktowane tak, jak wszystkie inne dzieci od urodzenia do Kościoła katolickiego należące. Wymagały tego reguły konspiracji, bo dzieci żydowskie ze względu na bezpieczeństwo nie mogły się niczym wyróżniać", *Czarne sezony*, Kraków 2002, s. 162–163.

[131] Stanisława Bussoldowa (1886–1968), pseudonim konspiracyjny „Adela", była położną, która przychodziła specjalnie do getta odbierać porody. Prowadziła Domowe Pogotowie Opiekuńcze dla dzieci wyprowadzonych z getta. Pomagała także ukrywającym się dorosłym Żydom. Mała Elżunia miała u niej przebywać krótko, do czasu znalezienia rodziny zastępczej. Ale „tymczasowa mama" zachwycona uroczym niemowlęciem zdecydowała się zaopiekować dzieckiem na zawsze. Medal Yad Vashem przyznano jej dopiero po śmierci, 28 kwietnia 1970 r.

ze srebrną łyżeczką, darowa-
ną mi przez rodziców na
szczęście. Mam tę łyżeczkę,
jest na niej wygrawerowane
imię i data urodzenia. To mój
posag i moja metryka. Posag
okazał się cenniejszy niż
wszelkie dobra rodzinne, które przepadły w czasie wojny.
Moja srebrna łyżeczka przez
całe życie przynosi mi szczęście. Teraz przewodniczę Stowarzyszeniu Dzieci Holocaustu w Polsce. Wiem, że nie
wszystkie cudem ocalone żydowskie dzieci mają szczęśliwe życie. Jest grupa moich

Elżbieta Ficowska

rówieśników, którzy nic o sobie nie wiedzą. Być może odnaleź-
liby się na pisanych przez Ciebie, Ireno, wąskich paskach bibu-
łek, które schowałaś w zakopanych później butelkach, ale nie
ocalały ich rodziny, a nikt nie potrafił powiedzieć im, kim są.

Kochana Ireno, większość uratowanych dzięki kierowa-
nym przez Ciebie akcjom nie wie, że to właśnie Tobie zawdzięcza swoje życie. Nikt wówczas nie przekazywał takich informacji, bo mogły grozić śmiercią. Ja wiem. Wie moja córka, dla
której jesteś zastępczą Babcią, i wiedzą jej dwaj mali synko-
wie, którzy odwiedzają Cię czasem, a kiedyś dowiedzą się, jak
wiele Ci zawdzięcza cała nasza rodzina. O tym wszystkim Ty
przecież wiesz najlepiej. O ileż lepiej niż ja. Jeśli Ci to powtarzam teraz, to dlatego, że przecież nie znałaś osobiście
wszystkich dzieci, które ocaliłaś. Skąd miałabyś wiedzieć, że
to ja, starsza pani, jestem tym dawnym niemowlęciem? Kimś,
kogo nie byłoby dziś bez Ciebie? Całuję Twoje ręce.

Z wyrazami miłości – Bieta

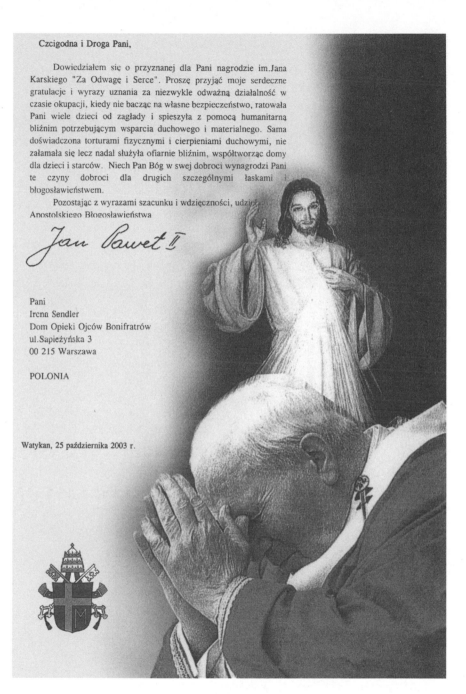

Czcigodna i Droga Pani,

Dowiedziałem się o przyznanej dla Pani nagrodzie im.Jana Karskiego "Za Odwagę i Serce". Proszę przyjąć moje serdeczne gratulacje i wyrazy uznania za niezwykle odważną działalność w czasie okupacji, kiedy nie bacząc na własne bezpieczeństwo, ratowała Pani wiele dzieci od zagłady i spieszyła z pomocą humanitarną bliźnim potrzebującym wsparcia duchowego i materialnego. Sama doświadczona torturami fizycznymi i cierpieniami duchowymi, nie załamała się lecz nadal służyła ofiarnie bliźnim, współtworząc domy dla dzieci i starców. Niech Pan Bóg w swej dobroci wynagrodzi Pani te czyny dobroci dla drugich szczególnymi łaskami i błogosławieństwem.

Pozostając z wyrazami szacunku i wdzięczności, udzie Apostolskiego Błogosławieństwa

Jan Paweł II

Pani
Irena Sendler
Dom Opieki Ojców Bonifratrów
ul.Sapieżyńska 3
00 215 Warszawa

POLONIA

Watykan, 25 października 2003 r.

Zakończenie

List papieża Jana Pawła II i jego fotografia z obrazkiem „Jezu, ufam Tobie".
Ilustr. R. Szaybo

Barbara Engelking w książce *Getto warszawskie. Przewodnik po nieistniejącym mieście* pisała m.in.: „Mieszkańcy dzielnicy zamkniętej byli niezwykle osamotnieni. Czuli się opuszczeni przez Żydów i nie-Żydów, przez całą ludzkość, przyglądającą się biernie Zagładzie, przez Boga. Świat – ten daleki i ten bliski – pozostawał obojętny. Warszawa aryjska była na wyciągnięcie ręki, a jednak ta odległość była nie do pokonania. Granica między gettem a resztą miasta stanowiła granicę dwóch światów. Ich fizyczne sąsiedztwo pogłębiało dystans psychologiczny. Żydzi mieli poczucie niezmierzonej odległości między gettem a resztą Warszawy. Mogli ją widzieć, ale nie mogli tam żyć. [...]

Władysław Szlengel z tęsknotą spoglądał przez okno na tamtą stronę na swoje rodzinne miasto, które stało się dlań miastem zakazanym. W wierszu *Telefon* pisał o osamotnieniu i goryczy. Czuł się opuszczony przez przyjaciół, nie miał po drugiej stronie muru nikogo, do kogo mógłby chociaż zadzwonić. [...]

Zagłada warszawskiego getta pozostawiła swoje ofiary oniemiałe wobec przeżywanej tragedii, wobec śmierci najbliższych, kazała wątpić w istnienie Boga"[132].

*
**

[132] Barbara Engelking-Boni, Jacek Leociak, *Getto warszawskie. Przewodnik po nieistniejącym mieście*, Warszawa 2001, s. 529.

Zmarły jesienią 2003 roku Rafael Scharf w jednej ze swoich książek słusznie podkreślił, że „Holocaust ukazał dno, do którego człowiek może się stoczyć, a także wyżyny, na jakie ludzki duch może się wznieść. Nieomal zawsze jest wybór między tym dobrym a tym złym, i może być chwila, kiedy trzeba się na ten wybór zdecydować, może z wielkim dla siebie ryzykiem. Godzi się pamiętać, że aby zło zapanowało, wystarczy, aby ludzie dobrej woli wstrzymali się od czynu"[133].

*
**

Robert Szuchta i Piotr Trojański są autorami niezwykle ważnej i starannie wydanej książki o wymownym tytule *Holokaust, zrozumieć dlaczego*. Bogato ilustrowana zawiera, poza faktami i cennymi informacjami, także propozycje do dyskusji, do rozważań nad przeszłością. W ostatnim podsumowującym rozdziale autorzy zwracają uwagę czytelników na to, że Holocaust pokazał, „co się dzieje, kiedy życia ludzkiego nie traktuje się jako wartości samej w sobie, a jeden człowiek jest poniżany przez innych, będących w służbie fanatycznej nietolerancji. Jeżeli zatem ludzkość ma przetrwać, musi się nauczyć uznawać i szanować innych – oraz postrzegać różnorodność i inność jako pozytywne i wzbogacające doświadczenie. Musimy być czujni w obronie podstawowych praw ludzkich. Powinniśmy pamiętać, że złu można i należy się przeciwstawiać już w jego najwcześniejszych stadiach oraz że w prawdziwie tolerancyjnym i cywilizowanym społeczeństwie nie ma miejsca dla rasizmu i antysemityzmu. Musimy pamiętać o Holokauście!"[134].

*
**

---

[133] Rafael F. Scharf, „Lekcja Oświęcimia", [w:] *Co mnie i tobie Polsko... Eseje bez uprzedzeń*, Kraków 1996, s. 106.
[134] Robert Szuchta, Piotr Trojański, *Holokaust; zrozumieć dlaczego*, Warszawa 2003, s. 284.

Po wielu już latach zapytano Irenę Sendlerową, czy ratując Żydów w czasie drugiej wojny światowej, działała z pobudek religijnych. – Nie. Działałam z potrzeby serca. A gdy pewien dziennikarz niemiecki zapytał Ją, czy z równym poświęceniem w czasie wojny ratowałaby dzieci niemieckie, odpowiedziała: – Oczywiście. W audycji radiowej na pytanie Bogny Kaniewskiej[135], co w życiu człowieka jest najważniejsze, usłyszeliśmy: – Miłość, tolerancja i pokora.

*
**

16 marca 2004 roku w maleńkim pokoiku w Domu Opieki prowadzonym przez ojców bonifratrów na Nowym Mieście odbyło się nagranie do filmu dokumentalnego produkcji amerykańsko-polskiej. Tytuł filmu *In the Name of Their Mothers* (W imieniu ich matek). Realizacja – Mary Skinner. Jej matka była Polką. Po przeżyciach wojennych w okresie okupacji chciała o Polsce zapomnieć. Córka, w wieku 50 lat, przyjechała tu po raz pierwszy, aby pracować nad filmem poświęconym Irenie Sendlerowej. Mary chce pokazać światu bohaterską Polkę o nieustraszonym sercu, chce pokazać Holocaust nie tylko przez relacje ocalonych, ale przede wszystkim poprzez świadectwa ratujących. Pani Irena jest ostatnią z grona współpracujących z nią osób, które ratowały dzieci z warszawskiego getta. W przesłaniu do widzów powiedziała między innymi:

„Życzę, aby w najbliższych latach zanikły wszystkie walki na świecie. Niech zgasną płomienie ognia, które niszczą całe narody i krwią pokrywają wiele części świata, zabijając tysiące osób, w tym najbardziej niewinne istoty – dzieci. Życzę wszystkim ludziom na świecie, którzy bez względu na rasę, religię i pochodzenie są bliscy memu sercu, aby we wszystkich

---

[135] „Order Orła Białego dla Ireny Sendlerowej", audycja Bogny Kaniewskiej dla Radia Polonia (1 Program PR), emisja 11 listopada 2003 r.

Irena Sendlerowa z ekipą filmową (od lewej): Andrzej Lewandowski (tłumacz), Mary Skinner (reżyser), Andrzej Wolf (operator)

swoich poczynaniach pamiętali o godności drugiego człowieka, jego cierpieniach i potrzebach, szukając zawsze drogi wzajemnego zrozumienia i porozumienia. Niech Dobro zwycięży!".

Zamknąć strach
Na klucz
Zasznurować usta
Ubrać płaszcz
I pospiesznie minąć
Zaułek z wartownikiem
Wstrzymać oddech
Zapukać
Złapać dziecko za rękę
Rozedrzeć serce
Widokiem niechcianego
Rozstania

I ulepić je z gliny
Dla świata na nowo
Urosnąć w jego oczach
Do wymiaru czwartego
Dać przetrwanie
Niebiańską jakąś
Przystań

Ochronić przed kulami
Zamknąć oczy na trwogę
Delikatną być
I zawsze niezawodną...

Kto tak potrafi żyć?
Kto nie szukał podzięki?

Ludzie się różni
Rodzą na świecie

Ale za przyjście
Na ziemię
I próg każdego
   Płonącego domu
   Pani – „Jolanto"

   Boże Wielki
   Dzięki!

Drogiej Pani Irenie
O Niej
Dla Niej

Agata Barańska, 6 czerwca 2001 r.

Wybrana bibliografia

(w układzie chronologicznym)

Irena Sendlerowa: rękopisy i maszynopisy tekstów niepublikowanych:

„Moje życie", „Kartki z kalendarza", „Życiorys", „List do Jolanty Barańskiej", „Wspomnienie o doktorze Januszu Korczaku", „Jak ratowałam dzieci z getta warszawskiego".

*
**

Artykuły Ireny Sendlerowej:

Ci, którzy pomagali Żydom. Wspomnienia z czasów okupacji hitlerowskiej, „Biuletyn Żydowskiego Instytutu Historycznego" 1963, nr 45/46 (fragment także w: W. Bartoszewski, Z. Lewinówna, *Ten jest z ojczyzny mojej. Polacy z pomocą Żydom 1939–1945*, Kraków 1969).

O działalności kół młodzieży przy komitetach domowych w getcie warszawskim, „Biuletyn Żydowskiego Instytutu Historycznego" 1981, nr 2 (118).

Zofia i Stanisław Papuzińscy (Wspomnienie), „Gazeta Wyborcza", 26 listopada 1999.

Maria Uziembło 1894–1976 (Wspomnienie), „Gazeta Wyborcza", 30 sierpnia 2001.

Wspomnienie o Julianie Grobelnym i jego żonie Helenie, „Gazeta Wyborcza", 18 kwietnia 2003.

*
**

Pozycje książkowe

Ludwik Landau, *Kronika lat wojny i okupacji*, t. 1–3, Warszawa 1962–1963.

Anna Czuperska-Śliwińska, *Cztery lata ostrego dyżuru. Wspomnienia z Pawiaka 1940–1944*, Warszawa 1968.

Władysław Bartoszewski, Zofia Lewinówna oprac., *Ten jest z ojczyzny mojej. Polacy z pomocą Żydom 1939–1945*, Kraków 1969.

Władysław Bartoszewski, *Warszawski pierścień śmierci 1939–1944*, Warszawa 1970.

Władysław Bartoszewski, *Straceni na ulicach miasta. Egzekucje w Warszawie 16 X 1943–22 VII 1944*, Warszawa 1970.

Jan Dobraczyński, *Tylko w jednym życiu*, Warszawa 1970.

Ruta Sakowska, *Ludzie z dzielnicy zamkniętej. Żydzi w Warszawie w okresie hitlerowskiej okupacji, październik 1939–marzec 1943*, Warszawa 1975.

Regina Domańska, *Pawiak – więzienie gestapo*, Warszawa 1978.

Archiwum Ringelbluma. Getto warszawskie lipiec 1942–styczeń 1943, oprac. Ruta Sakowska, Warszawa 1980.

Teresa Prekerowa, *Konspiracyjna Rada Pomocy Żydom w Warszawie 1942–1945*, Warszawa 1982.

Regina Domańska (przedmowa, wybór i opracowanie), *Pawiak był etapem. Wspomnienia z lat 1939–1944*, Warszawa 1987.

Regina Domańska, *Pawiak – kaźń i heroizm*, Warszawa 1988.

Emanuel Ringelblum, *Kronika getta warszawskiego, wrzesień 1939–styczeń 1943*, oprac. Artur Eisenbach, przełożył z jidysz Adam Rutkowski, Warszawa 1988.

Natan Gross, *Kim pan jest, panie Grymek?*, Kraków 1991.

Teresa Prekerowa, *Zarys dziejów Żydów w Polsce w latach 1939–1945*, Warszawa 1992.

Ewa Kurek-Lesik, *Gdy klasztor znaczył życie. Udział żeńskich zgromadzeń zakonnych w akcji ratowania dzieci żydowskich w Polsce w latach 1939–1945*, Kraków 1992.

Michał Grynberg, *Księga Sprawiedliwych*, Warszawa 1993.

Dzieci Holocaustu mówią..., do druku przygotowała Wiktoria Śliwowska, t. 1, Warszawa 1993.

Lucjan Dobroszycki, *Survivors of the Holocaust in Poland. A Portrait Based of Jewish. Community Record 1944–1947*, YIVO Institute for Jewish Research and Yeshiva University, New York, USA 1994.

Frank Morgens (Mieczysław Morgenstern), *Lata na skraju przepaści*, Warszawa 1994.

David S. Wyman, *Pozostawieni własnemu losowi. Ameryka wobec Holocaustu 1941–1945*, Warszawa 1994.

Antoni Marianowicz, *Życie surowo wzbronione*, Warszawa 1995.

Witold Stefan Trybowski, *Dzieje Otwocka uzdrowiska*, Otwock 1996.

Rafael F. Scharf, *Co mnie i tobie Polsko... Eseje bez uprzedzeń*, Kraków 1996.

E. Thomas Wood, Stanisław M. Jankowski, *Karski. Opowieść o emisariuszu*, Kraków-Oświęcim 1996.

Andrzej Krzysztof Kunert, *Ilustrowany przewodnik po Polsce Podziemnej 1939–1945*, Warszawa 1996.

Archiwum Ringelbluma. Konspiracyjne Archiwum Getta Warszawy, tom 1. *Listy o Zagładzie*, oprac. Ruta Sakowska, Warszawa 1997.

Israel Gutman, *Walka bez cienia nadziei. Powstanie w getcie warszawskim*, Warszawa 1998.

Mirosława Pałaszewska, *Zofia Kossak*, Warszawa 1999.

Archiwum Ringelbluma. Konspiracyjne Archiwum Getta Warszawy, tom 2. *Dzieci – tajne nauczanie w getcie warszawskim*, oprac. Ruta Sakowska, Warszawa 2000.

Władysław Szpilman, *Pianista. Warszawskie wspomnienia 1939–1945*. Wstęp i opracowanie Andrzej Szpilman, Kraków 2000.

Aleksander Rowiński, *Zygielbojma śmierć i życie*, Warszawa 2000.

Andrzej Krzysztof Kunert, *Polacy–Żydzi 1939–1945. Wybór źródeł*, Warszawa 2001.

Dzieci Holocaustu mówią..., do druku przygotowali Jakub Gutenbaum i Agnieszka Latała, t. 2, Warszawa 2001.

Barbara Engelking-Boni, Jacek Leociak, *Getto warszawskie. Przewodnik po nieistniejącym mieście*, Warszawa 2001.

Michał Głowiński, *Czarne sezony*, Kraków 2002.

Anka Grupińska, Jan Jagielski, Paweł Szapiro, *Getto warszawskie*, Warszawa 2002.

Maria Thau (Weczer), *Powroty*, Kraków 2002.

Żegota. Rada Pomocy Żydom 1942–1945. Wybór dokumentów poprzedzony wywiadem Andrzeja Friszke z Władysławem Bartoszewskim, oprac. Andrzej Krzysztof Kunert, Warszawa 2002.

Ziemia i chmury. Z Szewachem Weissem rozmawia Joanna Szwedowska, Sejny 2002.

Szewach Weiss, *Czas ambasadora*, Kraków 2003.

Andrzej Friszke, *Polska. Losy państwa i narodu 1939–1989*, Warszawa 2003.

Michał Głowiński, *Historia jednej topoli*, Kraków 2003.

Marian Apfelbaum, *Dwa sztandary. Rzecz o powstaniu w getcie warszawskim*, Kraków 2003.

Magdalena Grodzka-Gużkowska, *Szczęściara*, oprac. Paweł Kudzia, Kraków 2003.

Robert Szuchta, Piotr Trojański, *Holokaust, zrozumieć dlaczego*, Warszawa 2003.

Michał Głowiński, *Skrzydła i pięta*, Kraków 2004.

*
**

Artykuły i wywiady:

Irena Sendlerowa zasadza drzewko w Alei Sprawiedliwych w Jerozolimie, „Fołk Sztyme" nr 25, 25 czerwca 1983.

Richard Z. Chesnoff, *The Other Schindlers*, „U.S. News & World Report", 21 marca 1994.

Ewa Wilk, *Matka Jolanta od tonących*, „Polityka" nr 39, 30 września 1995.

Tomasz Szarota, *Ostatnia droga Doktora*. Rozmowa z Ireną Sendlerową „Jolantą", kierowniczką referatu dziecięcego w Żegocie, o ostatnich dniach Janusza Korczaka, „Polityka" nr 21, 24 maja 1997.

Janina Sacharewicz, *Ireny Sendlerowej działanie z potrzeby serca*, „Słowo Żydowskie", 20 kwietnia 2001.

Marcin Fabjański, *„Życie w słoiku" trwa dziesięć minut*, „Gazeta Wyborcza – Świąteczna" 19–20 maja 2001.

Magdalena Grochowska, *Lista Sendlerowej*, „Gazeta Wyborcza – Świąteczna" 9–10 czerwca 2001.

Margot Zeslawski, *Sendler liste*, „Focus", 27 stycznia 2002.

Jerzy Golański, *Pani Irena Sendlerowa i jej związki z Tarczynem*, „Wiadomości Tarczyńskie" nr 6 (83), kwiecień 2002.

Renata Skotnicka-Zajdman, *A Modern-Day Hero And Rescuer: Irena Sendler*, „Mishpocha!", Spring 2002 (Biuletyn Światowej Federacji Dzieci Holocaustu).

Tomasz Szarota, *Cisi bohaterowie*, „Tygodnik Powszechny", nr 51–52, 22–29 grudnia 2002.

Nuri Kino, *Spotkanie z Ireną Sendlerową*, „Dagens Nyheter", 8 lutego 2003.

Aleksandra Zawłocka, *Dzieci Sendlerowej*, „Wprost" nr 7, 16 lutego 2003.

Dorota Szuszkiewicz, *Kolor cierpienia*. Rozmowa z prof. Michałem Głowińskim, pisarzem i literaturoznawcą. „Stolica" (Magazyn „Życia Warszawy") nr 16, 19 kwietnia 2003.

Thomas Roser, *Sendlers Liste*, „Frankfurter Rundschau", 19 kwietnia 2003.

Natan Gross, *Irena i Jan*, „Nowiny–Kurier", Tel Awiw, 1 sierpnia 2003.

Jerzy Korczak, *Oswajanie strachu*, „Tygodnik Powszechny", nr 33, 17 sierpnia 2003.

(mł), *Lista Sendlerowej*, „Gość Niedzielny" (Katowice) 17 sierpnia 2003.

Anna Mieszkowska, *Matka dzieci Holocaustu*, „Tydzień Polski", Londyn, 23 sierpnia 2003; także przedruk w tygodniku „Nowiny–Kurier", 23 października 2003.

Eva Krafczyk, *Sendlers Liste*, „Stuttgarter Zeitung", 31 października 2003.

Marcin Mierzejewski, *Sendler's children*, „The Polish Voice" nr 36/2003.

Tomasz Szarota, *Listy nienawiści*, „Polityka" nr 44, 1 listopada 2003.

Elżbieta Ficowska, *Nagroda dla Ireny Sendlerowej*, „Polityka" nr 47, 22 listopada 2003.

Marti Attoun, *The Woman Who Loved Children*, „Ladies' Home Journal". Grudzień 2003.

Archiwum Ringelbluma. Dzień po dniu Zagłady. Wybór świadectw Podziemnego Archiwum Getta Warszawskiego przechowywanych w Żydowskim Instytucie Historycznym w Warszawie. Wybrała i podała do druku Katarzyna Madoń--Mitzner we współpracy z Agnieszką Jarzębowską i Tadeuszem Epszteinem. „Karta" nr 39/2003.

Kirk Shinkle, *Call Her The Nazis' Nightmare*, „Investor's Business Daily", 4 lutego 2004.

Aniela Uziembło, *Achilles Rosenkranc (1876–1942)*. Wspomnienie, „Gazeta Wyborcza", 16 lutego 2004.

Indeks osób

Podziękowania

Pomysłodawcami powstania tej książki byli państwo: Lili Pohlmann i Peter Janson-Smith z Londynu.

Ogromną pomoc i cenny czas przy zbieraniu materiałów, ofiarowała Jolanta Migdalska-Barańska.

Ważnymi informacjami służyli autorzy zamieszczonych wspomnień: Elżbieta Ficowska, Teresa Körner, Katarzyna Meloch, Irena Wojdowska, profesor Michał Głowiński, Piotr Zettinger oraz Janina Zgrzembska.

A także osoby, które podzieliły się swoimi wspomnieniami, ale chciały pozostać anonimowe.

Cenne uwagi i wskazówki bibliograficzne przekazali profesor Tomasz Szarota oraz Natan Gross z Izraela.

Za poświęcony czas i cierpliwość wszystkim bardzo serdecznie dziękujemy.

Irena Sendlerowa i Anna Mieszkowska

Wydawnictwo MUZA SA składa serdeczne podziękowania wszystkim Osobom, które użyczyły nam zdjęć do tej książki ze swoich prywatnych zbiorów.
Szczególne podziękowanie składamy Michałowi Dudziewiczowi i Rosławowi Szaybo, za bezpłatne wykorzystanie zrobionych przez nich zdjęć.

Spis ilustracji

(w kolejności pojawiania się w książce)

Zdjęcia wykorzystane w książce i użyte w ilustracjach nr 6, 34, 36, 41, 43, 47, nieopatrzone nazwiskiem autora pochodzą ze zbiorów prywatnych Janiny Zgrzembskiej.

Spis treści

Książkę wydrukowano na papierze
Amber Graphic 70 g/m^2

www.arcticpaper.com

Warszawskie Wydawnictwo Literackie
MUZA SA
ul. Marszałkowska 8, 00-590 Warszawa
tel. (0-22) 827 77 21, 629 65 24
e-mail: info@muza.com.pl

Dział zamówień: (0-22) 628 63 60, 629 32 01
Księgarnia internetowa: www.muza.com.pl

Warszawa 2004
Wydanie I

Opracowanie typograficzne i łamanie: SEPIA, Warszawa
Druk i oprawa: P.U.P. ARSPOL, Bydgoszcz